Le guide de la mobilité et des téléphones mobiles

Isabelle Périe et Guy de Lussigny

PILON

Le guide de la mobilité et des téléphones mobiles

ESKA
Inter@ctive

Collection dirigée par : Guy de Lussigny

ISBN 2.7472. 0570-3

Éditions ESKA Interactive
12, rue du Quatre-Septembre, 75002 Paris
Tél. : 01 42 86 55 73 - Fax : 01 42 60 45 35
www.eska.fr

Sommaire

Introduction

Pourquoi ce livre ?

Nous pénétrons dans une nouvelle ère pour l'humanité, celle de la téléphonie mobile et de la mobilité. Il n'y a pas d'exemple de développement de produit plus rapide dans l'histoire de l'humanité que les téléphones mobiles, et la mobilité prend un grand essor. Après une époque où les opérateurs se sont fait concurrence pour équiper les populations afin de communiquer par la voix, nous sommes arrivés à une deuxième phase de développement, celle des services data qui permettent de communiquer avec Internet. Cela coïncide avec l'apparition de deux nouvelles technologies de communication sans fil, le Bluetooth qui apportent une facilité de communication entre les petits appareils et qui remplacent avantageusement la liaison infrarouge en établissant un petit réseau, ainsi que le GPRS qui est au téléphone mobile ce qu'est l'ADSL pour votre ordinateur. Cela se combine avec une forte croissance et la maturité de l'Internet et des services mobiles. Il n'en fallait pas plus pour vous faire accéder aux télécommunications du troisième millénaire.

De ces technologies découle un concept nouveau, qui après le multimédia, défraie la chronique, la mobilité. La mobilité, c'est simplement pouvoir communiquer en tous lieux et à tout moment avec des SMS, MMS, emails et pouvoir accéder à Internet, rapidement, sans fil, avec un confort d'utilisation similaire à celui que vous avez avec votre PC et votre téléphone fixe. C'est aujourd'hui le secteur le plus dynamique dans le domaine des technologies réseaux et informatique. Beaucoup de gens en parlent, mais les informations sont parcellaires et vous hésitez devant une mise en œuvre qui vous paraît complexe. Nous allons vous expliquer tout cela en détail, et surtout vous montrer que la mise en œuvre est vraiment très simple.

Pour finir dans ce domaine, les téléphones actuels apportent de nouvelles fonctions, ils se transforment en baladeur MP3, appareil photo, radio, caméscope, et vous permettent de prendre des notes, de gérer votre agenda, de regarder des vidéos, de jouer, etc.

Comprendre et expliquer ces petites machines et les télécoms actuelles n'est pas forcément simple, vous êtes confronté à de nombreuses notions qui ne sont pas toujours maîtrisées par tous, y compris les vendeurs de ces technologies qui finissent par ne plus très bien comprendre l'offre en termes de forfaits, les technologies utilisées, l'avantage de tel ou tel téléphone, etc.

Entre les fonctions PDA, l'installation des logiciels, le GSM, le GPRS, les abonnements, vous finirez par être perplexe, et vous essayerez de grappiller à gauche et à droite des informations sur l'utilisation de votre téléphone et la mise en œuvre de la mobilité.

Les deux auteurs de ces livres dont les métiers sont liés aux télécommunications, les réseaux et la téléphonie mobile ont décidé à travers cet ouvrage de vous exposer l'intégralité des informations dans le domaine de la téléphonie mobile et de la mobilité, de vous les expliquer en langage simple et clair, compréhensible par tous. Pour aller plus loin dans ce domaine, il vous sera expliqué comment choisir son téléphone mobile, son forfait, utiliser son téléphone mobile en vous donnant tous ses secrets, comment mettre en œuvre ces technologies, que ce soit avec votre téléphone mobile, votre téléphone mobile et votre PDA, votre PDA doté des fonctions de téléphonie, ainsi que votre téléphone mobile avec votre PC.

En lisant cet ouvrage, vous saurez comment tout cela fonctionne, vous pourrez recevoir vos emails, SMS, MMS, surfer sur Internet avec votre téléphone mobile, votre PDA, votre PC, et ceci à n'importe quel endroit dans le monde. Tout est basé sur des exemples qui vous guident pas à pas dans la mise en œuvre et vous donnent tous les trucs et astuces pour y parvenir.

L'un des deux auteurs est le créateur de deux sites Web de référence dans le domaine :

L'Univers du Pocket PC : `www.universpocketpc.com`, le site de référence des utilisateurs de PDA, de téléphonie mobile et de mobilité.

L'Univers du Smartphone : `www.universmartphone.com`, un des premiers sites en France dans le domaine du Smartphone Windows.

Ce sont des sites d'actualité, de téléchargement de logiciels, d'aides et conseils. Ils viennent en complément de ce livre et vous permettront de connaître les dernières informations, d'avoir des conseils dans ce domaine.

Ce livre vous est dédié, à vous qui êtes utilisateurs de téléphonie mobile, de PDA, de PC et de mobilité, qui désirez acquérir un téléphone, une solution de mobilité, comprendre comment ils s'intègrent dans les télécommunications actuelles tels Internet, le GSM, le GPRS, et surtout apprendre à les utiliser, les faire évoluer pour les adapter à vos besoins quotidiens pour votre plus grande satisfaction.

Nous allons les sortir de leur emballage ensemble, les installer, les prendre en main et vous apprendre à les utiliser avec les logiciels qui sont livrés avec. Nous vous expliquerons comment mettre en oeuvre toutes leurs possibilités de communication, d'évolution, etc.

Ces quelques lignes vous donneront un bref aperçu de ces machines surdouées.

Vos téléphones fonctionnent en symbiose avec votre PC de bureau avec lequel il synchronisera ses données automatiquement.

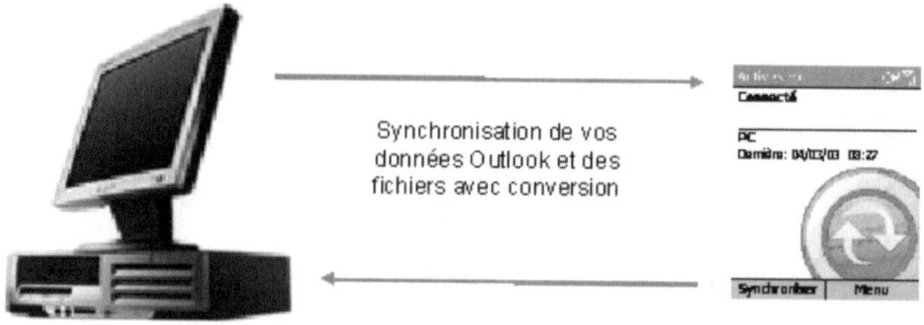

Ce comportement symbiotique s'étendra aux logiciels que vous utilisez sur votre PC de bureau.

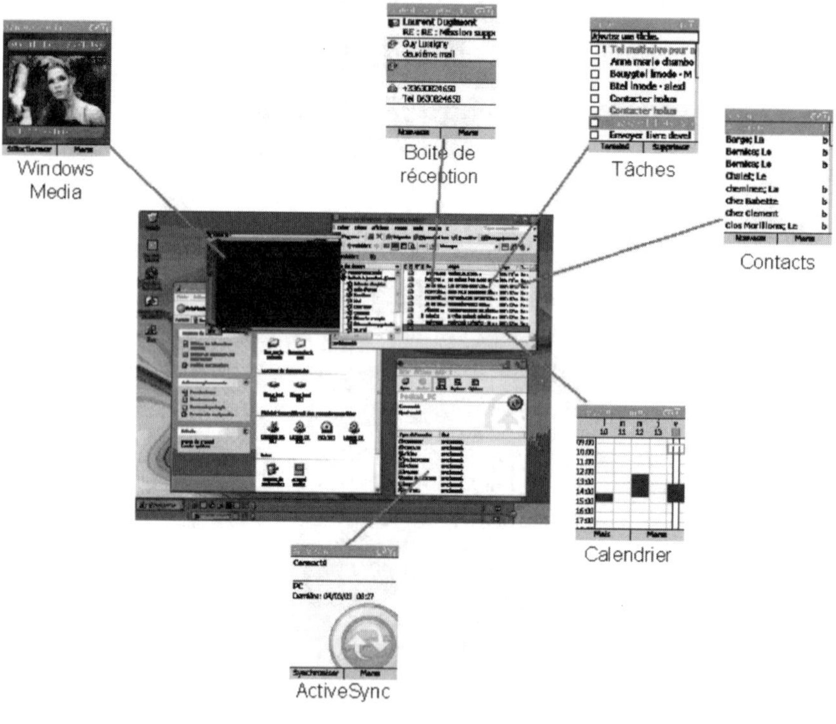

Ils communiqueront avec le réseau de votre entreprise, Internet, etc. Ils vous permettront de mettre en œuvre toutes les fonctions de communication que vous souhaitez et vous assisteront en permanence dans votre quotidien où que vous vous trouviez.

Ils sont dotés dès la livraison d'un ensemble logiciel riche et complet, mais vous pourrez aussi les faire évoluer en recherchant sur Internet de nouveaux programmes et en les installant.

Ce qu'il va vous apporter et vous apprendre

L'approche de ce livre est différente de ce que l'on trouve souvent dans ce type de littérature. Il est écrit pour vous afin de vous permettre d'utiliser avec aisance votre téléphone mobile, seul ou avec votre PDA et/ou votre PC.

Pour mieux comprendre comment il s'intègre dans le monde communicant actuel, nous vous expliquerons comment nous sommes parvenus aux téléphones actuels qui sont l'aboutissement de dizaines d'années d'évolution. Nous vous dresserons un panorama de tous les moyens de communication et de ceux que vous pourrez mettre en œuvre avec votre machine.

Forts de ces nouvelles connaissances, nous étudierons ensemble l'utilisation que vous voulez en faire et comment choisir votre forfait et votre téléphone.

Puis nous vous apprendrons le fonctionnement complet de votre machine et de tous les programmes livrés avec.

Ensuite, nous utiliserons les liaisons infrarouges et Bluetooth de votre téléphone pour se connecter à Internet avec votre PDA et / ou votre PC en utilisant le GSM ou le GPRS. Nous vous présenterons aussi comment utiliser un PDA doté des fonctions de téléphonie.

Vous n'êtes pas spécialiste du domaine, mais utilisateur de ces technologies, vos petits appareils deviendront vos compagnons de tous les jours ; ce livre vous apportera les réponses aux questions que vous vous posez et vous apprendra comment tirer le meilleur parti de vos acquisitions ou de vos futures acquisitions.

Chapitre 1

Le Guide de la mobilité et des telephones mobiles

- D'hier à aujourd'hui, ou comment nous sommes passés du téléphone fixe au téléphone mobile
- Les téléphones mobiles de la nouvelle génération
- Les téléphones mobiles et les services associés

D'hier à aujourd'hui, ou comment nous sommes passés du téléphone fixe au téléphone mobile

Il n'y a pas très longtemps, apparaissaient les tout premiers téléphones, qui allaient évoluer très vite pour véritablement révolutionner nos habitudes en apportant la facilité de communiquer partout et n'importe quand...

Pour comprendre véritablement comment nous sommes passés du téléphone fixe à la téléphonie mobile d'aujourd'hui, il faut prendre en compte l'histoire du développement de 3 univers :

- La téléphonie fixe
- La téléphonie mobile
- et bien sûr...Internet, de plus en plus présent lorsque l'on parle de mobilité...

Découvrons ensemble ces 3 univers passionnants en commençant par un peu d'histoire...

Un peu d'histoire

Rappelons qu'il y a encore fort peu de temps, la seule façon de communiquer pour 2 personnes éloignées était l'écrit.

Ainsi, de l'antiquité jusqu'au début du XXe siècle, les informations étaient essentiellement véhiculées par des messagers !

L'acquisition de connaissances dans le domaine des télécommunications date seulement de la fin du XVIIIe siècle, avec tout d'abord l'invention du télégraphe...

Le premier télégraphe, **le télégraphe optique**, a été inventé en 1792, par le physicien français Claude Chappe (1763-1805) qui a eu l'idée géniale - et révolutionnaire à l'époque - d'associer un signal à un mot ou à une expression.

Le télégraphe de Chappe :

Le télégraphe de Chappe se composait d'un grand bras en bois, perché en haut d'un mât montant et qui pouvait pivoter pour prendre quatre positions distinctes.

Aux extrémités de ces grands bras se trouvaient deux petits bras qui pivotaient et qui pouvaient prendre eux aussi plusieurs positions distinctes.

Les diverses positions que pouvaient prendre entre elles ces trois pièces mobiles donnent une centaine de signes.

Le télégraphe de Chappe n'utilisait pas le code alphabétique mais un code numérique. Les signes conventionnels transmis grâce aux trois bras de l'appareil correspondaient à des nombres. Leurs combinaisons renvoyaient aux pages et aux lignes de plusieurs répertoires spéciaux appelés vocabulaires. Le premier signe indiquait au destinataire la page du répertoire, un second, la ligne à lire dans cette page.

35 ans après la mort de Chaude Chappe, est né **le télégraphe électrique**, qui sonna la fin du télégraphe optique.

C'est la technologie du télégraphe électrique qui la première, va véritablement permettre l'émergence d'une communication mondiale.

Ensuite, plusieurs chercheurs vont avoir l'intuition du téléphone mais c'est l'Américain Graham Bell (1847-1922) qui déposera le premier brevet de **téléphone** en 1876, quelques instants avant son compatriote Elisha Gray.

Le téléphone de Bell :

Peu de temps après, la **radio** va apparaître, bénéficiant des travaux et des découvertes de plusieurs physiciens :

Le physicien Marconi (1874-1937) va, dès 1895, réaliser les premières expérimentations de radio et breveter son invention qu'il appelle « Télégraphe sans fil » : TSF.

L'invention de la radio va véritablement ouvrir l'ère des réseaux et des télécoms longue distance.

Après la découverte des ondes hertziennes et dès le début du XXe siècle, la police utilise des moyens radio pour communiquer avec ses véhicules de patrouille en Europe et aux Etats Unis.

Dès le début des années 50, la compagnie Bell Telephone offre un Service de radiotéléphone à ses abonnés mais la technologie de l'époque ne permet pas d'accueillir un grand nombre d'abonnés.

Il faudra attendre 1964 pour que le concept de partage des ressources soit intégré dans les **réseaux de radiotéléphonie**. Il s'agit d'une évolution majeure dans le domaine des télécoms : la gestion des fréquences devient dynamique permettant au réseau d'accueillir plus d'abonnés qu'il n'a de canaux radio.

Cette technologie va encore évoluer avec la naissance des **réseaux cellulaires** dans les années 1980 et dont le concept va apporter d'importantes améliorations et fonctionnalités.

Ainsi, vont tout d'abord apparaître dans le monde des réseaux mobiles cellulaires utilisant un mode de transmission analogique mais incompatible entre eux.

Il faudra franchir encore plusieurs paliers techniques pour arriver au passage de la transmission analogique à la transmission numérique et à l'utilisation de normes communes. Les premiers réseaux numériques cellulaires GSM apparaîtront en effet au début des années 1990.

Les grandes dates de l'histoire des télécommunications

1792 : Naissance du système de télégraphe optique inventé par le Français Chappe.

1837 : Invention du télégraphe électrique par l'Américain Samuel Morse .

1876 : Naissance du téléphone inventé par l'Américain Alexander Graham Bell.

1895 : Le physicien italien Marconi met au point la TSF.

1904 : Invention de la diode par John Flemming puis de la triode en 1906 par Lee De Forest.

1956 : Début des liaisons internationales avec la pose du premier câble sous-marin transatlantique.

1962 : Lancement du premier satellite de télécommunications Telstar.

1974 : Naissance du réseau Internet.

1986 : Ouverture des premiers réseaux de radiotéléphones analogiques (Radiocom2000).

1993 : Ouverture des premiers réseaux de radiotéléphone GSM.

Si on reprend l'exemple d'une cassette audio, ou bien vidéo, grâce au numérique, elle pourra être dupliquée de nombreuses fois sans dommage, car on recopie des données informatiques, une suite de 1 et de 0 qui représentent le codage du son.

Votre téléphone, mais aussi les ordinateurs et les réseaux utilisent aujourd'hui ce code universel.

Votre téléphone transforme votre voix de cette façon, cela transite ainsi par le réseau de téléphonie mobile, puis le téléphone de votre correspondant le traduira en onde sonore dans le haut-parleur du téléphone.

Il est donc capable de se connecter en numérique sur un réseau mobile (en mode GSM ou GPRS : nous verrons cela plus en détail dans les chapitres suivants) et d'accéder au réseau numérique mondial qu'est Internet.

En synthèse :

- Nous avions des téléphones capables de se connecter en numérique sur un réseau.
- Nous avions déjà des ordinateurs connectés en numérique sur des réseaux.
- Nous avions des réseaux de téléphonie numérique.

Les bases de notre paysage téléphonique actuel étaient jetées, il ne restait plus qu'un ciment global pour faire de notre planète un immense réseau de communication et porter au creux de votre main l'information planétaire sous toutes ses formes.

Le chaînon manquant : Internet

Le ciment global qui permet l'interconnexion de l'ensemble des systèmes informatiques individuels ou d'entreprise s'appelle "Internet", le réseau des réseaux.

Internet est né en 1969 sous l'impulsion du département américain de la défense (DOD). Le réseau, qui s'appelait alors ARPANET, devait assurer les échanges d'informations électroniques entre les centres névralgiques américains dans le contexte de la guerre froide. Le cahier des charges établi par le DOD imposait que le réseau puisse poursuivre ses activités en cas d'attaque nucléaire soviétique. Si l'un ou plusieurs des sites et lignes de connexion venaient à être détruits, les messages parviendraient à leur destinataire par des itinéraires alternatifs. Un grand nombre de centres de recherche, militaires, publics et privés prirent part à ce projet. C'est pourquoi les réseaux internes de ces entreprises furent les premiers à être reliés entre eux avec cc réseau, reposant sur Ethernet/ TCP/IP, devenu un standard et qui fut conçu dès l'origine comme le réseau des réseaux, un réseau permettant d'interconnecter les autres réseaux. Il fut rapidement utilisé pour relier la communauté scientifique et universitaire mondiale.

Internet arrive en Europe en 1982. Ce fut l'année 1984 qui permit le démarrage de ce qui va devenir une déferlante mondiale. En effet, cette année-là, Internet perd son caractère militaire.

Son financement n'est plus assuré par le DARPA mais par un organisme scientifique civil créé deux ans plus tard :

- La National Science Foundation (NSF).
- Le réseau est scindé en deux parties : MILnet, réseau strictement militaire et NSFnet, le backbone ou épine dorsale d'Internet.

Le World Wide Web apparaît l'année suivante.

L'informatique d'aujourd'hui était née.

Cette somme historique de facteurs a accouché d'une nouvelle forme d'organisation qui s'est généralisée à travers le monde pour parvenir à l'organisation actuelle :

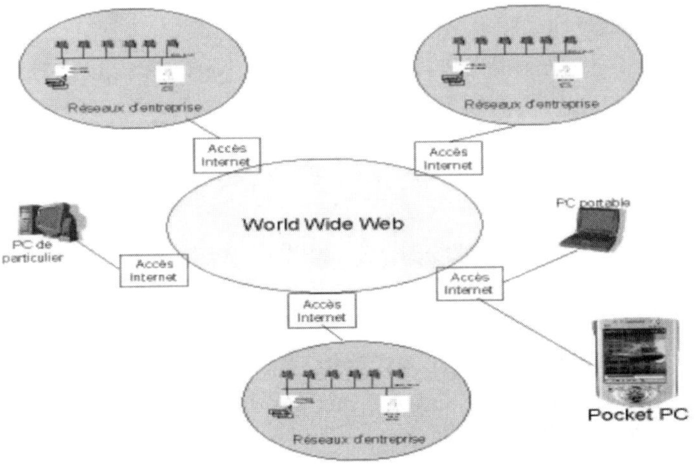

Les réseaux des entreprises sont reliés par un accès permanent (liaisons louées) et les serveurs de messagerie communiquent entre eux en un réseau global connecté en permanence.

Aujourd'hui toutes les entreprises sont reliées entre elles, et notamment, toutes les messageries d'entreprise (le mail). Et le particulier, me direz-vous !

Elles peuvent maintenant souscrire très simplement un abonnement Internet qui leur permet de se raccorder au Web et de bénéficier de l'apport de tout ce qui peut se faire dans le monde en termes d'informations, vidéo, musique... Le phénomène s'est d'abord propagé au sein des grandes entreprises, et est adopté par toutes les PME, notamment grâce à l'ADSL qui permet une connexion permanente, rapide et peu coûteuse.

Le fonctionnement global est assez simple, que ce soit les entreprises ou les particuliers, il faut passer par un ASP (Access Internet Provider) / ISP (Internet Services Provider) pour raccorder son PC ou son réseau de PC d'entreprise à Internet (par exemple free, Wanadoo...). Les ASP/ISP proposent en général les services suivants :

Pour les entreprises :

- Raccordement du réseau d'entreprise permanent au Web et/ou hébergement du serveur Web. (Le serveur Web est un ordinateur qui va vous proposer sur votre browser Internet les informations ou les services que vous recherchez – exemple : `www.universpocketpc.com`.).
- Un nom de domaine (nom de votre site) qui permet aux internautes d'accéder aux sites Web.
- Des fonctions de VPN (Virtual Private Network) qui permettent de réaliser un réseau privé à travers des sites distants, globalement de réaliser un Intranet pour les entreprises. Nous aborderons ce point un petit peu plus loin.

Pour les particuliers :

- Le raccordement ponctuel de l'ordinateur sur Internet à des débits de 56 kb/s.
- Le raccordement haut débit et permanent via l'ADSL.
- Une ou plusieurs boîtes aux lettres.
- Une capacité de stockage permettant de publier des sites Internet en HTML, PHP, ...

Vers les téléphones de nouvelle génération

Comme nous l'avons vu, les systèmes d'information sont maintenant très communicants et orientés vers l'Internet et l'Intranet (L'intranet est un Internet interne aux entreprises).

Il n'en fallait pas plus pour qu'un nouveau mode de conception des applications (logiciels) naisse et remplace ou vienne en complément du client / serveur actuel. C'est la notion de "clients légers" et d'architecture distribuée.

Plusieurs constatations ont été faites ces dernières années avec la généralisation des micro-ordinateurs :

- Ceux-ci deviennent difficiles et coûteux à gérer du fait de leur grand nombre et surtout de la maintenance des logiciels installés.
- A chaque changement de version du logiciel de l'entreprise (par exemple pour un opérateur télécom la gestion du support et des dossiers clients), il faut modifier l'installation de plusieurs milliers de machines en même temps que les gros serveurs sont mis à jour. Du fait de cette envergure, ces actions sont très coûteuses et complexes. Chaque évolution est une aventure à elle seule.
- Il est apparu la nécessité d'uniformiser le transport ainsi que l'acquisition de la connaissance et de l'information. Et surtout, manipuler une information homogène, accessible en permanence est apparu comme une évidence. Jusqu'à cette nouvelle évolution, il fallait des outils différents pour chaque machine et pour chaque support d'information (Minitel, PC portable ou de bureau en client serveur...) il fallait réaliser un logiciel spécifique, installer des ordinateurs et des réseaux différents.

Le client léger est simplement l'utilisation d'Internet/Intranet pour l'ensemble du développement des applications et de la présentation des informations. Au lieu d'installer un logiciel sur un ordinateur, celui-ci est directement transféré et exploité par le browser Internet (Internet Explorer par exemple) du poste de travail à partir du serveur intranet (intranet est un Internet interne à l'entreprise). Le micro-ordinateur devient un "client léger".

Le terme "client léger", vient en opposition au terme "client/serveur". En effet, le poste client ne fait qu'afficher le résultat obtenu et envoyer des demandes aux serveurs. Dans le cadre du "client/serveur", le poste client réalise le traitement complet et n'envoie au serveur que des demandes aux bases de données. Pour que le mode "client/serveur" fonctionne il faut installer les programmes complets sur le client, alors que dans le cadre du "client léger", seul le Browser Internet, la plupart du temps livré avec le PC,

Le principe de fonctionnement est le suivant :

- Les différents équipements sont donc reliés par des ondes radio sur la fréquence des 2 400-2 483,5 Mhz avec une vitesse de transmission de 1 Mb/s et l'échange des informations se fait en mode paquet (comme sur les réseaux IP).
- Les appareils sont reliés entre eux et forment ainsi ce que l'on appelle un "Picoréseau".
- Dans chaque Picoréseau, on trouve un équipement "maître" et des équipements "esclaves". On peut avoir dans un Picoréseau, en plus du maître, jusqu'à 7 esclaves actifs (et jusqu'à 255 esclaves inactifs).

Il est possible de relier plusieurs Picoréseaux, et de chaîner ainsi jusqu'à 10 mini-réseaux pour faire une chaîne de plusieurs dizaines d'appareils.

La technologie Bluetooth a été conçue pour transmettre les données à 1 Megabits par seconde dans un rayon de 10 mètres, même si cette portée peut être de plus de 100 mètres avec un amplificateur additionnel. Une telle communication permet le transfert voix/données entre les différents appareils Bluetooth. Tout équipement électronique basé sur la technologie Bluetooth peut communiquer et échanger de l'information avec un autre appareil Bluetooth. Par exemple, le carnet d'adresses sur un assistant personnel ou un téléphone portable peut être instantanément synchronisé avec celui d'un PC au retour au bureau.

Exemples d'utilisation de Bluetooth :

Bluetooth permet aujourd'hui de faire communiquer des équipements tels que téléphone, PDA, ordinateurs, etc. Pour illustrer ce propos, nous allons utiliser un téléphone Ericsson T68m et un Ipaq 3850 équipé d'une jaquette Bluetooth. Les deux appareils sont tous les deux équipés de modules radios bluetooth.

D'autres modèles comme le Ipaq 3870 ou le Toshiba e740 BT sont nativement équipés de ce module radio. Il existe aussi des cartes d'extension au format Compactflash ou SD permettant d'équiper son Pocket PC en Bluetooth.

Ceci va vous simplifier la vie quotidienne et vous permettre d'utiliser votre Pocket PC comme terminal de navigation sur Internet, envoyer et recevoir vos mails, le plus simplement possible.

Cette technologie permet ainsi l'utilisation d'applications telles que la téléphonie, l'utilisation d'Internet ; elle permet également la synchronisation automatique des ordinateurs avec les PDA et les téléphones portables.

Tout ceci se réalise par onde radio, vous n'avez pas comme pour la technologie infrarouge, la nécessité de positionner votre Pocket PC en face de votre téléphone. Il suffit simplement que votre téléphone soit à moins de 10 mètres de votre PDA pour que la liaison fonctionne (dans la poche de votre veste ou votre sac à main). Ceci prend toute son ampleur avec le GPRS. Le téléphone présenté ici est Bluetooth ET GPRS. Ceci implique que vous êtes connecté en permanence sur le réseau Internet via le GPRS. Vous pourrez envoyer et recevoir vos emails, surfer sur Internet en ayant votre téléphone dans votre poche de veste ou votre sac à main, et surtout sans à avoir à vous préoccuper de la connexion, celle-ci étant établie automatiquement.

Le lien entre votre Pocket PC (ici un Toshiba e570 équipé d'une carte Bluetooth CompactFlash) et le téléphone est établi automatiquement à travers la liaison radio Bluetooth. Le téléphone GSM / GPRS établit la connexion avec Internet, via le GSM ou le GPRS.

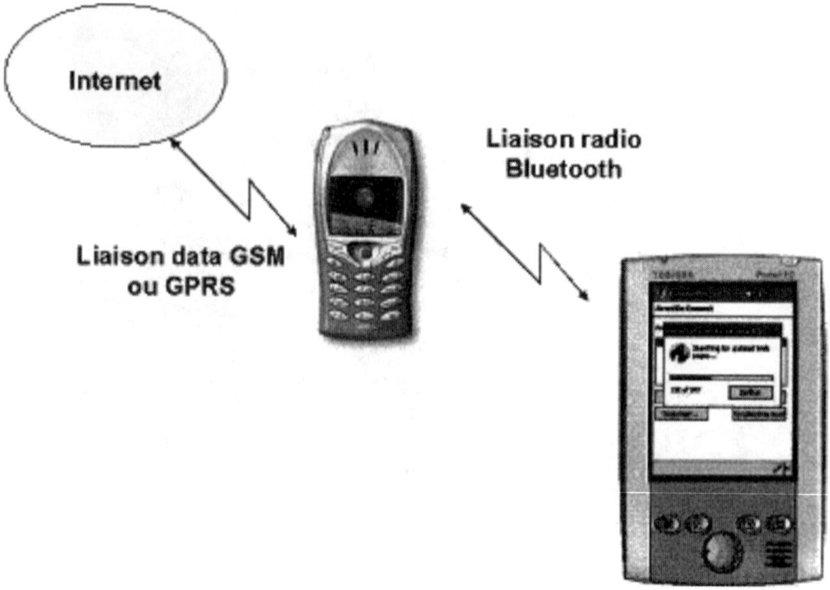

A terme, Bluetooth permettra de relier les équipements dans les foyers.

Ainsi, le lecteur de DVD pourra communiquer avec le téléviseur, la télécommande se connectera aux équipements ménagers dans la cuisine,etc. C'est ce que l'on appelle les réseaux domestiques.

On pourra, grâce à cette technologie, transférer de façon très simple et sans connectique des données d'un PC vers un périphérique externe (disque, graveur, etc.).

Le potentiel de la technologie Bluetooth est réel et très important, et les prévisions des différents constructeurs sont assez optimistes : Ericsson estime ainsi à plus de 100 millions le nombre d'équipements qui sont équipés de la puce Bluetooth en 2002 !

Cette technologie est en plein essor, et le faible coût de mise en œuvre est aujourd'hui devenu un standard et équipe de plus en plus de téléphones mobiles et de Pocket PC. Les équipementiers aujourd'hui vous proposent des extensions Bluetooth via des jaquettes ou des extensions au format CompactFlash.

Nous vous présentons la mise en œuvre du Bluetooth au chapitre " Le réseau sans fil - Mise en œuvre du WirelessLan et du Bluetooth".

Les téléphones mobiles et les services associés

La communication par la voix

Votre téléphone mobile ayant quand même comme objectif principal de nous permettre de... téléphoner, voyons comment fonctionne le déroulement d'un appel sur un réseau mobile.

Tout commence quand vous allumez votre téléphone. Vous avez saisi votre code Pin, et votre téléphone cherche à se raccorder à un réseau téléphonique. Pour cela il « scrute » le réseau.

Souvent, il va trouver plusieurs réseaux téléphoniques, mais il choisira celui de votre opérateur, comme c'est défini dans la carte SIM.

Il va envoyer l'identifiant de votre téléphone (le code IMEA) et le code de votre carte SIM (IMSI). Ce couple d'identification, reçue par l'antenne de réception du réseau mobile, va faire transiter votre identification vers l'ordinateur gérant le réseau mobile (le HLR – Home Local Register). C'est dans cet ordinateur que sont présentes toutes les informations et les droits d'utilisation de votre abonnement.

Cet ordinateur indiquera au réseau de téléphonie vos droits (avez-vous le droit de téléphoner à l'étranger, etc.), enregistrera votre localisation (près de quelle antenne vous êtes) et vous verrez enfin apparaître le nom de votre opérateur sur l'écran de votre téléphone.

Ce qu'il faut savoir, c'est que lorsque votre téléphone est allumé, le réseau envoie en permanence votre localisation, pour pouvoir vous transmettre les appels.

Vous effectuez un appel :

- Vous composez le numéro de votre correspondant sur votre téléphone.
- Vous appuyez sur la touche de connexion (la touche verte à gauche du téléphone.

- L'antenne transmet votre demande d'établissement de communication à l'ordinateur central de gestion de réseau téléphonique.

Plusieurs cas peuvent se produire :

- Vous appelez un téléphone connecté au même réseau de téléphonie mobile, dès lors, l'ordinateur va lancer un ordre au réseau pour faire sonner le téléphone de votre correspondant.
- Vous appelez un téléphone fixe ou un téléphone mobile d'un autre opérateur, la demande d'appel sera acheminée vers le réseau fixe ou mobile de votre correspondant.

Si le téléphone de votre correspondant est allumé

- Le serveur reçoit un signal de confirmation de bon fonctionnement.
- Il envoie un signal qui contient l'ordre de sonner et votre numéro au correspondant.
- Si votre correspondant décroche, le serveur reçoit un signal de décrochage et il vous met en relation avec votre correspondant, puis il transmet votre voix et celle de votre correspondant sous forme binaire jusqu'à ce que vous raccrochiez. Le serveur coupe alors la communication avec votre téléphone et avec votre correspondant.

Si votre téléphone est éteint ou si le répondeur est activé

- Le serveur vous connecte à une boîte vocale : répondeur qui se trouve sur une autre machine informatique chez l'opérateur.

L'accès à Internet via le GSM et le GPRS

Surfer sur Internet et recevoir ses emails avec son téléphone mobile est désormais possible puisque nos téléphones permettent d'accéder à Internet.

Comme nous l'avons vu plus haut, ceci est rendu possible à condition que le téléphone soit équipé d'un navigateur Internet (ou browser) , qui est un logiciel lui permettant d'aller sur Internet et d'afficher des pages d'un site sur son écran, et grâce à des techniques que nous verrons dans le paragraphe suivant telles que le WAP et l'i-mode.

Le Wap (Wireless Application Protocol)

Grâce au WAP, les téléphones mobiles étaient supposés accéder à Internet mais quand le WAP est apparu dans les années 2000, la petite taille des écrans d'une part, la pauvreté des services et la lenteur d'autre part, n'ont pas convaincu...

Pourtant, l'idée était née de permettre l'accès à Internet depuis son téléphone.

Mais au fait, qu'est-ce que le WAP ?

Le WAP est la première technologie apparue dont l'idée était de permettre à un utilisateur de téléphone mobile d'accéder à l'Internet.

Le WAP, Wireless Application Protocol, ce qui veut dire Protocole d'application sans fil, est donc une technologie qui permet depuis un téléphone mobile compatible, d'accéder à des services sur Internet tels que la météo, la bourse, les informations, etc. mais également sa messagerie électronique (email). Pour cela, il faut que son téléphone soit compatible WAP, c'est-à-dire qu'il ait un navigateur WAP intégré. Il faut aussi que l'opérateur de téléphonie utilisé par l'abonné ait modifié son réseau pour pouvoir faire transiter des contenus WAP et que des pages spéciales soient dédiées au WAP sur Internet. De nombreux sites web ont été adaptés pour se conformer aux contraintes d'un écran de téléphone de petite taille.

Le WAP est un protocole, il définit très exactement la standardisation de l'échange d'informations entre le téléphone mobile et la passerelle (machine informatique) qui assure la liaison avec le réseau Internet.

Comment ça marche ?

Nous avons vu que la technologie WAP doit permettre d'accéder à des services web, elle est donc très proche de celle-ci. Un serveur WAP ressemble beaucoup à un serveur web, mais la façon d'y accéder diffère un peu comme le montre le schéma suivant.

Comment ça marche ?

L'I-mode fonctionne sur un réseau de transmission radio en mode paquet qui est superposé au réseau PDC (Réseau PDC Personal Digital Cellular) cousin du réseau des réseaux AMTS américain et GSM.

Les données sont donc découpées en petits paquets de 128 octets et puis elles sont transmises à 9 600 b/s (ou 40 kb/s) sur le réseau.

Comme nous l'avons vu plus haut, l'I-mode s'appuie sur une version simplifiée d'HTML , le c-HTML qui est un sous-ensemble de HTML et qui fonctionne sur des navigateurs Internet dont sont dotés les assistants personnels de type Pocket PC. Ainsi, le téléphone interprétera des pages simplifiées et adaptées à son écran, l'écran des téléphones I-mode est donc un peu plus grand que celui des téléphones portables classiques.

Quand un abonné demande à utiliser un service I-mode sur son téléphone, il émet une requête HTTP vers un serveur (ordinateur qui se trouve chez l'opérateur de téléphonie) et ce serveur va assurer la transmission vers l'Internet et faire suivre la requête vers les serveurs des différents sites (situés chez les fournisseurs de contenu) comme si c'était lui qui demandait les pages c-HTML. Le serveur va donc recevoir les données en format c-HTML et les transmettre au téléphone via le réseau.

L'accès aux pages se fait donc en direct, tout se passe comme si le téléphone demandait les pages cHTML.

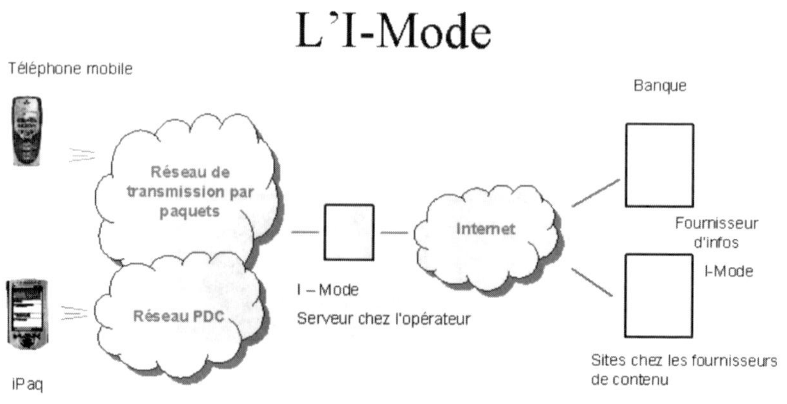

L'I-mode en pratique

Comme vous l'avez compris, l'I-mode est véritablement un concentré de technologie puisqu'il permet plus que le SMS, plus que le WAP, et cela tant au niveau de la vitesse que de la diversité.

L'idée de l'I-mode est d'offrir aux abonnés l'accès à toutes les rubriques possibles telles que la messagerie, les informations, et ceci « à portée de téléphone » puisque le téléphone est en permanence connecté au réseau.

En un seul « clic », l'abonné I-mode peut accéder à de très nombreux services comme le montre le tableau suivant :

Service	Description
Messagerie	-e-mail de poche , avec des e-mails contenant jusqu'à 1000 caractères donc 6 fois plus que des SMS ... -Chat (messagerie instantanée)
Information	Actualités météo, Actualités Bourse Pratique (recettes, mode,TV,cinéma...)
Bancaire	Consultation de compte...
Loisirs	Jeux Astrologie Musique (téléchargement) Personnalisation de sonnerie
Commerce	Achat en ligne de fleurs, livres,CDs...

Un exemple de service I-mode : i-mode Allociné :

« Besoin de consulter les horaires et les salles, de connaître les titres des dernières sorties, de découvrir les affiches et photos de vos films préférés, d'accéder au box-office ou de vous délecter des dernières news cinéma ?

Le service i-mode™ AlloCiné vous permet, à tout moment et en tous lieux, d'accéder à l'actualité du cinéma, aux films, aux séances et à la programmation de toutes les salles en France. Vous pouvez également réserver vos billets pour être certain d'avoir une place à la séance de votre choix !

Avec un Pocket PC en utilisant un téléphone mobile

Si vous utilisez sur votre Pocket PC des logiciels qui utilisent une liaison Internet directe à partir de votre Pocket PC. Plusieurs solutions s'offrent à vous pour accéder à Internet avec un Pocket PC en utilisant votre téléphone mobile :

- Utiliser la liaison infrarouge de votre Pocket PC avec votre téléphone mobile, qui lui-même peut être un GSM avec une option "data" (option data qui est souscrite auprès de votre opérateur en téléphonie mobile), ou GPRS.
- Utiliser une liaison Bluetooth avec votre téléphone mobile GSM ou GPRS dans les mêmes conditions que décrites précédemment.
- Utiliser une jaquette GSM/GPRS.
- Ou utiliser la connexion Internet de votre PC !

Avec un PC

Surfer sur le Web depuis votre PC portable en vous servant de votre téléphone en guise de modem sans fil est également possible grâce à la technologie Bluetooth.

Envoyer un SMS (texto) ou une image avec son téléphone

Les SMS

« N'oublie pas le pain ce soir ! Bisous. Julie »

Voici le type de petit message (SMS : Short Message Service » que vous recevez déjà sur votre téléphone mobile...

Certains les appellent les textos, d'autres, les télémessages, et leur succès ne faiblit pas : aujourd'hui, plus de 20 millions de SMS sont envoyés chaque jour en France. Pour envoyer un SMS, vous pouvez soit utiliser le clavier de votre téléphone, soit utiliser votre PC, car de nombreux sites web gratuits proposent des services pour envoyer des SMS.

Qu'est-ce qu'un SMS ?

Le système GSM que nous verrons plus en détail dans le chapitre X spécifie un service de massages courts SMS dont l'objectif est d'envoyer des messages d'une taille maximum de 160 octets avec un téléphone mobile.

Comment marche le SMS ?

L'architecture du SMS s'appuie sur le système GSM dont elle exploite les fonctionnalités. Voici ce qu'il se passe sur le réseau lors de l'envoi d'un SMS :

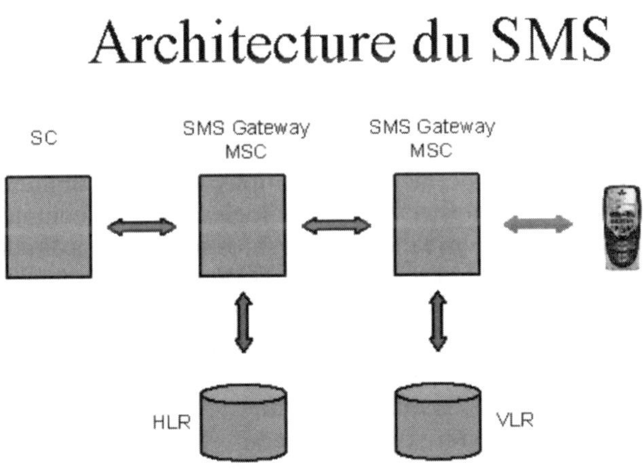

les autres. Pour le même prix, vous pouvez bénéficier des alertes Bourse pour être averti de l'évolution du cours de vos actions.

Mobiquid vous envoie gratuitement toutes les **références d'une chanson** que vous entendez à la radio mais que vous n'arrivez pas à identifier. Vous appelez le 01 56 910 910 d'un téléphone fixe ou mobile, il suffit de donner le nom de la radio. Si vous ne connaissez pas la station, approchez votre mobile de vos enceintes. Bien entendu, vous devez au préalable laisser votre numéro de mobile afin que l'on puisse vous envoyer le SMS. Le site vous envoie alors toutes les informations sur la chanson sur votre portable. Vous pouvez aussi commander le disque auprès du partenaire de Mobiquid, Alapage. Le site suit en permanence les dix-huit radios françaises les plus populaires (Europe 1, RTL, RMC, NRJ, RTL2, RFM, Fun Radio...). Et ça marche. Nous avons testé le service avec une chanson de Lionel Richie qui passait sur Chérie FM, nous n'avons reçu la réponse sur notre mobile dans la minute qui a suivi notre appel. Sur le SMS figuraient le nom de l'interprète, le titre de la chanson, le nom et le prix de l'album. En entrant votre numéro de mobile sur le site de Mobiquid, vous pouvez retrouver la liste des chansons qui ont été identifiées et passer directement commande.

Freever

Rayon divertissement, Freever vous propose de participer à des forums thématiques sur votre portable (sports, rencontres, sorties, musiques, people et hobbies...). Autant dire tout de suite que cette initiative originale laisse un peu perplexe : en effet, il n'est pas très pratique de taper un texte sur un clavier alpha numérique. L'inscription au service se fait par téléphone ou sur le net. Vous entrez le code du forum de discussion qui vous intéresse. Freever vous demande votre âge, votre sexe et votre code postal. Vous recevez ensuite un SMS vous demandant de choisir un pseudo que vous allez devoir taper sur votre portable et envoyer. Pour consulter par exemple tous les messages de votre forum, vous devez taper, sur votre mobile, le caractère spécial "?" (vous avez intérêt à avoir la notice de votre portable près de vous sinon vous êtes fichu). L'Internaute s'est inscrit sur le forum cinéma et a demandé à recevoir les SMS envoyés sur le sujet. Voici les trois premières contributions que nous avons reçues : "Nico766> Bonjour a vous ! c nico ! Benj59> Debout la dedans !! Jim2127>6 tu es 1fille2 valencienn 21a26an genre charmed (piper) et fan2ciné apel ! jé 26an 1m70 51kg." Vous pouvez aussi créer votre tribu rassemblant vos amis et envoyer des messages uniquement à votre groupe. Notez que l'envoi des SMS est payant et est facturé au tarif habituel de votre forfait

Les MMS (Multimédia Messaging Service)

Etant donné le succès fulgurant du SMS, est rapidement né son successeur, le MMS (Multimédia Messaging Service).

Le MMS permet d'ajouter du son et des images aux messages SMS, c'est la nouvelle génération de SMS, plus interactive, puisqu'elle permet au-delà du texte, d'envoyer des images, du son et même de la vidéo.

Le MMS permet ainsi l'envoi automatique et immédiat de messages multimédias d'un téléphone mobile vers un autre téléphone mobile, ou bien d'un téléphone vers un compte e-mail.

Contenu des MMS

Outre les contenus habituels des messages courts de type SMS (messages texte) les messages multimédias contenus dans un MMS peuvent aussi contenir des photos, graphiques, clips audio et des messages vocaux.

Un message MMS a la forme d'une présentation multimédia en un seul bloc, et non pas d'un fichier texte avec des pièces jointes. De plus, il sera possible d'envoyer des clips vidéo via MMS. Même si le MMS supporte des contenus multiples, il représente simplement la suite logique du SMS.

C'est pourquoi le passage au MMS devrait être facile pour les utilisateurs actuels de téléphones portables, surtout s'ils ont régulièrement recours aux SMS.

La norme MMS recommande l'emploi de formats JPEG, GIF Text, AMR Voice. Le MMS supporte également l'envoi de messages à des adresses e-mail. Comme le SMS, le MMS est une norme industrielle ouverte. Les messages MMS peuvent être transmis via des réseaux et des protocoles déjà existants. Par ailleurs, le MMS est indépendant du support. Il ne se limite donc pas aux réseaux GSM ou WCDMA.

Comment ça marche ?

Un abonné peut envoyer un MMS grâce à son téléphone mobile raccordé au réseau GPRS à un autre abonné si celui-ci est également raccordé au réseau.

L'envoi de MMS s'appuie en effet sur un transfert en protocole WAP sur un réseau GPRS, et il est prévu qu'il utilise par la suite le réseau UMTS.

Cet abonné va donc composer sur son téléphone un MMS, puis l'envoyer à un autre abonné.

Cet abonné destinataire du MMS recevra alors un SMS contenant une URL (lien Internet). Il devra se connecter à Internet (en WAP) et pourra consulter cet MMS depuis son téléphone.

Il est possible également d'envoyer depuis un téléphone un MMS par messagerie e-mail : L'abonné destinataire pourra alors consulter son MMS sur un PC à partir de son compte e-mail.

Quelles sont les applications du MMS ?

Le MMS permet l'utilisation d'applications telles que :

- L'envoi de photos.
- L'envoi de cartes électroniques (cartes de vœux, etc.).
- L'envoi de newsletters adaptées au MMS.
- L'envoi de fichiers de musique.
- Le transfert de sonneries polyphoniques.

La boîte vocale ou répondeur téléphonique

Lorsque nous ne sommes pas joignables avec notre téléphone portable, soit parce que celui-ci est éteint, soit parce que nous nous trouvons dans une zone non couverte par notre opérateur, ou encore parce que nous ne pouvons pas répondre à un appel, notre correspondant est transféré sur notre boîte vocale…Mais au fait, comment marche ce répondeur, et où se trouve-t-il ?

Qu'est-ce qu'un répondeur ?

Le répondeur dans un réseau mobile est un système (machine informatique) appelé une VMS (Voice Mail Service) qui a les mêmes fonctions qu'un répondeur de téléphone fixe, c'est-à-dire que l'on peut l'interroger à distance, mais aussi le modifier et le paramétrer.

Un répondeur se compose d'un ordinateur avec un ensemble de disques de stockage, sur lequel une place est allouée à chaque abonné par l'opérateur.

Le réseau Bouygues Telecom en France fournit à chacun de ses abonnés un répondeur de 20 messages de 2 minutes.

Au-delà de l'espace alloué par l'opérateur, la messagerie de l'abonné est saturée et n'enregistre plus de messages.

Les messages écoutés sont gardés quelques jours (ils restent stockés sur le disque), ceux qui ne sont pas écoutés sont gardés quelques mois.

Le répondeur rappelle ses abonnés lorsque les messages tardent à être écoutés. D'autre part, lorsque vous allumez votre téléphone mobile, il faut savoir que le réseau, au-delà de certaines tâches comme la vérification de votre carte SIM, etc. interroge également le répondeur.

Fonctionnement d'un répondeur

Ce qu'il faut savoir, c'est qu'un appel qui « tombe » sur le répondeur est en fait un appel qui est renvoyé.

En effet, supposons que j'essaie de joindre un autre abonné avec mon téléphone mobile et que cet abonné a éteint son téléphone. J'appelle donc mon correspondant en composant son numéro sur mon téléphone portable.

L'appel est alors présenté au HLR puis renvoyé vers la VMS, soit vers un autre numéro de téléphone.

Lorsque l'appel arrive sur le système, celui-ci reconnaît qu'il s'agit d'un appel renvoyé, et reconnaît l'abonné : Je « tombe » alors sur le répondeur de mon correspondant.

Chapitre 2

Que faire avec ces téléphones surdoués

Introduction

Comme nous l'avons vu dans le chapitre 1, la téléphonie mobile est en constante évolution.

Les téléphones mobiles d'aujourd'hui sont plus que de simples appareils pour téléphoner : vous pouvez aujourd'hui avec certains modèles écouter de la musique au format MP3, écouter la radio FM, prendre des photos, ou même filmer !

L'avenir dans ce domaine est très prometteur, et nos téléphones seront de plus en plus équipés de toutes ces nouvelles fonctions et deviendront de véritables terminaux multimédia.

Si nous sommes aujourd'hui entrés dans l'ère de l'Internet mobile, rappelons qu'il y a encore très peu de temps, outre la communication téléphonique, nos téléphones mobiles assuraient uniquement l'envoi de petits messages, les SMS.

Pourtant, l'idée de l'Internet mobile était déjà présente au travers du WAP qui a eu peu de succès en raison de sa lenteur et a quelque peu déçu ses utilisateurs.

Vers un monde ultra-communicant

Tout a changé grâce au GPRS qui permet de transférer les données avec un débit plus important, débit qui devrait encore augmenter, la vitesse maximale théorique étant de 117 kbits/s. Rappelons que le GPRS permet d'être connecté en permanence au réseau et donc d'envisager d'autres services tels que le multimédia.

Le multimédia

L'arrivée des MMS (Multimédia Messaging Service) qui permet d'attacher à un message texte des images et du son correspond à l'évolution logique du SMS.

On a donc vu apparaître des téléphones supportant ce tout nouveau service.

Rappelons que le MMS a besoin du GPRS pour fonctionner et que ces téléphones doivent donc supporter le GPRS. De plus, il s'agit de téléphones qui doivent être équipés d'écrans couleur, afin de pouvoir afficher les MMS, soit aujourd'hui une dizaine de modèles environ.

Avec les MMS, les téléphones intègrent souvent un appareil photo numérique dont la qualité est d'ailleurs en constante amélioration.

La musique, les jeux...

La musique a fait son entrée dans le monde de la téléphonie mobile puisque certains modèles sont équipés de lecteurs MP3 et proposent également des sonneries polyphoniques réellement musicales !

Les jeux ne sont pas en reste, puisque de nombreux modèles proposent des jeux, et la possibilité de télécharger de nouveaux jeux sur les modèles haut de gamme tels que les Smartphones.

Les données

Avec l'apparition des « Smartphones », qui , comme nous le verrons, se situent à mi-chemin entre les téléphones mobiles « classiques » et les assistants de poche de type PDA, nous avons à présent de petits ordinateurs de poche qui, outre leur capacité de téléphoner, nous permettent de disposer de nos outils informatiques tels que le traitement de texte, agenda, etc.

Les différents types de téléphones

Les téléphones mobiles évoluent très rapidement et on distingue aujourd'hui plusieurs centaines de modèles de téléphones, allant du modèle le plus simple au plus sophistiqué qui ressemble à un véritable petit ordinateur.

Nous avons donc classé dans ce chapitre les téléphones mobiles en plusieurs catégories, des plus simples aux plus complexes, sans oublier leurs cousins proches : les Pocket PC qui sont à présent dotés de fonctions de téléphonie mobile.

Nous vous proposons donc de passer en revue les différents téléphones mobiles du marché en vous donnant des exemples de modèles pour chaque catégorie : Notre liste ne sera pas exhaustive puisque l'on recense aujourd'hui près de 500 modèles différents...

Nous avons donc effectué le classement suivant :

- **Les téléphones mobiles « simples »** : nous avons classé dans cette catégorie les téléphones mobiles les plus simples, mais qui ne disposent pas d'options particulières, en gros, ce sont des téléphones qui vous permettront de téléphoner et d'envoyer des SMS.
- **Les téléphones mobiles « multimédia »** : ce sont les téléphones qui disposent de fonctions supplémentaires telles que la gestion des photos numériques, des sons, voire des vidéos et leur permettant de supporter les services dits multimédia tels que les MMS.
- **Les téléphones mobiles « communicants »** : on trouve dans cette catégorie les téléphones supportant les réseaux de données haut débit tels que le GPRS et qui permettent, outre la voix, de transporter des données...Nous avons classé dans cette catégorie les téléphones ne supportant pas le MMS, mais pouvant néanmoins supporter d'autres fonctions telles que l'appareil photo par exemple.
- **Les téléphones mobiles « multimédia » et « communicants »** : ces téléphones ont à la fois des fonctions multimédia et sont capables de se connecter aux réseaux de données à haut débit. Aujourd'hui, les téléphones multimédia sont communicants et vice versa.
- Nous traiterons donc dans un même paragraphe ces téléphones « multimédia et communicants ».
- **Les Smartphones :** on classe dans cette catégorie des téléphones doublés d'un assistant personnel (PDA) et qui sont capables de concilier transmission de la voix et fonctions d'assistant personnel (agenda, supports d'outils de bureautique, etc.).
- Et enfin, **les Pocket PC** qui sont des assistants personnels utilisant le système d'exploitation de Microsoft et qui ont des fonctions de téléphonie mobile.

Afin de mieux illustrer notre propos, et de vous donner une idée plus précise de ce que vous pouvez faire aujourd'hui avec un téléphone mobile, nous avons sélectionné pour chaque catégorie quelques modèles du marché dont les fonctions sont décrites dans les pages suivantes.

Les téléphones mobiles « simples »

Téléphones dits d'entrée de gamme, les téléphones mobiles simples sont les tout premiers téléphones qui sont apparus sur le marché et qui permettaient de téléphoner.

Depuis sont apparus de nombreux modèles qui intègrent des fonctions supplémentaires, tels les modèles multimédia avec appareil photo, messagerie multimédia, voire vidéo intégrés ou bien encore les téléphones communicants capables de transporter des données, dont nous parlerons dans les prochains paragraphes.

Téléphones dits d'entrée de gamme, les téléphones mobiles simples sont destinés aux personnes ayant simplement besoin des fonctions de base d'un téléphone. Vous ne trouverez donc pas ou peu d'écran couleur, de navigateur WAP / GPRS, de port infrarouge ou de sonneries polyphoniques sur ce type de téléphone.

Les critères de choix

Pour choisir le téléphone mobile qui répondra à vos attentes, voici quelques critères sur lesquels nous vous conseillons de vous baser pour effectuer votre choix, et ce, qu'il s'agisse de modèles simples, tels que ceux qui vous sont présentés dans ce paragraphe, ou bien de téléphones plus sophistiqués tels que les modèles communicants et multimédia.

Lorsque vous effectuerez votre choix, nous ne pouvons que vous conseiller de privilégier les aspects suivants :

- **L'autonomie** ou plutôt l'autonomie en veille et l'autonomie en communication, une autonomie en veille faible vous obligeant à recharger plus souvent votre mobile.
- **La qualité sonore** et la qualité radio qui varie d'un modèle à l'autre.
- **La robustesse :** il s'agit d'un critère important, on peut d'ailleurs remarquer l'apparition d'un modèle antichoc chez NOKIA, le modèle 5100 spécialement conçu pour ceux qui mènent une vie trépidante puisqu'il est protégé contre la poussière, les éclaboussures et les chocs !
- **La taille de l'écran :** il est bien évident que plus l'écran est grand, plus la lecture sera facile, y compris pour des modèles « simples ».
- **L'ergonomie :** elle varie beaucoup d'un modèle à l'autre et elle comprend la facilité d'utilisation, mais aussi le poids et la taille du téléphone.
- **La compatibilité réseau :** la compatibilité bibande ou tribande peut être une fonction importante si vous voyagez, votre téléphone devant pouvoir fonctionner y compris si vous vous trouvez dans une zone où la fréquence est différente : c'est la cas aux USA par exemple.
- **Bien sûr ...**Le coût, qui varie beaucoup d'un modèle à l'autre !

Quelques exemples de téléphones « simples » :

Nous vous proposons de vous présenter 3 téléphones mobiles « simples » :

- **L'Alcatel One Touch 311.**
- **Le Sony Ericson T100.**
- **Le Nokia 2100.**

L'Alcatel One Touch 311

Le One Touch 311 est un téléphone d'entrée de gamme qui a de nombreuses fonctions de personnalisation : écran d'accueil, téléchargement de sonneries, etc.

Son look et sa simplicité d'utilisation rendent ce petit téléphone agréable à utiliser.

Compact et léger, le One Touch 311 est facile d'utilisation, son look est plutôt sympathique avec ses finitions métal, ses formes arrondies, son antenne intégrée, et ses nombreuses façades interchangeables.

Il intègre la fonction EMS permettant le téléchargement de sonneries, d'icônes et de smileys via SMS. Pour le reste, il a les caractéristiques : bi-bande, navigateur Wap, fonction mains-libres, saisie de texte simplifiée, messages pré-enregistrés et possibilité de définir des listes de diffusion pour vos envois groupés. Sans oublier l'envoi automatique d'un message en liaison avec un événement pré-programmé (anniversaire, rendez-vous).

Son répertoire SIM (jusqu'à 250 noms) permet de gérer 3 familles de contacts avec mélodies spécifiques. Sa batterie garantit une autonomie de 5 h 30 en utilisation et de 260 heures en veille.

Le Sony Ericson T100

Ni GPRS ni MMS, puisqu'il s'agit d'un téléphone simple, le T100 est le nouveau téléphone d'entrée de gamme de Sony Ericsson, qui est simplement doté de fonctions de base.

Compact, petit et léger, le T100 ne mesure que 99 x 43,5 x 17,7 mm et pèse seulement 75 grammes.

L'écran LCD est de taille moyenne (101 x 67 pixels), monochrome (4 niveaux de gris) et bénéficie d'un rétro-éclairage bleu. Il permet d'afficher 4 lignes de texte + 1 ligne d'icônes.

Ce téléphone n'est pas prévu pour accueillir des façades interchangeables. Il existe en revanche dans 3 coloris : blanc contrasté, bleu, beige.

Ses fonctions sont les suivantes : il est bi-bande, supporte le Navigateur WAP 1.2.1 (WTLS Classe 1 & 2), vibreur, agenda (non synchronisable), identification de l'appelant par une icône ou un son associé au numéro du répertoire, écriture prédictive (eZi), profils, répertoire interne de 100 numéros, EMS avec 30 images préprogrammées, 20 personnalisables, 15 animations, 10 sons, et 10 mélodies personnalisables, un éditeur graphique pour créer de nouvelles images, des fonds d'écran personnalisables, calculatrice / chronomètre... Ce petit téléphone dispose également de 5 jeux (Ball pop, Naval Fleet, Q, Wuziqi, et Yukon struggle), 10 mélodies programmées et 8 personnalisables (iMelody).

Le NOKIA 2100

Le 2100 est le nouveau téléphone d'entrée de gamme de Nokia.

Le 2100 est typiquement un téléphone « simple » puisqu'il est juste doté des fonctions de base pour des communications vocales et textes, et qu'il est dépourvu du WAP et du GPRS.

L'attrait du design du Nokia 2100 réside dans sa petite taille (idem que le 7250), son clavier ergonomique éclairé et son écran monochrome (96 x 65 pixels) qui permet d'afficher 4 lignes de texte avec un retro-éclairage blanc pour une meilleure visibilité.

L'interface utilisateur est simple et convient tout à fait aux personnes peu initiées : répertoire, messages, journal, modes, paramètres, réveil, rappels, jeux, suppléments, menu SIM.

Ce téléphone est accompagné d'une large gamme de façades Xpress-on (bleu clair, mauve, aubergine, fuchsia, orange et jaune), et la possibilité d'introduire une photo personnelle dans la coque postérieure de l'appareil.

Le 2100 est un téléphone bi-bande d'entrée de gamme qui comprend les fonctions suivantes : fonctions SMS (messages concaténés, envoi multiple, écriture intuitive, chat, EMS), répertoire interne (100 noms), 35 sonneries fixes + 7 téléchargeables, groupes d'appel (possibilité d'attribuer une sonnerie par contact), fonds d'écran animés, 3 jeux (Link5, Space Impact, Snake II), calculatrice / chronomètre, alarme fixe ou répétée (qui se déclenche tous les jours de la semaine).Le téléphone dispose également d'un éditeur d'images permettant de créer et de personnaliser des messages images.

La batterie BLD-3 (Li-Ion 720 mAh) vous permettra d'atteindre une autonomie de 150 heures en veille et plus de 3 heures en communication. Côté accessoires, le package du 2100 est plutôt limité avec la seule présence d'un chargeur voyage. Le kit piéton et les façades sont vendus séparément.

Les téléphones mobiles « multimédias »

C'est le fabricant Nokia qui, le premier, a lancé un téléphone intégrant un appareil photo numérique : le 7650.

Depuis sont apparus de nombreux modèles « multimédia » qui intègrent des fonctions d'appareil photo, mais aussi de messagerie multimédia, voire de vidéo.

Ces téléphones étant également communicants, puisque comme nous l'avons vu précédemment la fonction MMS nécessite le haut débit (et donc le support du GPRS...) nous verrons des exemples de téléphones « multimédia » dans le paragraphe suivant qui traite des téléphones multimédia et communicants.

Il existe en revanche des téléphones mobiles qui sont communicants, c'est-à-dire qu'ils supportent le WAP et le GPRS, mais qui sont dépourvus de fonctions multimédia.

Les téléphones mobiles communicants

Il s'agit de téléphones mobiles supportant le GPRS, rappelons que le GPRS (General Packet Radio Service) est un service de transmission en mode paquet qui améliore considérablement l'accès à l'Internet mobile grâce à une rapidité accrue.

Ce qui caractérise dans notre classement par catégories ces téléphones par rapport aux téléphones communicants et multimédia, c'est l'absence de MMS.

Voici quelques exemples de téléphones mobiles communicants :

- **L'Alcatel One Touch 531.**
- **Le NEC 22i.**
- **Le Motorola C330.**

L'Alcatel One Touch 531

Il s'agit du tout premier téléphone Alcatel avec écran couleur, un grand écran couleur. Il possède un écran capable d'afficher 4096 couleurs et supporte les fonctions : GPRS classe 8, port infrarouge, téléchargement de jeux.

Il permet de personnaliser le fond d'écran en choisissant un motif graphique parmi les divers thèmes que propose le téléphone. Le téléphone accepte de nombreux formats d'image : GIF, PNG, JPG, WBMP. Grâce à l'album photo, il est également possible de stocker ses propres images téléchargées via le WAP, par SMS ou encore par le biais du port infrarouge (IrDA).

Ce petit téléphone offre de nombreuses fonctionnalités de personnalisation :

Ciblé sur le segment « d'entrée de gamme », le One Touch™ 531 est un téléphone bi-bande, GPRS de classe 8 (4+1) et qui intègre un navigateur WAP dans sa version 1.2.1.

Le téléphone possède de nombreuses fonctions : numérotation vocale (jusqu'à 20 enregistrements), haut-parleur mains-libres, mémo vocal (2 mn), gestionnaire d'informations personnelles : répertoire multi-catégories (250 fiches), groupes d'appel, téléchargement de sonneries polyphoniques et de fonds d'écran, composeur de sonneries, modem, calendrier, liste de tâches, rappels de rendez-vous, calculatrice, convertisseur d'euros/devises, saisie de texte prédictive (T9), interface infrarouge (IrDA), alarme avec sonnerie personnalisable.

Sa mémoire SMS permet de stocker jusqu'à 100 messages.

Les passionnés de jeux ne sont pas oubliés, car le One Touch™ 531 dispose de 2 jeux intégrés. Il intègre le moteur ExEn de In Fusio qui vous permet d'accéder à un très large catalogue de jeux à télécharger (2 jeux peuvent être enregistrés sur le téléphone).

Le NEC 22i

Le n22i est le nouveau téléphone i-mode™ de NEC. Remplaçant du n21i, il est doté d'un grand écran 4096 couleurs et a été choisi par l'opérateur Bouygues Telecom pour améliorer le profil de ses services et ses applications i-mode™.

Le n22i possède un écran principal 4096 couleurs et une résolution de 120 x 160 pixels permettant d'afficher jusqu'à 10 lignes de texte. Autre particularité, le n22i dispose d'un écran externe qui permet de voir les appels entrants, le niveau de la batterie, la réception du réseau et la notification d'appels et de messages.

Cet écran LCD intégré au rabat supérieur peut être programmé d'après le répertoire téléphonique pour afficher l'une des 12 couleurs vives permettant d'identifier l'appelant.

Il est en effet possible d'envoyer et de recevoir des e-mails depuis n'importe quel endroit à l'aide du service i-mode™. Ce modèle intègre une fonctionnalité de saisie prédictive de texte (T9), le service e-mail convivial faisant partie de l'éventail des services i-mode.

La mémoire du n22i accepte 500 noms et 7 numéros différents pour chacun comme notamment les numéros privés ou professionnels et les adresses e-mail. Le répertoire se programme pour attribuer une sonnerie ou une image à un nom. L'image (ou le pictogramme) s'affiche sur l'écran LCD couleur afin de définir l'identité de l'appelant. 23 sonneries choisies dans une gamme de 40 accords de haute qualité peuvent être associées à des appelants spécifiques.

Le n22i est également GPRS de classe 8. Grâce à sa fonction Dictaphone, vous pourrez enregistrer 10 mémos de 20 secondes. Enfin 5 jeux sont présents : Puzzle, OVNI, Poker, Labyrinthe et Tapis roulant. Ce petit téléphone est compatible avec l'offre i-mode™ de Bouygues Telecom

Rappelons que l'i-mode™ est un système qui permet :

- d'émettre et de recevoir des appels ;
- d'émettre et de recevoir des SMS ;
- d'envoyer et de recevoir des emails ;
- de naviguer sur des sites i-mode (cHTML), mais aussi des sites Wap (WML).

Le Motorola C330

Il s'agit d'un téléphone mobile « d'entrée de gamme » doté d'un écran couleur STN, capable de supporter 4096 couleurs et d'afficher jusqu'à 4 lignes de texte (avec 1 ligne d'icônes).

C'est un modèle compact (98 x 43 x 17 mm) et léger (85 grammes), avec de nombreuses fonctions de personnalisation : menu personnalisable, téléchargement de fonds d'écrans, d'écrans de veille, de sonneries et de thèmes.

Le C350 intègre également sa mini-table de mixage MotoMixer, une application qui permet aux utilisateurs de composer, de télécharger et de remixer facilement des sonneries MIDI.

Il est possible aussi de changer le look de ce téléphone grâce aux coques de couleur amovibles avant et arrière qui changent la forme et l'aspect global du téléphone.

L'appareil est doté du GPRS (4+1) qui vous permettra un téléchargement rapide de vos données via un navigateur Wap en version 1.2.1. Compatible avec le service de messagerie EMS (en version 5.0), il vous permet d'accompagner vos SMS d'une mélodie, d'une icône, d'une image ou d'un graphique animé. De plus, une mélodie ou une image peuvent être assignées à chaque personne enregistrée dans le répertoire du téléphone.

Le C350 est un téléphone bi-bande (900 et 1800 MHz) doté des fonctions suivantes : activation vocale de la numérotation, écriture prédictive ITAP™, messages concaténés, groupés et chat SMS, agenda, calculatrice, convertisseur de devises, vibreur, sonneries polyphoniques sur 16 tons (+ 32 téléchargeables), un répertoire interne de 100 emplacements. Trois jeux sont également intégrés pour vous divertir : Astrosmash™, Snood 21™ et MotoGP™ (premiers niveaux).

De nombreux accessoires seront également disponibles parmi lesquels le Kit Radio FM, le kit mains-libres voiture « Easy Install », le Kit piéton avec enrouleur de fil, et le Kit de connexion USB pour PC.

Les téléphones mobiles communicants et multimédia

Nous avons classé dans cette catégorie les téléphones qui offrent des fonctions multimédia, supportent le MMS et qui donc sont communicants puisqu'ils supportent le GPRS.

Véritables petites merveilles technologiques, ces téléphones mobiles sont les plus sophistiqués, ils se situent juste avant les Smartphones que nous verrons dans le chapitre suivant.

Ils intègrent toutes sortes de technologies avancées telles que :

Un bel écran couleur, le support de navigateur WAP, le GPRS, généralement un port infrarouge et/ou bluetooth, des fonctions de SMS avancées et le MMS, ces téléphones intègrent parfois un appareil photo, voire une caméra intégrée.

Quelques exemples de téléphone mobile « multimédia » :

Voici les modèles que nous avons sélectionnés pour vous dans cette catégorie :

- Les Nokia 3650, 5100,6800.
- Le Samsung SGH V200.
- Le Sony Ericson T68i.

Le Nokia 3650 :

Le nouveau téléphone appareil photo de Nokia est sorti en France. Il reprend les ingrédients qui ont fait le succès du 7650 (bluetooth, grand écran couleur, appareil photo correct) mais sans les inconvénients (forme, poids, encombrement, système d'ouverture) et avec quelques améliorations comme la lecture et l'enregistrement de vidéo (le seul pour l'instant) hélas limité à 15 secondes.

Le 3650 s'inscrit dans la catégorie « Imaging » de Nokia. Appareil photo intégré, large écran couleur, fonction MMS, Bluetooth™ et, pour la première fois, une caméra.

Un écran 4096 couleurs et un pavé alphanumérique circulaire.

Ce téléphone s'inscrit dans la même catégorie que le 7650 (premier téléphone avec appareil photo intégré). Même si le design est bien différent, il reprend certaines caractéristiques comme, par exemple, l'écran : 4096 couleurs et une résolution de 176 x 208 pixels. La plate-forme Series 60, en plus du système d'exploitation Symbian OS 6.0, offre une interface puissante et facile à utiliser pour le Nokia 3650.

Si le design est novateur, les adeptes de téléphones compacts seront déçus de connaître les dimensions imposantes de l'appareil (130 x 57 x 25.5 mm - plus grand que le 7650).

Avec sa disposition circulaire des touches, ce clavier apporte une touche d'originalité, et se démarque des claviers auxquels nous sommes habitués. Agréable d'un point de vue esthétique, ce nouveau pavé pose tout de même quelques problèmes d'ergonomie et nécessite un temps de familiarisation. L'écriture des SMS devient quant à elle fastidieuse.

Le téléphone Nokia 3650 intègre un appareil photo qui vous permettra de prendre des photos d'une résolution maximale de 640 x 480 pixels (mode VGA - idem que le 7650, le Siemens S55 ou encore le Sony Ericsson P800). Lors de la prise de vues, 3 modes vous sont proposés : standard, portrait et nuit.

Le Nokia 3650 possède également une caméra pour enregistrer des séquences vidéo (format H.263) ainsi que RealOne Player pour télécharger et visualiser en temps réel du contenu vidéo. Si le 3650 est le premier téléphone à être doté d'une telle fonction, sachez que les séquences vidéo n'excéderont pas les 15 secondes et que le 3650 ne gère pas le son dans sa version standard. Petite déception donc...

Les formats des fichiers audio et vidéo compatibles avec le lecteur RealOne sont : H.263 et MPEG-4 (format 3GP), ainsi que les formats RealAudio et RealVideo. La fonction MMS permet aux utilisateurs d'envoyer de la vidéo, des images, du texte et du son à un autre téléphone compatible MMS ou sur une adresse email.

Afin de gérer les différents éléments de votre téléphone, vous disposez d'une mémoire interne de 4 MB dont 3.4 MB de mémoire dynamique pour les photos, le répertoire, l'agenda, les messages et les applications supplémentaires.

Le 3650 est également doté d'une carte mémoire MMC (qui se loge à côté de la carte SIM) dont la capacité est tout de même de 16 MB (des cartes MMC 64 MB devraient également être disponibles). Cela nous semble être une bonne alternative au couple P800 / Memory Stick™ Duo récemment proposé par Sony Ericsson. Des lecteurs MMC USB sont disponibles dans les magasins spécialisés pour pouvoir lire vos cartes mémoire MMC sur votre PC.

Ses dimensions sont un peu imposantes (130 x 57 x 25,5 mm – Il est plus grand que le 7650).

Avec sa disposition circulaire des touches, ce clavier apporte une touche d'originalité, et se démarque des claviers auxquels nous sommes habitués.

Le téléphone Nokia 3650 intègre un appareil photo qui vous permet de prendre des photos d'une résolution maximale de 640 x 480 pixels (mode VGA - idem que le 7650, le Siemens S55 ou encore le Sony Ericsson P800). Lors de la prise de vues, 3 modes vous sont proposés : standard, portrait et nuit. Voir les quelques clichés disponibles sur le forum du site.

Dépourvu d'une connectique Pop-Port™, le 3650 ne vous permettra pas de transférer vos fichiers par câble data vers votre PC. La liaison avec votre PC aura donc lieu soit grâce à la technologie Bluetooth™ soit en utilisant le port infrarouge (Irda).

Le 3650 est un téléphone tri-bande (GSM 900/1800/1900) doté de nombreuses fonctions avancées. :

- GPRS 3+1 / HSCSD (débit allant jusqu'à 43.2 kbps)
- Navigateur Wap 2.0 et XHTML
- Compatible Bluetooth™ (technologie de transmission sans fil)
- Standard SMS, EMS et MMS
- Fonction e-mail (POP3, IMAP4,SMTP).

Le 3650 supporte la technologie Java™ (MIDP 1.0) et permet aux utilisateurs de personnaliser le contenu de leur téléphone avec une large sélection d'applications développées indépendamment, dont la création d'images ainsi que de nombreux jeux au graphisme évolué. Les développeurs peuvent utiliser le Series 60 Software Development Kit pour créer des applications et Nokia Tradepoint ainsi que Nokia Software Market.

Parmi les fonctions plus classiques, le 3650 est doté de la reconnaissance vocale, la possibilité d'enregistrer des mémos vocaux (3 minutes), un port infrarouge, un haut-parleur intégré, sonneries polyphoniques 24 tons (format Midi et WAV), compositeur de sonneries, 2 jeux (Snake et Mix Pix)... Le Nokia 3650 permet également de jouer à plusieurs grâce à l'infrarouge et Bluetooth™.

La nouvelle batterie 850 mAh Li-Ion (BL-5C), compacte et légère, donne au 3650 une autonomie de 4 heures en conversation, et jusqu'à 8 jours en veille avec un temps de charge d'approximativement 1 h 30. Une vaste gamme d'accessoires est également disponible dont les façades Xpress-on™ et les connexions sans fil Bluetooth™. Enfin, le 3650 est proposé à un prix compétitif, bien plus bas que celui du 7650 à sa sortie.

Le NOKIA 5100

Ecran 4096 couleurs et protection renforcée

Nokia reprend donc le concept « anti-choc » du 5210 mais en y ajoutant l'écran couleur. Ce dernier est identique à ceux que l'on retrouve sur les récentes productions du constructeur finlandais : écran couleur haute résolution (128 x 128 pixels - 5 lignes) capable d'afficher 4096 couleurs.

Avec ses innovations : conception, matériaux et coques supérieurs et inférieurs Xpress-on™, le Nokia 5100 apporte une protection accrue contre les éclaboussures, la poussière et les bosses. La surface caoutchouteuse et sa forme ergonomique permettent une prise en main ferme et fiable, et les touches bien proportionnées ainsi qu'une touche multidirectionnelle permettent une navigation facile et rapide sur l'écran couleur haute résolution.

GPRS, MMS, Java™, Radio FM...

Le Nokia 5100 intègre la plupart des technologies avancées : tri-bande, navigateur Wap 1.2.1, GPRS classe 6, port infrarouge, transmission rapide des données, connectique Pop-Port™ (permettant notamment l'utilisation du Kit oreillettes-Appareil photo Nokia).

Parmi les fonctions plus classiques : modem intégré, haut-parleur mains-libres, sonneries polyphoniques, fonctions SMS avancées (Chat, concaténation, écriture prédictive), MMS, reconnaissance vocale (10 noms), écrans de veille, vibreur, calculatrice, agenda, groupes d'appel.

L'appareil est compatible J2ME™ (Java 2 Micro Edition - MIDP 1.0), ce qui permet aux utilisateurs de personnaliser leur téléphone en téléchargeant de nouvelles applications et des jeux Java™. Les applications Java™ pré-installées sur le Nokia 5100 comprennent un convertisseur (pour les devises, la température, les poids et mesures) et 3 jeux : Sky Diver, Triple Pop et Bounce.

Le Nokia 5100 est également doté de plusieurs fonctions inhabituelles pour un téléphone mobile : une torche intégrée, un thermomètre et un compteur de calories qui donne une estimation des calories brûlées au cours de différentes activités ou pour vous aider à surveiller votre apport énergétique !

Le Nokia 5100 est également équipé d'un haut-parleur lui conférant une fonction mains-libres, d'une radio FM stéréo, d'un système de contrôle automatique du volume pour compenser les bruits ambiants, et d'un sonomètre pour estimer le niveau de bruit ambiant.

Fonctions de mémoire

Les fonctions suivantes utilisent une mémoire partagée qui dépend de la quantité de données par élément et de la mémoire partagée disponible à un moment donné sur le Nokia 5100 :

- Répertoire téléphonique - jusqu'à 300 entrées
- SMS - jusqu'à 150 messages texte ou 50 messages images / concaténés
- Notes de calendrier - jusqu'à 250 entrées
- Liste "à faire" - jusqu'à 30 entrées
- Sonneries fixes - 11 prédéfinies, non supprimables.

Les fonctions suivantes partagent une mémoire de 725 Ko :

- Messages MMS - taille max de 45 Ko par message
- Sonneries en galerie - 20 prédéfinies, toutes supprimables
- Images - 10 prédéfinies, toutes supprimables
- Applications Java™ - 4 prédéfinies, taille max téléchargeable de 64 Ko par application.

Le NOKIA 6800

Le Nokia 6800 est optimisé pour la rédaction de texte. Son design innovant permet aux professionnels nomades de bénéficier des avantages du clavier complet facile à utiliser pour gérer leurs informations personnelles, envoyer des messages ou saisir du texte.

Concept « 2 en 1 » avec un clavier complet dépliable.

Les adeptes du constructeur finlandais l'auront remarqué, le 6800 n'est pas sans rappeler le 5510 sorti fin 2001. Tout comme le 5510, ce modèle propose un clavier azerty complet, mais avec une nouveauté de taille, puisque celui-ci est désormais dépliable. Nokia innove ainsi en proposant un téléphone capable d'être utilisé aussi bien en position "fermé" (verticale) qu'en position "ouvert" (horizontale). Vous pourrez ainsi passer d'un mode à l'autre très simplement grâce à des connecteurs qui orientent automatiquement l'affichage de l'écran. Assez surprenant.

Le téléphone est doté d'un écran haute définition (128 x 128 pixels - 3,1 cm x 3,1 cm) capable d'afficher 4096 couleurs et jusqu'à 8 lignes de texte.

Avec le Nokia 6800, les professionnels nomades peuvent gérer leurs messages et leurs e-mails tout en se déplaçant. Les utilisateurs peuvent rédiger des messages avec le clapet fermé ou l'ouvrir pour faire apparaître un clavier complet afin d'écrire plus facilement les messages. L'écran change également son orientation pour s'adapter à la disposition horizontale du clavier. Par exemple, il est possible de commencer à rédiger un texte avec le clavier fermé et de continuer à rédiger le même texte après avoir ouvert le téléphone.

Gestion de vos e-mails et de vos données personnelles

Le Nokia 6800 a également un client e-mail (compatible POP3, IMAP4 et SMTP) qui permet de gérer ses e-mails rapidement via les réseaux HSCSD et GPRS. L'application 'Notes'permet de rédiger des notes de 3000 caractères.

La compatibilité avec SyncML permet aux utilisateurs du Nokia 6800 de synchroniser leurs données personnelles à distance via le réseau. Avec SyncML, les données personnelles comme l'agenda et le répertoire, peuvent être similaires, accessibles et mises à jour. Le Nokia 6800 comprend également un porte-monnaie électronique qui permet d'effectuer des transactions en ligne faciles et fiables via le WAP. Le module de sécurité, Wireless Identity Module (WIM), permet de signer numériquement les transactions, et supporte le Wireless Public Key Infrastructure (WPKI).

GPRS, applications Java™, Radio FM intégrée...

De nombreuses fonctions technologiques avancées sont présentes avec notamment la technologie Java™ qui permet de télécharger des applications personnalisées, soit en utilisant le navigateur WAP 1.2.1, soit à partir d'un PC avec la PC Suite Nokia.

Parmi les principales fonctions : 35 sonneries polyphoniques (SP-MIDI), radio FM stéréo intégrée que vos pouvez écouter via le haut-parleur ou avec le kit oreillette fourni, SMS concaténé (envoi et réception jusqu'à 459 caractères par message), groupes d'appel, fonds d'écran, réveil, calculatrice, port infrarouge (échange de données telles que des cartes de visite et des notes d'agenda), ainsi que 2 jeux (Triple Pop et Bounce).

La mémoire partagée (4 Mo de mémoire dont près de 3300 Ko de mémoire libre) peut être utilisée par les fonctions suivantes : répertoire, SMS, MMS (45 Ko max), images et sonneries de la galerie, agenda, notes, jeux et appli Java™, notes perso et e-mails.

Grâce à sa connexion Pop-Port™, le Nokia 6800 peut fonctionner avec le Kit oreillette-Appareil photo HS-1C, ce qui permet de prendre des photos numériques pour envoyer des messages MMS vers d'autres téléphones compatibles. Le Nokia 6800 supporte également l'installation d'un kit véhicule avec support.

Le Samsung SGH V200

Le SGH-V200 est le premier téléphone avec appareil photo numérique intégré de Samsung. C'est également un téléphone mobile doté de fonctions avancées : écran couleur TFD 65.536 couleurs, GPRS classe 8, MMS, sonneries polyphoniques 40 tons...

Un écran TFD 65 536 couleurs

Le SGH-V200 est un téléphone compact (90 x 47 x 23 mm) et léger. Plus grand que ses prédécesseurs (S300 et T400), le V200 vient directement concurrencer le GD87 sur son terrain acquis des téléphones bi-valves avec écran couleur et appareil photo intégré.

Ce modèle reprend tout d'abord le principe du double écran si cher à Samsung :

- L'écran interne utilise la technologie TFD dont l'affichage s'avère moins gourmand en consommation d'énergie que les écrans TFT classiques. Cet écran haute résolution (128*160 pixels - 3 x 3,8 cm -jusqu'à 10 lignes de texte), est plus grand que celui du S300 et légèrement plus petit que celui du GD87. Le V200 permet d'afficher plus de 65 000 couleurs et offre une très bonne lisibilité. Les images sont vraiment lumineuses.
- L'écran externe est quant à lui monochrome, contrairement à l'écran couleur du S300. Il permet d'afficher le numéro de l'appelant, l'heure, la date, le niveau de réception du signal et le niveau de charge de la batterie. Un logo animé s'affiche sur l'écran lorsque vous recevez un appel ou un SMS. Enfin des diodes de couleurs sont également présentes sous l'écran (voyant réseau) et s'activent toutes les 5 secondes ainsi que lorsque vous recevez un appel. L'effet est plutôt sympathique.

Le menu du téléphone est un classique et se compose de 10 sous-menus : loisirs, messages texte, message multimédia, compteurs appels, photo, sonneries, réglages tél., agenda, services réseau, et loisirs.

Un appareil photo intégré avec capteur CCD rotatif

Mais la vraie "star" du V200, c'est bien entendu son capteur CCD 352 x 288 pixels intégré dans la charnière de l'appareil et rotatif à 180°. Ce capteur pivotant autorisera des cadrages de précision et permettra surtout la réalisation d'autoportrait en toute simplicité.

La combinaison de l'écran TFD et du capteur CCD offre des prises de vue lumineuses et une réelle fluidité dans le mouvement (bien meilleure que le GD87). Le résultat est très correct et la mémoire du V200 permet de stocker jusqu'à 100 photos, images qu'il sera ensuite possible de transférer sur votre PC via un cordon et le logiciel EasyGPRS, d'envoyer par mail ou par MMS ou tout simplement d'afficher en fond d'écran.

De nombreuses fonctions avancées

Téléphone GPRS de Classe 8, le SGH-V200 supporte également l'envoi et la réception de messages MMS (Multimedia Messaging Service). Cela signifie qu'il sera possible d'envoyer une photo et un texte sur e-mail ou sur un mobile compatible MMS.

Parmi les autres fonctions du téléphone, notons : le navigateur WAP 1.2, le vibreur intégré, les groupes d'appel, le clapet actif ou non, la fonction EMS, un répertoire interne capable de stocker 500 noms, une mémoire de 50 SMS, le logiciel de saisie rapide de texte (T9), la fonction PIM (Personal Information Management - synchronisation PC), agenda, calculatrice, horloge universelle, et un modem intégré. Des jeux sont également présents : X-Flighter, Space War, et Mypet.

En utilisant le câble et le CD-ROM fournis dans la boîte, vous pouvez optimiser les possibilités de votre téléphone. Le CD-ROM contient plusieurs centaines d'images et des sonneries polyphoniques 16 et 40 tons à télécharger (MMF) ainsi que le logiciel Easy GPRS (Windows 98/ME/2000/XP) qui vous permettra de gérer votre répertoire, vos SMS (SIM + téléphone) et votre agenda depuis votre PC. Le soft est rapide et plutôt bien pensé.

Le Samsung SGH-V200 est proposé dans un coffret complet comprenant deux batteries, un chargeur, un kit piéton, un CD-Rom et un câble de connexion PC.

Le T68i Sony Ericson

Le T68i est le premier téléphone issu du rapprochement entre Sony et Ericsson. Avec le T68i et le nouveau CommuniCamTM, Sony Ericsson met la barre très haut dans le domaine de l'imagerie mobile.

Entièrement "relooké", le T68i reprend les principales caractéristiques de son aîné le T68. Doté d'un écran graphique pouvant afficher 256 couleurs, il possède des dimensions idéales et ne pèse que 84 grammes. Equipé d'une antenne intégrée, le T68 possède également un clavier pratique et fonctionnel pourvu d'une touche de navigation du type joystick.

Au niveau fonctionnel, le T68i est doté des dernières innovations technologiques :

- GPRS 3+1 / HSCSD (débit allant jusqu'à 43.2 kbps)
- Tri-bande (GSM 900 / 1800 / 1900)
- Navigateur Wap 2.0 (XHTML Basic / Mobile + WML 1.3), WTLS (Classe 3)
- Compatible Bluetooth (technologie de transmission sans fil)
- Standard SMS, EMS et MMS (SMS avec vidéo)
- Fonction e-mail (POP3, IMAP4,SMTP).

L'autre point fort du T68i réside dans ses fonctions d'imagerie en l'associant avec son nouvel accessoire : le CommuniCamTM MCA-20, un appareil photo numérique. Connecté au T68i, celui-ci permet de prendre facilement des photos et de les envoyer soit vers un autre téléphone en utilisant la technologie MMS, soit de les transférer par e-mail vers un ordinateur ou encore de les stocker sur l'album photo disponible sur le téléphone ou sur le MCA-20.

Le T68i, tout comme le MCA-20, peut contenir jusqu'à 14 photos d'une résolution VGA et jusqu'à 200 photos en format QQQVGA. Et en plus l'écran du T68i permet de visualiser les photos stockées.

Grâce au CommuniCamTM MCA-20, dès que vous rencontrez une personne, vous ne vous contentez plus d'inscrire son numéro dans votre répertoire, vous la prenez en photo et l'ajoutez à sa fiche contact. Ainsi la prochaine fois que cette personne vous appellera, ce ne sera plus son numéro ou son nom, mais sa photo qui s'affichera sur votre écran !

Le T68i comporte de nombreuses autres fonctions parmi lesquelles : reconnaissance et commande vocale, modem intégré, écriture intuitive T9, SyncML, vibreur, Synchronisation PC via câble RS232, infrarouge ou BluetoothTM, fonction "chat", écriture intuitive des SMS, téléchargement des images en couleur, des dessins animés, des icônes ou des sonneries depuis Internet, calculatrice, calendrier avec de multiples aperçus possibles et de nombreuses tâches programmables, et des jeux sont disponibles (Arimona, Contrary, Erix, Four Piles, Naval Fleet, North Territory, Q, Yukon Struggle).

Les Smartphones

Un Smartphone est la synthèse de trois choses :

- Un téléphone mobile.
- Un ordinateur.
- Un système d'exploitation (Smartphone Windows).

Ou plus communément, la fusion d'un PDA (petit ordinateur de poche) et d'un téléphone mobile aux fonctions de communication évoluées.

Un PDA est un assistant de poche. Un assistant de poche est un micro-ordinateur très compact doté d'une fonction de saisie des informations (ici un clavier).

Un téléphone mobile. Il est bi ou tri-bande, possède un modem, et des capacités de connexion avec un réseau GPRS.

Un système d'exploitation est un ensemble de programmes utilisés par le processeur de votre machine permettant la gestion des différents composants périphériques (mémoire, écran, boutons, ...) et présenté sous la forme d'une Interface Homme Machine utilisable simplement par un être humain, c'est-à-dire aujourd'hui un système graphique. A partir de ces éléments de système d'exploitation, d'autres programmes sont exécutés, ce sont les programmes applicatifs du type boîte de réception, Windows media, ...

Le Système d'exploitation :

Windows

Ce système d'exploitation est directement tiré des générations précédentes de Windows sur les PC de bureau et plus récemment des Pocket PC. Pour ceux qui ont connu les différentes générations de ce système d'exploitation, on pourrait le décrire comme suit :

Plus précisément, il ressemble beaucoup au système d'exploitation Pocket PC 2002, le système d'exploitation Microsoft pour les PDA. Il a été adapté à ces machines.

Le point remarquable, c'est que les programmes conçus pour Pocket PC sont facilement transformables (on dit portables) sur votre Smartphone. Ce qui fait que beaucoup de logiciels pour Pocket PC passent dans le monde du Smart phone, les jeux, les utilitaires, etc. Avec ce type de machine, un monde énorme en termes de logiciels s'ouvre à vous !

Utilisation

Cette petite machine est un PC de poche téléphone, à moins que ce ne soit le contraire, fonctionnant sous Windows et doté des moyens de communication supérieurs à votre PC portable ou votre PC de bureau. Vous ajoutez à cela les fonctions de bureautique classiques du type Outlook, un browser Internet et la capacité de réaliser simplement des logiciels, vous avez les moyens d'en faire un outil qui sera une extension de votre système d'information, que ce soit bureautique ou pour vos applications professionnelles. Avec le GPRS, cela complétera parfaitement l'intégration de cette petite machine au sein du monde communicant qui est devenu le nôtre à une époque où la nomadisation se développe et où l'accès instantané à l'information de l'entreprise devient une arme face à la concurrence.

Plus qu'un téléphone

Oui, il est plus qu'un téléphone car ses fonctions de communication intègrent le SMS, le MMS, le chat avec Messenger, les mails, le surf sur Internet, mais aussi toute la souplesses et la richesse d'un véritable système d'exploitation. Comme Smartphone Windows est un environnement ouvert, des centaines d'éditeurs réalisent des améliorations pour votre téléphone, votre base de contacts, etc.

Votre téléphone n'est pas figé, il est ultra évolutif ! Vous pourrez vraiment l'adapter totalement à vos besoins et à votre mode d'utilisation !

Plus qu'un organiseur papier

Une certitude, c'est qu'avec cette petite machine, votre agenda papier, votre organiser, votre carnet d'adresses, vont tous disparaître et être rangés dans un tiroir de votre bureau comme des reliques du passé, issus du deuxième millénaire, voire du siècle dernier.

Mais penser à un Smartphone comme un organiseur papier est très limitatif, c'est beaucoup plus que cela, c'est l'utilisation d'un organiseur qui communique et est en parfaite synchronisation avec le système de messagerie Exchange de votre entreprise, à votre portail d'entreprise, que ce soit en connexion via votre PC de bureau, avec l réseau GSM/GPRS. Ce sont toutes les fonctions d'Outlook sur votre PC qui sont maintenant partout avec vous, et en parfaite synchronisation avec votre PC de bureau et votre entreprise. En termes de fonctions de type organiseur, nous retrouvons les fonctions :

- E-mails.
- Gestion des contacts.
- Gestion des tâches.
- Gestion d'agenda.

Ce qui sur un Smartphone SPV par exemple se présentera sous cette forme.

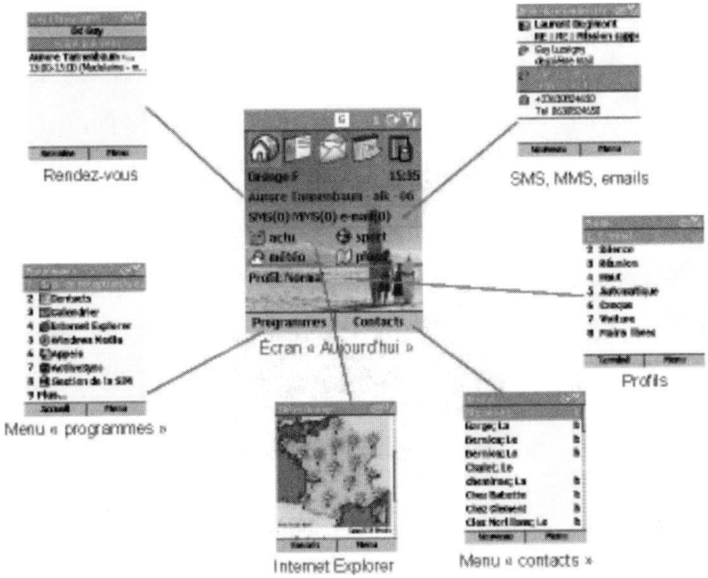

Utilisation de vos applications professionnelles

Avec l'avènement des nouveaux modes de conception des applications d'entreprise, nous passons progressivement du mode client/serveur utilisé dans les années 85/95 au mode client léger, où une application n'est plus installée sur votre Pocket PC, mais est utilisée dans votre browser Internet.

Ce mode de fonctionnement de logiciels couplés à des serveurs web intelligents, reconnaissant le type de terminal qui se connecte, permet d'utiliser les mêmes programmes et les mêmes données sur tous les ordinateurs de l'entreprise, et notamment le Pocket PC.

Vous pourrez, grâce à ce type de structure, réaliser toutes les applications nécessaires à la vie de l'entreprise, mais aussi, sans surcoûts les utiliser à distance via votre Pocket PC. L'ère du Smartphone pour les populations nomades a débuté !

Utilisation personnelle

Un Smartphone répond à toutes vos attentes dans le domaine professionnel, et il répondra aussi à vos besoins personnels dans tous les domaines qu'il vous plaira. Beaucoup de logiciels sont réalisés et téléchargeables via Internet, il y en a pour tous les goûts et les besoins. Le chapitre « Ajouter de nouvelles fonctionnalités sur votre Smartphone » vous expliquera comment rechercher ces programmes sur Internet et les installer sur votre Smartphone.

Les grandes applications que vous pouvez imaginer avec votre Pocket PC peuvent être notamment les suivantes :

- Transformer votre Smartphone en lecteur mp3 ou de clips vidéo.

- Recevoir directement sur votre Smartphone des journaux d'information

- Envoyer et recevoir des SMS, des MMS, des e-mails.
- Avoir un plan de tous les métros et demander à votre Smartphone de calculer votre itinéraire.
- Avoir en permanence votre dictionnaire anglais, espagnol, …
- Jouer à vos jeux préférés.

Les Pocket PC dotés de fonction de téléphonie mobile

Qu'est-ce qu'un Pocket PC ?

Rappelons tout d'abord qu'un Pocket PC appartient à la famille des assistants personnels (PDA), qui sont de véritables petits ordinateurs intégrant des fonctions bureautiques, de nombreux logiciels et des fonctions de téléphonie.

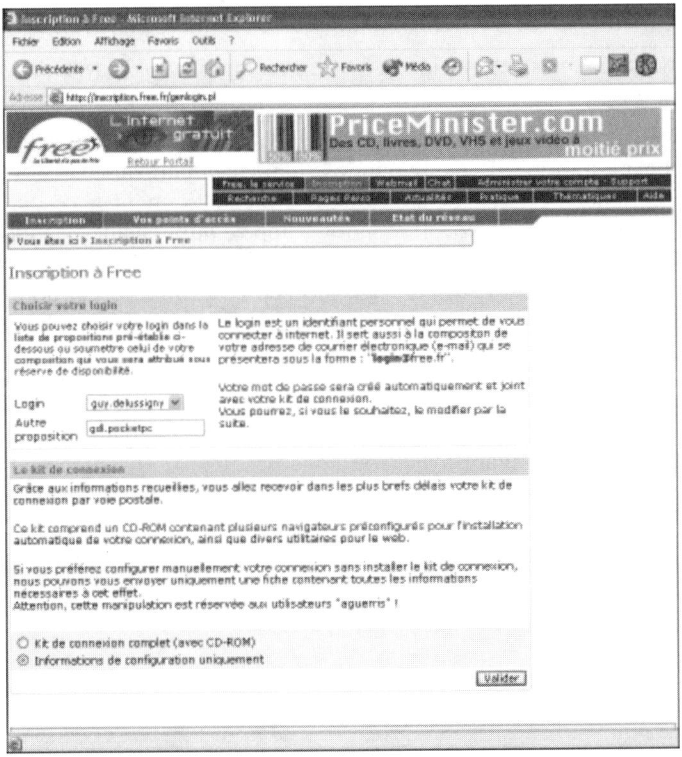

Qu'est-ce qu'un PDA en définitive ?

Un PDA est un assistant de poche. Un assistant de poche est un micro-ordinateur très compact doté la plupart du temps d'un écran tactile et de fonctions de reconnaissance d'écriture sur lequel on a implanté un système d'exploitation.

Un système d'exploitation est un ensemble de programmes utilisés par le processeur de votre machine et permettant la gestion des différents composants périphériques (mémoire, écran, boutons...) et présenté sous la forme d'une Interface Homme-Machine utilisable simplement par un être humain, c'est-à-dire aujourd'hui un système multifenêtres graphique. A partir de ces éléments de système d'exploitation, d'autres programmes sont exécutés, ce sont les programmes applicatifs du type Word, Excel, Windows media, etc.

Dans le domaine des PDA, il existe aujourd'hui plusieurs grandes familles de machines :

- Les machines de type Palm Pilot, petit PDA doté d'un système d'exploitation avec une IHM graphique, le Palm OS (Operating System).
- Les machines de type Psion qui fonctionnent avec le système d'exploitation EPOC.
- Les machines de type Pocket PC qui fonctionnent avec un système d'exploitation Microsoft Windows appelé auparavant "Windows CE". Les machines de type Pocket PC qui fonctionnent avec un système d'exploitation Microsoft Windows appelé auparavant "Windows CE" et qui porte aujourd'hui la dénomination commerciale de Microsoft Pocket PC 2002. Pour les personnes férues d'Unix, sachez qu'une adaptation de Linux est disponible pour les machines de type Pocket PC.

Nous traitons dans ce livre des Pocket PC, c'est-à-dire des machines fonctionnant avec Microsoft Pocket PC 2003. Pour faire une analogie avec les PC de bureau, vous avez des micro-ordinateurs de type PC (Personnal Computer) fonctionnant avec Windows 95, 98, 2000, XP, NT et dans le domaine des PDA, vous avez des machines fonctionnant sous Pocket PC 2003.

Les fonctions de téléphonie mobile d'un Pocket PC

Accès à travers un réseau de téléphonie mobile

Comme nous l'avons évoqué au début de ce livre, la communication mobile qui équipe maintenant plus de 60 % des ménages en France permet à partir des différents lieux sur notre territoire national de communiquer par la voix, mais aussi d'échanger des données.

Cet échange de données peut se faire :

- Via le GSM en connexion ponctuelle à la demande ; il faut se connecter chaque fois que l'on désire se connecter.
- Via le GPRS ou UMTS en connexion permanente en mode "paquets" avec des débits importants.

La liaison entre votre Pocket PC et le réseau GSM peut se réaliser de différentes manières :

Via votre téléphone mobile avec les modes de communication qui suivent :

A partir d'une extension GSM ou GPRS.

Vous pouvez vous connecter directement à partir d'une jaquette ou d'une extension GSM ou GPRS utilisant le port Compact Flash. Vous glisserez votre Pocket PC à l'intérieur ou votre Extension CompactFlash à l'intérieur de votre Pocket PC, et il se transformera en Smartphone, une sorte d'hybride de Pocket PC et de téléphone mobile qui vous permettra de téléphoner directement puisqu'il devient ainsi un téléphone mobile et bien sûr de continuer à l'utiliser comme un Pocket PC "normal", ainsi que d'accéder directement et simplement à Internet, d'envoyer et recevoir vos mails, etc. Il vous faudra installer la carte SIM de votre téléphone mobile à l'intérieur pour pouvoir le faire fonctionner. Les "jaquettes" UMTS ne sont pas disponibles actuellement sur le marché. Vous devrez attendre la commercialisation de ce réseau. Concernant le GPRS, tous les opérateurs de téléphonie mobile le proposent depuis le début de l'année 2002.

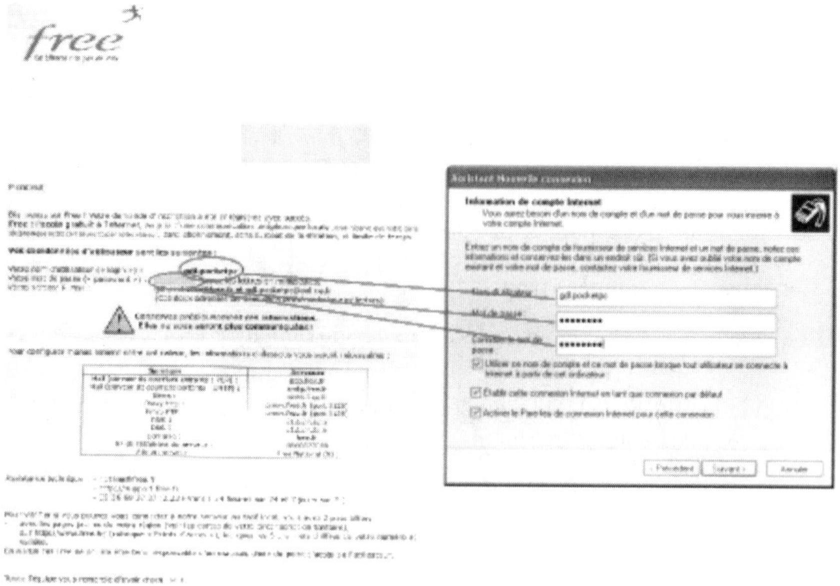

Les modes de communication de votre téléphone mobile

Comme nous l'avons vu dans le chapitre 1, les téléphones mobiles de la nouvelle génération utilisent différents modes de communication sans fil pour se connecter à divers équipements tels que des PC, PDA ou encore des équipements divers tels les kits mains-libres et oreillettes.

On distingue aujourd'hui 2 modes de liaisons sans fil :

- La liaison infrarouge.
- La liaison Bluetooth.

Voyons à présent la façon dont se connecte un téléphone mobile équipé d'un port infrarouge ou bien Bluetooth à un Pocket PC ...Vous verrez que c'est très simple...

La liaison infrarouge

Connexion d'un Pocket PC à un téléphone mobile pour accéder à Internet en liaison infrarouge :

En liaison infrarouge. Vous positionnez votre téléphone mobile face à votre Pocket PC après avoir activé la liaison infrarouge de votre téléphone et de votre Pocket PC. Votre Pocket PC fera le reste.

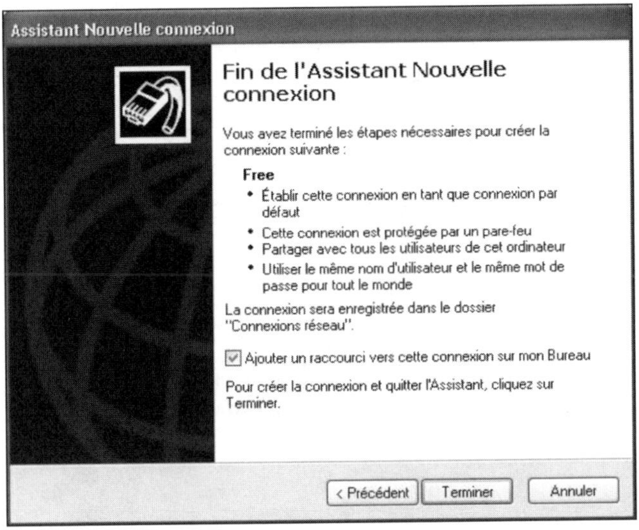

La liaison Bluetooth

Connexion d'un Pocket PC à un téléphone mobile pour accéder à Internet en liaison radio Bluetooth :

La connexion entre votre Pocket PC et votre PC de bureau s'effectue automatiquement via une liaison radio dont le nom est "Bluetooth, et cela dans un rayon de 10 mètres. Votre PC est lui-même raccordé au réseau de votre entreprise par un câble réseau ou en WirelessLan. Cette liaison vous permet de faire communiquer votre PC de bureau (ou tout autre équipement du type imprimante équipée de "Bluetooth") instantanément. Il suffit que les équipements soient dans un rayon de 10 mètres au plus. C'est tout ce qu'il vous faut savoir. Toutefois, vous devrez acquérir la « jaquette Bluetooth » pour réaliser cette connexion.

Chapitre 3

Qu'est ce qu'un téléphone mobile

——— Description d'un téléphone mobile

Description d'un téléphone mobile

Nous allons dans ce chapitre vous décrire en détail votre téléphone mobile et surtout, de quoi est composé ce petit bijou de technologie...

Tout d'abord, il faut savoir que rien n'est laissé au hasard et que chacune des pièces que nous allons détailler dans ce chapitre a été pensée et conçue avec la plus grande attention.

En effet, entre le moment où un téléphone portable est dessiné et le moment où vous allez le trouver dans les magasins, plus d'un an peut s'écouler.

Lorsqu'un équipementier crée un téléphone mobile, il commence par faire une étude avec son service marketing pour être certain que le produit correspond bien aux besoins et aux attentes de ses clients. Ensuite, ce sont des « designers » qui traduisent l'approche marketing purement théorique en réalisant les premiers croquis de votre téléphone.

Ces croquis seront ensuite modélisés sur un ordinateur de façon à être transformés en maquette de cire , maquette à partir de laquelle sera réalisée une maquette réaliste qui se rapprochera de plus en plus du téléphone que vous aurez en main quelques mois plus tard.

Présentation

Rappelons qu'un téléphone portable a pour rôle essentiel...de vous permettre de téléphoner. Pour cela, il transforme votre voix (on dit qu'il code et décode) en forme numérique (suite de 0 et de 1) qui correspond en fait aux ondes que vous émettez lorsque vous parlez.

Ainsi, lorsque vous téléphonez, votre mobile code votre voix en information binaire, puis il transmet cette information au réseau auquel vous êtes abonné.

Quand votre interlocuteur parle, le téléphone mobile décode d'abord les informations sous la forme numérique qu'il reçoit, puis il les transforme en impulsions ce qui fait vibrer le haut-parleur de votre téléphone et vous permet d'entendre votre correspondant. Cela fonctionne un petit peu comme votre walkman CD qui lit de la musique sous forme numérique sur votre CD et qui transforme cela en impulsions électriques vers les haut-parleurs de votre casque de Walkman, les haut-parleurs étant des membranes montées sur un électro-aimant. L'électricité envoyée vers l'électro-aimant du haut-parleur fait se déplacer la membrane, ce déplacement provoque un déplacement d'air qui se traduit pour vous, être humain, en une onde sonore. Vos tympans feront la démarche inverse pour envoyer cette onde sonore sous la forme d'impulsions électriques à votre cerveau.

L'information transmise au réseau lorsque vous téléphonez correspond à un signal qui est émis par voie hertzienne de votre mobile (comprenez par les ondes radio) et qui est ensuite relayé par une borne de votre opérateur vers le réseau de votre correspondant (ou bien vers le RTC que vous appelez un poste fixe).

Avant de détailler les différentes pièces de votre téléphone mobile, regardons ensemble le cœur de votre téléphone :

On trouve un module radio, une puce DSP et tout comme dans un ordinateur, un microprocesseur et une mémoire.

Le module radio est l'émetteur-récepteur de votre téléphone. C'est ce petit module qui vous permet d'être relié au réseau :

- dans le sens de l'émission, c'est-à-dire vers l'antenne du réseau ;
- dans le sens de la réception, c'est lui qui va trier les signaux utiles à votre téléphone parmi tout ce qu'il reçoit.

C'est également le module radio qui vous garantit une bonne qualité d'émission réception de vos appels.

La puce DSP (Digital Signal Processor) : c'est cette puce qui, une fois les signaux reçus, va les mettre en forme, corriger les éventuelles erreurs de transmission et aiguiller ces signaux vers les bons éléments : les paroles vers un CODEC (codeur-décodeur), les textes SMS vers l'écran etc.

Le Microprocesseur : nos téléphones mobiles ont un microprocesseur qui s'occupe de l'interface (ce que l'on appelle la relation homme/machine) via le clavier et l'écran , mais aussi du dialogue avec la carte SIM, de toutes les fonctions telles que les réglages divers, choix de sonnerie, etc.

De plus, nos téléphones ressemblant de plus en plus à de petits ordinateurs, c'est aussi le microprocesseur qui gère les petits logiciels tels que les browsers Internet qui sont utilisés pour supporter les nouveaux services proposés par les opérateurs.

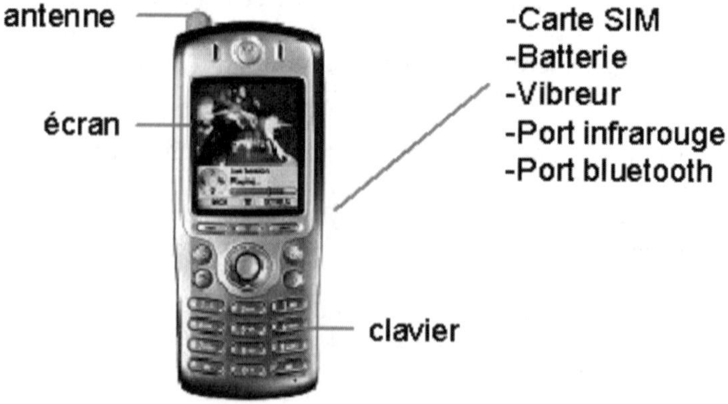

Téléphone mobile

Le clavier

Le clavier de votre téléphone portable a plusieurs fonctions.

Tout comme le clavier d'un ordinateur, il comprend des touches alphanumériques et des touches de fonctions.

Votre téléphone ayant avant tout été conçu pour vous permettre de téléphoner, la toute première fonction du clavier est la composition des numéros.

Le clavier de votre téléphone mobile vous sert également à saisir les messages de texte lorsque vous envoyez des SMS.

C'est aussi grâce au clavier que vous pouvez naviguer dans les différents menus que propose votre téléphone portable.

L'ergonomie varie beaucoup suivant les différents modèles proposés par le marché, certains téléphones offrent des raccourcis pour accéder directement à des fonctions spécifiques.

Certaines touches se retrouvent sur les claviers de tous les modèles : par exemple la touche menu, ou encore les touches vous permettant de décrocher ou raccrocher.

Les téléphones offrent la possibilité de « verrouiller » le clavier : cela permet simplement d'éviter que votre téléphone ne compose un numéro tout seul lorsqu'il se trouve dans votre poche ou dans votre sac à main !

L'écran

L'écran de votre téléphone affiche les informations qui vous sont utiles telles que les numéros appelés ou appelants, la couverture du réseau, l'état de votre batterie, etc. que vous retrouvez sur tous les modèles. Ces écrans deviennent de plus en plus sophistiqués et ressemblent de plus en plus à de petits écrans d'ordinateurs avec une meilleure définition et de la couleur.

La carte SIM

La carte SIM (Subscriber Identity Module) est une petite carte à puces qui se trouve à l'intérieur de votre téléphone et sans laquelle celui-ci ne peut pas fonctionner.

Elle contient dans sa mémoire l'identifiant de votre carte SIM, cela s'appelle l'IMEI, renseignement que vous pouvez trouver sur tous les packs que vous achetez, généralement en dessous d'un code barre.

Elle a pour principale fonction de vous identifier au réseau lorsque vous téléphonez, et de faire marcher votre téléphone mobile en fonction des paramètres connus, et aussi de protéger votre téléphone contre le vol.

Comment cela fonctionne-t-il ? Très simplement comme toutes les bonnes solutions. Quand vous allumez votre téléphone mobile, celui-ci essaye de trouver un réseau téléphonique disponible. Une fois trouvé, il envoie au réseau deux informations :

- L'identifiant de votre carte SIM, l'IMEI.
- L'identifiant de votre téléphone, le MSISDN.

L'information est remontée au centre de gestion du réseau GSM (le HLR : Home Local Register) qui contient toutes les informations relatives à votre abonnement. A ce moment, le réseau vous a détecté, et accepte que vous l'utilisiez. Le logo de l'opérateur va apparaître sur votre téléphone. Votre numéro de téléphone est associé à votre numéro de carte SIM.

La carte SIM contient un répertoire téléphonique sur lequel vous avez la possibilité d'enregistrer vos numéros de téléphone les plus utilisés.

Il vous sera possible de récupérer tous les numéros enregistrés sur votre carte si vous avez un problème avec votre téléphone.

Vous voulez changer de téléphone ? Grâce à la carte SIM, cela est très facile, puisque nous avons vu que c'est elle qui contient votre identifiant, mais c'est le réseau qui contient les informations vous concernant. Si vous voulez assortir votre téléphone à votre tenue ou si vous avez besoin d'un téléphone plus performant, pas de problème, il vous suffit donc de retirer la carte SIM de votre téléphone mobile et de la mettre dans votre nouveau téléphone, et vous conservez bien entendu votre numéro d'appel. Si vous perdez votre carte SIM, votre opérateur téléphonique préféré vous donnera une autre carte SIM avec un autre IMEI, mais associera ce nouvel identifiant à votre numéro de téléphone.

Le code PIN, le sésame de votre carte SIM.

Le code PIN (Personnal Identification Number ou numéro d'identification personnel) est un code que vous devez saisir à chaque fois que vous mettez votre téléphone mobile sous tension : C'est ce code qui vous permet de protéger l'utilisation de votre ligne en cas de perte ou de vol de votre téléphone. Ce code ne vous est pas attribué par votre opérateur, c'est juste un code que vous aurez saisi avec votre téléphone. Il devient la clé, non pas de votre téléphone, mais de votre carte SIM. Or la carte SIM est la clé d'accès au réseau GSM, et par là même à votre consommation téléphonique.

L'évolution des cartes SIM : de la carte SIM à la carte USIM

Les nouveaux réseaux dits de 3e génération (3G) nécessiteront de nouvelles infrastructures mais aussi des nouvelles cartes SIM que les opérateurs de téléphonie ont déjà demandé aux fabricants de produire. Des spécifications pour ces nouvelles cartes ont ainsi été établies dans le cadre de l'UMTS : ce sont les spécifications USIM (Universal Suscriber Identity Module) qui prévoient l'utilisation d'une même carte SIM - quel que soit le réseau, et quel que soit le téléphone mobile - et qui doivent remplacer la carte SIM qui équipe nos téléphones mobiles actuels.

La carte USIM permettra d'identifier l'utilisateur, de stocker des programmes, de servir de porte-monnaie électronique, de stocker des informations comme un agenda électronique.

La batterie

Il existe aujourd'hui deux technologies de batterie :

- NIMH
- Lithium

Les batteries NIMH

Les batteries au NIMH (au hydrure métallique de nickel) sont les plus conventionnelles, elles remplacent leurs ancêtres les batteries NICd (à base de Nickel et de Cadmium qui équipaient les anciens téléphones et dont le principal défaut était leur « effet mémoire » : lorsque ces batteries n'étaient pas entièrement chargées ou déchargées elles perdaient leur autonomie).

Ces batteries comprennent un boîtier en carbure (elles sont donc plus lourdes que celles au Lithium).

Les batteries Lithium

Les batteries au Lithium polymère ont l'avantage d'être très légères, ce sont celles qui équipent les assistants personnels, les baladeurs MP3, etc.

L'avantage de ce type de batterie est de ne plus subir les effets mémoire dus en partie à l'élément Cadmium, que l'on constatait sur les autres.

Vous trouverez dans nos téléphones d'aujourd'hui 2 types de batterie au Lithium :

- Les batteries au Lithium-Ion qui sont les plus performantes compte tenu de leur autonomie.
- Les batteries Lithium-polymère qui sont très fines et très légères et que l'on trouve dans les téléphones « haut de gamme ».

Ces batteries ne contiennent pas de liquide mais l'électrolyte est polymérisé et se présente sous la forme d'un gel.

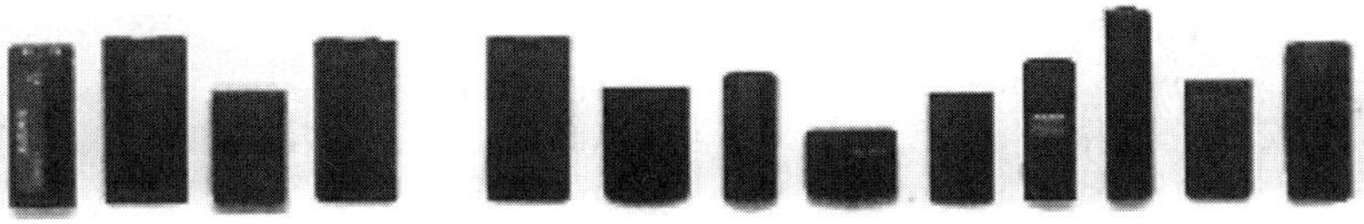

L'antenne

L'antenne de votre téléphone mobile est l'élément qui vous permet d'émettre et de recevoir le signal.

En effet, votre téléphone mobile se connecte au réseau (GSM, GPRS...) par l'intermédiaire d'ondes radio qu'il émet et qu'il reçoit.

L'antenne de votre téléphone mobile contribue donc à la bonne réception du signal radio.

Il existe plusieurs types d'antennes : elles peuvent être fixes, rétractables ou bien intégrées.

Les antennes fixes ou rétractables risquent de se casser ou de se tordre, les antennes intégrées n'ont pas cet inconvénient et c'est pourquoi elles sont de plus en plus répandues.

Le vibreur

Le vibreur est devenu une fonction de base c'est pourquoi il équipe la plupart des téléphones mobiles.

Mais au fait, vous êtes-vous demandé comment il fonctionnait ?

C'est tout simple : le vibreur est un petit moteur électrique qui est équipé d'un axe sur lequel se trouve une masselotte (pièce d'acier excentrée par rapport à l'axe de rotation).

Il existe deux types de vibreurs :

- Le vibreur cylindrique : c'est la première génération de vibreur.
- Le vibreur à galette dont la masselotte est intégrée dans un moteur plat (les plus récents).

Pour utiliser la fonction vibreur sur votre téléphone mobile, il faut généralement aller dans le menu des sonneries et sélectionner le mode vibreur.

Il existe aujourd'hui des vibreurs externes, si votre téléphone n'est pas équipé de cette fonction, qui se présentent sous forme de stylo ou de boîtier ; l'inconvénient est que la proximité d'un autre téléphone peut les activer. Il existe aussi dans le commerce des batteries vibrantes qui n'ont pas cet inconvénient.

La sonnerie

Les téléphones mobiles d'aujourd'hui permettent d'utiliser plusieurs sonneries qui sont « en standard » sur votre appareil. Il faut alors utiliser le menu pour choisir celle qui vous convient le mieux.

Dans ce domaine, nous allons vers une sorte d'universalisation. En effet depuis ces dernières années, chaque constructeur avait mis au point SA propre façon de définir une sonnerie.

Puis est apparue la possibilité de télécharger des sonneries via SMS (Short Message System). Avec la multiplication des téléphones, cela devenait difficile de pouvoir fournir tous les mobiles. En même temps, l'exigence des utilisateurs a grandi. Les sons doivent être meilleurs, et les mélodies plus riches.

Deux écoles « modernes » se présentent à vous :

- Les sonneries dites polyphoniques, qui utilisent un format très connu par les musiciens, le format MIDI, inventé il y a au moins 30 ans par les fabricants d'appareil musicaux.
- Les sonneries de type « Wav », c'est-à-dire des fichiers sons au même format que les sons utilisés par votre PC de bureau !

Utilisation de la sonnerie « standard »

Si vous souhaitez changer de mélodie sur votre téléphone, c'est très simple.

Il faut aller dans le menu des sonneries puis faire défiler les sonneries qui vous sont proposées et sélectionner celle qui vous convient.

Sur certains modèles de téléphones, il existe d'autres possibilités pour personnaliser sa sonnerie.

Téléchargement à partir d'un PC

Tout d'abord, il existe des logiciels sur PC qui vous permettent de sélectionner des fichiers sons ou images et de les envoyer vers votre téléphone tel celui de Sagem par exemple.

Il suffit dans ce cas de connecter votre téléphone via le port infrarouge à votre PC pour la communication, puis de télécharger la musique qui vous plaît.

Téléchargement via le SMS

Vous pouvez aussi avec certains modèles de téléphones mobiles, télécharger une sonnerie avec la fonction SMS.

Voici comment cela fonctionne :

Différents sites Internet proposent l'envoi de sonneries sur votre téléphone sous la forme de messages SMS. Vous devez donc choisir une mélodie et la sélectionner, puis une fois le SMS reçu, il faut le sauvegarder : la nouvelle mélodie s'ajoute alors à votre liste de sonneries.

Le port infrarouge

Certains modèles de téléphones mobiles sont équipés d'un port infrarouge (ou IrDa).

Ce port sert à connecter un autre appareil avec une liaison infrarouge.

Il existe des kits mains-libres utilisant ce mode de connexion.

Il est également possible d'utiliser ce port pour connecter le téléphone mobile à votre PC portable ou à votre assistant personnel (à condition bien sûr qu'il dispose d'un port infrarouge aussi !) qui pourra ainsi se connecter à Internet via le téléphone. Il suffit alors de placer votre téléphone face à face par rapport à votre PC portable pour qu'ils se connectent.

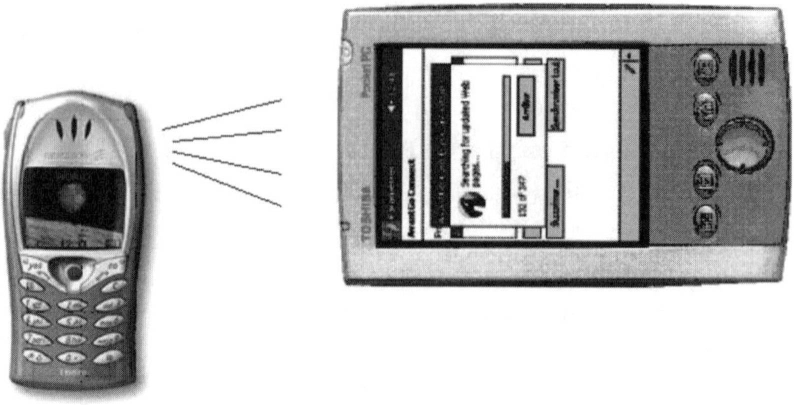

Le port Bluetooth

Le port Bluetooth est disponible sur certains téléphones mobiles, et son utilisation est la même que celle du port infrarouge.

La technologie infrarouge étant très limitée en termes de distance, la norme de communication radio Bluetooth la remplace avantageusement puisque sa portée est de quelques dizaines de mètres.

Elle permet d'établir une connexion entre un téléphone et une oreillette de kit mains-libres : la technologie Bluetooth vous permet ainsi de discuter en mode mains-libres dans un rayon de plusieurs mètres.

Ce port permet également la connexion entre un téléphone et un PC portable sans s'encombrer de câbles. Il vous permet de faire communiquer ces appareils de façon très simple, vous pourrez ainsi être averti de l'arrivée de vos e-mails et y répondre avec votre téléphone même si votre PC portable est dans une mallette par exemple. Vous serez averti de l'arrivée de vos e-mails par votre téléphone et vous pourrez les lire sur l'écran de ce téléphone.

Vous pourrez aussi accéder à Internet par l'intermédiaire de cette connexion en bluetooth, vous pourrez envoyer des photos ou même des vidéos en établissant une connexion en mode bluetooth entre un appareil photo ou une caméra et votre téléphone, puis les envoyer sur le réseau.

Nous aborderons cela en détail dans les chapitres suivants de ce livre.

Le mains-libres

La fonction « mains-libres »

Certains téléphones mobiles possèdent une fonction « mains-libres ». En activant cette fonction, vous pouvez téléphoner sans les mains en posant votre téléphone pas trop loin de vous, sur un bureau par exemple.

Les kits « mains-libres » pour la voiture

Ces kits comprennent généralement un amplificateur, un haut-parleur, un micro, un support, un cordon allume-cigares et un connecteur d'antenne.

Ces kits voiture ne sont pas universels et doivent donc être compatibles avec votre téléphone mobile.

Pour améliorer l'émission et la réception gênées par l'armature de votre voiture, une antenne extérieure peut être ajoutée sur le kit.

Certains kits bénéficient de nombreuses fonctions telles que la reconnaissance vocale, et le branchement sur l'autoradio pour avoir une communication en stéréo et la baisse du volume de l'autoradio lors de la réception d'un appel.

Les kits « mains-libres » pour les piétons

Les téléphones mobiles supportent différents types de kits mains-libres de piétons (que vous pouvez d'ailleurs également utiliser en voiture !)

- Les kits « standard » qui sont supportés par tous les modèles de téléphones

- Les kits à infrarouge et les kits bluetooth

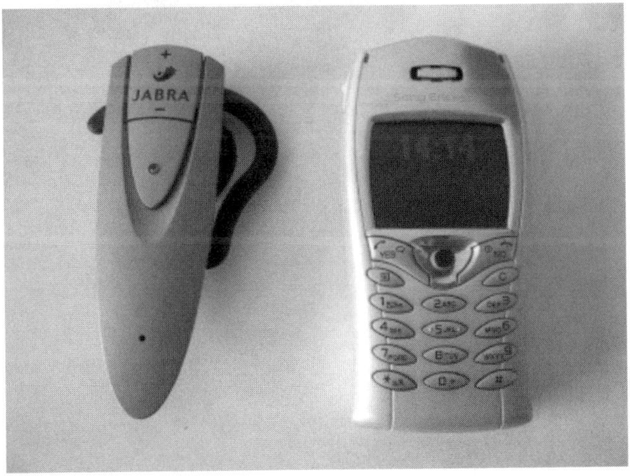

Ces kits mains-libres sont supportés sur les téléphones disposant d'un port infrarouge ou d'un port bluetooth, ils sont d'un grand confort puisqu'ils vous évitent les fils.

Ils se composent d'une oreillette sans fil reliée en infrarouge ou en bluetooth à votre téléphone et qui vous permet une totale liberté de mouvement.

Oreillette qui serait fixée à votre oreille et reliée sans le moindre fil à votre téléphone

La distance d'utilisation est d'environ 10 mètres pour les oreillettes bluetooth.

Pour rappel, la différence entre les technologies infrarouge d'une part et Bluetooth d'autre part réside dans le fait que la technologie Bluetooth permet des connexions sans fil entre divers appareils dans un rayon de 10 mètres et sans contact visuel, alors que l'infrarouge nécessite un contact visuel et ne permet des communications que sur de très petites distances.

Chapitre 4

Les opérateurs de téléphonie mobile

- Comment fonctionne un réseau de téléphonie mobile
- Les abonnements et la facturation

Comment fonctionne un réseau de téléphonie mobile

Vous êtes-vous déjà demandé comment marchait un réseau de téléphonie mobile ?

Nous vous proposons dans ce chapitre de voir ensemble comment fonctionne le réseau sur lequel se raccorde votre téléphone mobile, qu'il soit GSM, GPRS et bientôt UMTS.

Nous passerons ensuite en revue les différents opérateurs et les offres qu'ils proposent et vous y verrez enfin plus clair dans le jargon utilisé autour des abonnements, forfaits, prépayé, SMS et autres MMS !

Tout d'abord, il faut savoir qu'un réseau mobile se définit comme un réseau ayant ces 2 caractéristiques essentielles :

- Il vous permet de vous déplacer tout en conservant votre adresse à travers ce réseau.
- Il vous permet de vous relier sans fil.

Comme nous l'avons vu dans le premier chapitre, les réseaux mobiles d'aujourd'hui sont numériques : ce sont les réseaux GSM, GPRS et bientôt UMTS.

Le GSM

En 1990, à l'initiative de la Communauté européenne, le groupe GSM (Global System for Mobile) est créé dans le but d'harmoniser les techniques de télécommunication. Avec les progrès de l'informatique et des codages numériques, une nouvelle révolution se profile. La télécommunication mobile allait enfin devenir un service accessible à tous. France Telecom Mobile commercialise en juillet 1992 le premier réseau GSM en France. Alors que les pays européens s'équipent à un rythme exponentiel, la France ne semble pas touchée par la vague "mobile" dont l'utilisation n'était réservée qu'à un petit nombre de privilégiés du fait de son coût.

La téléphonie mobile a pris son essor en France avec l'arrivée d'un troisième opérateur, Bouygues Telecom, en 1996. Cet opérateur utilise un nouveau mode de commercialisation dès l'utilisation des mobiles en France. Le forfait était né, et avec lui une qualité de son inégalée à ce jour grâce à l'utilisation de nouveaux algorithmes de codage.

Le GSM classique fonctionnant sur la bande de fréquence 900 Mhz, le nombre d'antennes qu'il était possible de déployer sur le territoire national, et surtout dans les grandes villes, ne permettait pas d'accueillir cet afflux de nouveaux abonnés ; ainsi, la saturation des réseaux SFR et France Telecom a commencé à se faire sentir. Bouygues Telecom en commençant directement avec le DCS 1800, c'est-à-dire du GSM fonctionnant à 1 800 Mhz, a su contourner cette difficulté car cette norme permet d'implanter plus d'antennes et donc d'avoir plus d'abonnés en même temps. Aujourd'hui avec la généralisation des terminaux bi-bandes, les opérateurs français utilisent les deux normes, le 900 Mhz et le 1 800 Mhz.

Avec l'arrivée de ce troisième opérateur, les Français se sont pris d'un fort engouement pour la téléphonie mobile. Actuellement un téléphone mobile est devenu un produit grand public et s'achète dans n'importe quelle grande surface. Ce marché commence à arriver à saturation avec plus de 70 % des ménages équipés.

Le principe d'un réseau GSM cellulaire repose sur la division de l'espace géographique couvert par le réseau entre des territoires reliés entre eux appelés cellules (d'où l'appellation de téléphonie cellulaire). Dans chaque cellule sont implantées des antennes reliées à un émetteur / récepteur. Elles portent le nom de BTS. Comme cette technologie doit permettre à l'utilisateur de pouvoir se déplacer, il faut pouvoir gérer cette translation d'un territoire à l'autre et plus précisément d'une BTS à une autre. Cela s'appelle le "Hand Over". Quand vous vous déplacez, vous vous éloignez obligatoirement d'une antenne pour aller vers une autre. Le réseau détecte cela et vous transfère d'une antenne vers une autre. Les BTS sont reliées ensemble en groupes de cellules et sont gérées et coordonnées par un ordinateur appelé BSC qui gère globalement cette mobilité.

Voici comment cela fonctionne dans la pratique. Le réseau est géré en central par plusieurs énormes ordinateurs centraux appelés HLR (Home Local Register). Cet ordinateur possède l'intégralité des informations de votre abonnement et toutes les informations relatives à votre localisation. Il connaît en permanence la localisation de l'antenne (BTS) à laquelle vous êtes relié et à quel moment. Il garde toutes les informations de vos déplacements d'une antenne à une autre. Lorsque vous éteignez votre mobile, ou que vous sortez de la zone de couverture, le HLR garde en mémoire la dernière localisation connue. Lorsque vous allumez votre téléphone, ou passez d'une zone sans couverture vers une zone où le réseau vous détecte, votre téléphone envoie au réseau votre identification sous la forme du numéro de carte SIM. L'antenne transmet cette information à la BSC qui demande l'autorisation de vous raccorder au réseau et les « droits » que vous avez (réception d'appel, émission d'appels, etc.). Si quelqu'un vous téléphone, l'appel est transmis au HLR. Celui-ci a détecté que vous êtes connecté au réseau, envoie vers la BSC un ordre « fait sonner le téléphone ». La BSC achemine cet ordre vers l'antenne où vous êtes localisé, votre téléphone sonne. Si le HLR sait que vous n'êtes pas raccordé au réseau, il routera l'appel en transfert d'appel ainsi que vous l'aurez programmé sur votre téléphone, en général vers la VMS, qui est l'ordinateur qui gère les boîtes vocales.

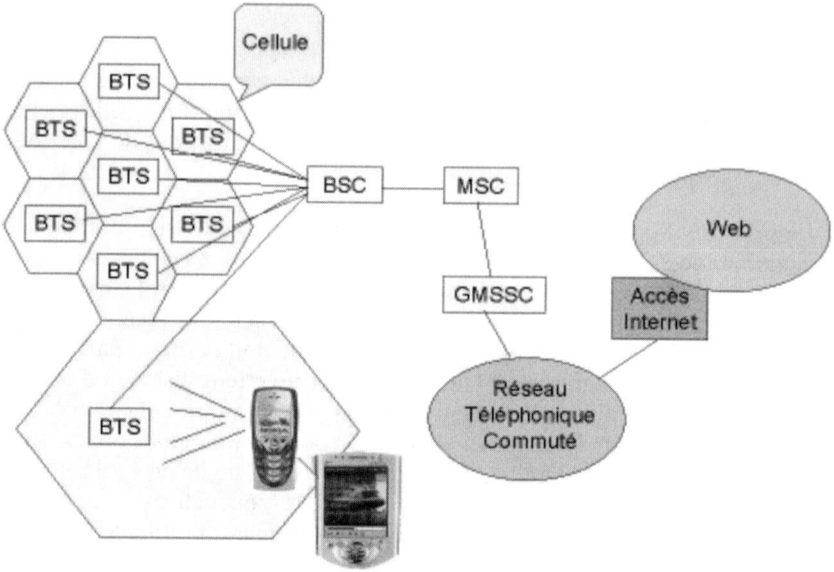

En termes de facturation, votre communication transite par une MSC qui va générer à intervalle régulier un ticket de taxe pour valoriser votre appel. Ces tickets de taxe sont stockés dans de gros fichiers qui sont envoyés via un réseau informatique à l'ordinateur de facturation. En fonction de votre type d'abonnement, vos tickets de taxe sont envoyés vers l'ordinateur de gestion des forfaits pour intégration dans votre forfait ou vers l'ordinateur gérant le prépayé qui soustrait en permanence de votre carte votre communication. Dans le cas du prépayé, cet ordinateur de facturation donnera l'ordre de cesser votre communication et les appels lorsque votre carte sera vide.

Le GSM a deux modes de fonctionnement, le mode "voix" que vous pouvez utiliser tous les jours lorsque vous téléphonez, et le mode "data". Ce mode data vous permet de transmettre des données sous forme numérique de la même façon que vous le faites avec le modem de votre micro-ordinateur lorsque vous vous connectez à Internet. C'est ce mode-là que vous allez utiliser avec votre Pocket PC pour le rendre communicant à partir de n'importe quel point géographique et pouvoir "surfer" sur Internet, récupérer et envoyer des e-mails, etc.

Bi-bande ou tri-bande ?

Nous vous avons présenté les deux normes GSM utilisées dans le monde entier, le GSM à 900 Mhz et le DSC 1 800 fonctionnant à 1 800 Mhz qui est la norme DSC mais fonctionnant sur une autre fréquence. Aujourd'hui tous les téléphones sont bi-bandes car tous les opérateurs utilisent les deux technologies. Ceci pour une raison simple. Le GSM à 900 Mhz utilise une fréquence radio plus basse que le 1 800 Mhz. Ceci a pour effet que les ondes portent plus loin et donc que les antennes émettent beaucoup plus loin. C'est parfait pour les campagnes, où il y a peu d'habitants par rapport à la ville, cela coûte beaucoup moins cher d'installer une zone de couverture avec une faible densité de population avec cette technologie. Par contre en ville, cela pose un problème de saturation. Comme une antenne ne peut recevoir qu'un nombre limité d'abonnés, si elles fonctionnent en 900 Mhz, les antennes sont assez espacées, et le système global est plus vite limité en nombre d'abonnés. Cela se traduit par des coupures quand vous passez d'une antenne à une autre (il n'y a pas de liaison disponible pour vous sur l'antenne où vous arrivez) ou vous ne pouvez passer ou recevoir un appel. Avec le DCS 1 800, les ondes portent moins loin, les opérateurs peuvent installer beaucoup plus d'antennes, donc accueillir plus d'abonnés. Cela s'appelle densifier un réseau. Plus d'antennes, plus de possibilités de traiter des communications. Pour finir avec le DSC 1800, contrairement à ce que l'on croit, cela traverse moins bien le béton, mais comme les antennes sont plus nombreuses, on est toujours près d'une source d'émission et la conséquence pour l'abonné est qu'il reçoit mieux dans les immeubles.

Le bi-bande concerne le monde entier SAUF les Etats-Unis qui, pour les questions de protectionnisme habituelles, ont changé la donne et utilisent des antennes qui fonctionnent à 1 900 Mhz. Même norme GSM, mais les antennes ne fonctionnent pas à la même fréquence. Ceci implique que votre téléphone bi-bande ne fonctionne pas aux Etats-Unis. Si vous vous y rendez une fois de temps en temps pour les vacances, vous pouvez louer des téléphones sur place et utiliser votre carte SIM. Par contre si vous vous y déplacez fréquemment, achetez directement un téléphone tri-bande.

Le passage d'une norme à une autre, d'une fréquence à une autre se fait totalement automatiquement sur tous les téléphones.

Les déplacements à l'étranger ou Roaming

Avec votre téléphone mobile vous pouvez vous déplacer à l'étranger et l'utiliser de la même façon que dans votre pays d'origine. Mais comme les opérateurs ne sont implantés qu'au niveau national, vous ne pourrez utiliser le réseau de votre opérateur pour téléphoner à l'étranger. Vous utiliserez le réseau d'un opérateur avec lequel votre opérateur a des accords de partenariat. Ce sont des accords de roaming.

Cela fonctionne de la façon suivante. Vous arrivez à l'étranger, votre téléphone scrute en permanence les réseaux disponibles et connaît via le gestionnaire de réseau le nom des opérateurs « amis ». Il va donc faire une demande d'utilisation au réseau ami. Ce réseau détectera que vous n'êtes pas un abonné national, mais un abonné d'un réseau ami (c'est le HLR qui fait cela). Il va interroger le HLR de votre opérateur national pour connaître vos droits d'utilisation. Après cette vérification, il vous accordera l'autorisation de téléphoner. Ceci se réalisera en quelques millisecondes, et si vous roulez en voiture la communication ne sera pas coupée.

En termes de facturation, le réseau que vous utilisez fonctionne de la même façon que le réseau national auquel vous êtes abonné. La seule différence est le chemin à prendre pour la facturation. En effet, quand vous téléphonez, le réseau génère des tickets de taxe correspondant à votre utilisation. Au lieu de passer par l'ordinateur de facturation du réseau ami, les tickets de taxe sont gardés dans de gros fichiers et envoyés à un organisme de compensation entre opérateurs. C'est cet organisme de compensation qui envoie les informations de facturation à votre opérateur national et qui gère les échanges financiers entre les opérateurs.

En termes techniques cela est plus complexe, le transit des communications peut prendre des chemins que vous ne soupçonnez pas. Imaginez que vous soyez en vacances avec votre femme. Vous avez tous les deux un téléphone mobile, et ils fonctionnent dans le pays où vous êtes. Pour complexifier, vous n'avez pas le même abonnement du même opérateur tous les deux. Vous téléphonez à votre femme, une fois les vérifications d'usage de la part de tous les réseaux concernés, la communication est établie. Imaginons que vous soyez en Espagne. L'opérateur ami de l'opérateur de téléphonie mobile de Monsieur va établir une communication mobile, il fera transiter la communication par l'opérateur historique de téléphonie fixe espagnol pour continuer à établir la communication qui passera vers l'opérateur historique de téléphonie fixe français qui routera la communication vers le réseau de l'opérateur de téléphonie mobile français de Monsieur. A ce moment, l'opérateur de Monsieur établira une communication vers le mobile de Madame à travers son réseau, le réseau de Madame établira une communication vers l'opérateur historique fixe français, puis vers l'opérateur de téléphonie fixe espagnol, puis vers le réseau de communication mobile ami de l'opérateur français de téléphonie mobile de Madame. Comme tous ces opérateurs vont se facturer entre eux pour l'établissement de chacun des bouts de la liaison, imaginez la complexité ! D'où un certain prix à l'arrivée.

Pour vous utilisateur, sachez que si vous téléphonez de l'étranger les appels seront facturés plus cher en fonction de la politique tarifaire de votre opérateur. Si vous recevez un appel en provenance de l'étranger à partir de votre pays de départ, la personne qui vous appelle payera une communication au prix d'une communication nationale vers un téléphone mobile. Par contre, vous payerez le prix de la communication internationale. Attention au coût de l'utilisation de votre mobile à l'étranger !

Le GPRS

Le GPRS n'est pas un réseau mobile à lui tout seul, mais juste une couche supplémentaire qui se rajoute à un réseau GSM. C'est une évolution des réseaux GSM existants en y incluant une couche réseau TCP/IP qui permet de transformer votre "appareil mobile" tel qu'un téléphone mobile ou un Pocket PC au moyen d'une jaquette GSM/GPRS, en terminal multimédia raccordé à Internet en permanence et non plus à la demande comme auparavant avec les GSM. Cela explique qu'il puisse être installé sans licence supplémentaire pour les opérateurs et que tous les opérateurs GSM peuvent et vont faire évoluer leurs réseaux vers le GPRS. L'ART (Agence pour la régulation des télécommunications) n'a d'ailleurs pas fait d'appel d'offres pour le GPRS alors qu'elle en a fait pour l'UMTS.

Cette technologie est une technologie de transition entre le GSM et l'UMTS. Dans le cadre des réseaux GSM on parle de réseaux de deuxième génération, GPRS de génération 2,5 et UMTS de troisième génération.

Le GPRS utilise le même réseau et les mêmes fréquences que le GSM, c'est-à-dire la bande des 900 Mhz et 1 800 Mhz pour quasiment le monde entier et 1 900 Mhz pour les Etats-Unis. Le japon utilise quant à lui des normes et des fréquences qui lui sont propres.

Le GPRS, appelé aussi GSM 2+, repose sur la transmission en mode paquet. Ce principe, déjà retenu par exemple pour le protocole X.25, permet d'affecter à d'autres communications les "temps morts" d'une première communication (attente d'une réponse à une requête Internet par exemple).

Conçu pour réutiliser au maximum les infrastructures GSM existantes, le déploiement du GPRS nécessite la mise en place d'une infrastructure réseau basée sur la commutation de paquets et l'introduction de passerelles pour s'adosser aux réseaux GSM existants.

Cette technologie, capable de fournir des débits par utilisateur allant jusqu'à 115 kb/s (contre 9,6 kb/s pour le GSM), offre des fonctionnalités intéressantes :

Plusieurs canaux peuvent être alloués à un utilisateur.

Ces mêmes utilisateurs peuvent partager un même canal.

Le débit est indépendant des liens montant et descendant.

En France cette offre est proposée par tous les opérateurs depuis 2002.

Ce nouveau mode de transmission et d'attachement permanent au réseau TCP/IP via les ondes va permettre grâce à des débits plus élevés et une connexion permanente au réseau de développer de nouvelles offres et de nouveaux services.

Le premier avantage sera lié à cette connexion permanente à Internet, comme pour l'ADSL, et donc de recevoir en permanence ses e-mails ou d'aller surfer sur le net sans avoir à se raccorder au préalable, et ce, avec de grandes vitesses de connexion. C'est aussi un moyen de rester en contact permanent avec le système d'information de son entreprise, y compris pour les fonctions e-mails, agenda, applications "client léger" à travers des extensions de la messagerie d'entreprise Exchange avec l'option MMIS par exemple.

Le deuxième sera les applications professionnelles de transfert de données et de sécurité. La connexion ouverte en permanence du GPRS et le mode de taxation offrent à ceux qui font de la télémaintenance, de la télésurveillance et de la téléalarme, des opportunités intéressantes. On trouvera donc la norme GPRS dans les horodateurs, dans les ascenseurs (télésurveillance), dans les distributeurs de boissons ou de billets (vente, télésurveillance, gestion des stocks, réactualisation des prix), pour surveiller les sites industriels ainsi que les locaux professionnels et privés.

Aujourd'hui, le débit d'un réseau GSM standard en mode "connecté" ne dépasse pas 9,6 kbit/s, voire 14,4 kbit/s par implantation de logiciels spécifiques. Il est cinq fois moins rapide que celui du réseau filaire standard, qui autorise 56 kbit/s avec un modem V90. Avec le GPRS, on dispose d'un débit compris entre 40 et 115 kbit/s. Tout dépend du nombre de canaux virtuels ou "time slots" utilisés, et du schéma de codage (CS1 à CS4). Ce dernier agit sur la compression des données comme un multiplicateur de débit. En mode multislots 3+1 (trois slots pour la transmission dans le sens réseau vers portable, et un slot pour le sens portable vers réseau), on atteint un débit de 40 kbit/s avec un schéma de codage CS2. En multislots (8+1) avec le mode de codage CS4, on atteint en pratique 115 kbit/s (en théorie 175 kbit/s). Si, comme cela semble être la volonté actuelle des opérateurs, on réutilise l'infrastructure GSM existante, en conservant notamment le réseau des stations de base (BTS) actuelles, mises à niveau par logiciel, seules les versions CS1 et CS2 seront implantées. Pour les versions CS3 et CS4, des transformations importantes de l'infrastructure devront être effectuées.

Le GPRS offre un accès immédiat. Le mode de fonctionnement du GPRS et son mode de facturation au volume de données transmises permettent de laisser le canal de transmission ouvert en permanence. Ainsi, pour télécharger un e-mail par GPRS on économise, par rapport à une connexion par GSM ou RTC, lors de la première connexion, le temps d'initialisation du modem, soit 30 secondes environ. Sur les autres e-mails, l'avantage est encore plus flagrant, les téléchargements se font immédiatement, sans numérotation préalable alors qu'en GSM il faut recommencer la procédure de numérotation pour chaque consultation. Parmi les évolutions possibles du GPRS, figure la voix sur IP. On peut imaginer le transport de la voix après codage comme une donnée, ce qui ouvre des applications de téléphonie par Internet. Mais aussi les Web TV, Web radio, visiophonie, etc.

Trois types de terminaux ont été définis pour répondre aux besoins du GPRS :

- Le modèle de base (classe B) est prévu pour la voix et les données en mode non simultané.
- Le modèle professionnel (classe C) est data exclusivement (le terminal est utilisé comme un modem).
- Enfin le haut de gamme (classe A) est compatible voix/data simultanément. Ce terminal classe A pose un problème actuellement. La puissance de calcul qu'il demande a pour l'instant une forte incidence sur son coût de production et le rend dissuasif.

Le schéma d'un réseau GPRS se présente comme suit :

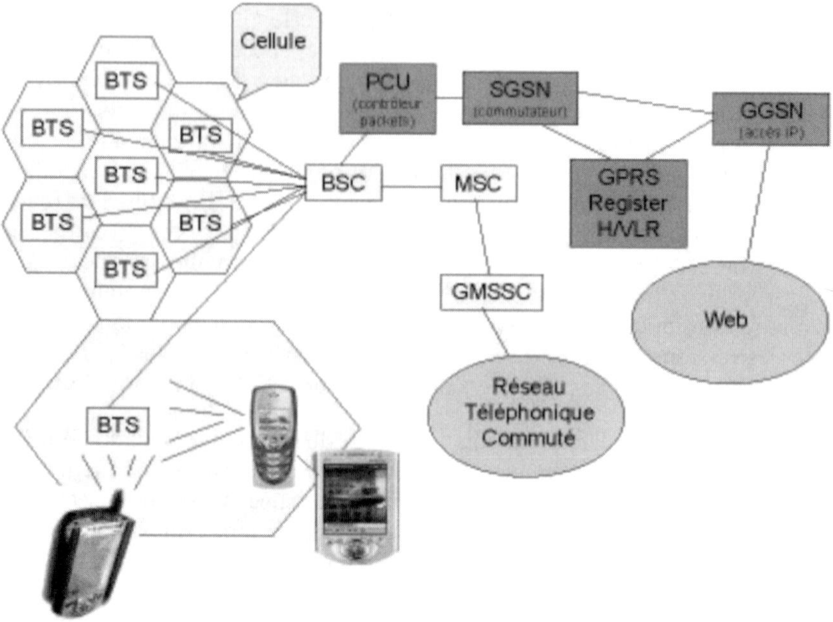

L'UMTS

Le système UMTS (Universal Mobile Télécommunications System) qui arrivera bientôt en Europe annonce une véritable révolution de la téléphonie mobile.

L'objectif de l'UMTS est de permettre la transmission des données à haut débit dans les téléphones mobiles et PDA et de permettre ainsi l'utilisation de services multimédias (transmission de vidéo…).

La technologie de l'UMTS s'appuie sur une nouvelle norme cellulaire numérique dite de troisième génération.

L'UMTS est une extension du GPRS et fonctionne en mode paquet. La vitesse de transmission des réseaux UMTS atteint 2 Mb/s.

Sa technologie utilise une infrastructure qui permet l'élargissement des fréquences et la modification du codage des données.

Le principal changement vient du mode de communication utilisé entre les téléphones (ou PDA) mobiles et les stations de base des opérateurs de téléphonie.

Avec UMTS, c'est la 3e génération de mobiles qui arrive et qui succède à 2 générations de téléphones.

La première génération correspond aux téléphones mobiles analogiques (certains se souviendront de Radiocom 2000), qui utilisaient des réseaux incompatibles.

La deuxième génération (réseaux "2G") était basée sur des portables numériques qui utilisaient une norme européenne : Le GSM. Avec cette deuxième génération, sont arrivés les standards WAP (qui permettaient d'accéder à des services Internet à partir d'un portable GSM) et également le GPRS (qui est une amélioration du GSM).

Ces standards devraient disparaître progressivement avec l'arrivée des réseaux UMTS.

La mise en œuvre des réseaux UMTS va nécessiter une très importante mise à jour des réseaux mobiles et des téléphones portables. Plus simplement, ce nouveau système n'est pas compatible avec les systèmes GPRS et GSM existants ; il faudra reconstruire un nouveau réseau de télécommunication hertzien complet à partir de zéro. L'estimation globale du déploiement d'un réseau UMTS avoisine les 7,5 milliards d'euros. Les téléphones mobiles actuels ne pourront fonctionner sur ce nouveau réseau.

L'UMTS s'appuie en effet sur une évolution des technologies radio qui vont permettre l'utilisation et l'exploitation de bandes de spectres de fréquences supérieures à celles utilisées sur les réseaux actuels (GSM).

Le système UMTS permet des débits pouvant aller jusqu'à 2 Mbps et exploite des bandes de fréquences qui sont réservées par la Conférence mondiale des radiocommunications (IMT-2000 pour "International Mobile Télécommunications"). La norme utilisée est appelée CDMA.

Suivant les applications utilisées, le réseau fera la différence entre une transmission en mode "circuit" (comme une communication téléphonique via le RTC ou le GSM) ou bien une transmission en mode "paquet" suivant le protocole Internet IP.

L'ouverture des premiers réseaux UMTS en France devrait avoir lieu entre les années 2006 et 2008.

L'UMTS est la norme qui va se substituer à la norme GSM en Europe.

Cette technologie va apporter des possibilités beaucoup plus importantes que les réseaux actuels, notamment en ce qui concerne le transfert de données et tous les nouveaux services accessibles à partir d'un téléphone mobile, d'un Pocket PC ou d'un Smartphone (machine hybride issue de la fusion d'un PDA et d'un téléphone mobile) : images vidéo et son en streaming, interactivité, visiophonie… et cela grâce à une vitesse de transmission 100 fois supérieure à la vitesse des réseaux actuels GSM. Mais c'est aussi une technologie qui permettra de supporter plus d'abonnés et donc qui permettra de passer les seuils de saturation des réseaux actuels.

La communication globale devrait se présenter sous cette forme dans le monde :

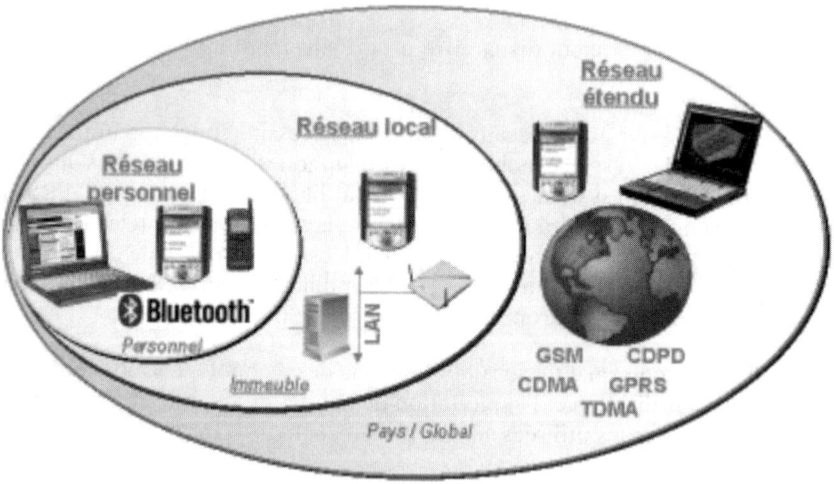

Globalement, l'UMTS qui devait être un système universel, permettant une communication planétaire homogène et fédératrice, voit apparaître, alors même qu'elle n'est pas implantée dans les différents pays du monde, différentes scissions techniques et des modes d'implémentation différents qui risquent de provoquer une nouvelle tour de Babel en termes de télécommunications, le tout dicté par les différents intérêts protectionnistes des différents pays du monde. Vous ajoutez à cela un coût d'implantation des réseaux plus coûteux qu'un réseau GSM/GPRS, des perspectives commerciales incertaines, une mise au point technique difficile, et vous avez tous les ingrédients en place pour une mise en vente vers 2007 - 2008 en Europe.

Les abonnements et la facturation

Voyons à présent du côté des opérateurs : Qui sont-ils et que proposent-ils ?

Les opérateurs français

En France, le secteur de la téléphonie mobile est adressé par 3 opérateurs :

- Bouygues telecom.
- Orange.
- SFR du groupe Cegetel.

Le choix d'un opérateur est important, car il dépend de vos besoins.

Or il n'est pas facile de se repérer parmi toutes les offres qui vous sont faites dans les publicités...Nous vous proposons ici d'y voir un peu plus clair.

Vous devez tout d'abord regarder les 3 aspects suivants :

- La couverture du réseau : c'est-à-dire quelle est l'étendue des zones à partir desquelles vous pourrez utiliser votre téléphone, surtout si vous vous déplacez beaucoup dans des régions voire des pays différents car aujourd'hui les 3 opérateurs couvrent la quasi-totalité du territoire.
- La diversité des services qui vont sont proposés : en termes de communication (voix, données, fax...), mais aussi en termes de messagerie, de SMS, de MMS,etc.
- Et bien sûr, la tarification de ces services !

Les tarifications qui vous sont données ici ne sont données qu'à titre indicatif car elles sont susceptibles de changer. Nous vous encourageons à contacter le moment venu les opérateurs pour avoir les derniers tarifs en vigueur. Nous vous indiquerons dans la présentation de chaque opérateur, l'adresse du site web où vous pourrez vous renseigner.

Nous ne pouvons que vous encourager à regarder de plus près comment vous seront facturés :

- vos appels (depuis le mobile et vers le mobile) ;
- la consultation de votre messagerie ;
- l'envoi de SMS, MMS.
- l'accès à Internet.
- les options que vous souhaitez telles que la facturation détaillée, etc.

Ainsi, si vous envoyez beaucoup de SMS, vous pouvez choisir un forfait SMS, alors que si vous êtes un adepte du Wap et souhaitez pouvoir vous connecter sans regarder le temps passé, vous préférerez un forfait Wap illimité. Si votre consommation n'est pas régulière, vous choisirez un forfait ajustable, tandis que si vous êtes un « petit consommateur » (c'est-à-dire si vous effectuez 1 à 2 appels par jour), vous opterez pour les mini-forfaits beaucoup plus intéressants pour vous que les formules prépayées.

Enfin, si vous voulez payer ce que vous consommez réellement, vous pouvez bénéficier de la facturation à la seconde.

Attention : votre contrat d'abonnement est signé pour 12 mois minimum. Si vous souhaitez changer d'opérateur, vous devez envoyer un courrier avec AR à votre service clients avant la date anniversaire pour résilier votre contrat. Ce n'est qu'ensuite que vous pourrez changer d'opérateur.

Faisons à présent connaissance avec les 3 opérateurs français.

Orange

orange

France Telecom : le pionnier

France Telecom est présent sur le marché des mobiles depuis 1985, date à laquelle l'opérateur proposait son service de téléphonie cellulaire analogique Radiocom 2000. Les services GSM ont été lancés en 1992, avec le réseau Itineris, géré par France Telecom Mobiles, filiale à 100 % de France Telecom.

Itineris, qui est le réseau GSM le plus ancien et le plus étendu du marché français, comptait 7,4 millions d'abonnés en août 1999, soit 49 % du marché. Un objectif de 9 millions d'abonnés a été fixé pour la fin de l'année. Le chiffre d'affaires d'Itineris réalisé en 1998 a été de 17 milliards de francs, en augmentation annuelle de 58 %. Pour le premier semestre 1999, le chiffre d'affaires a été de 11 milliards de francs (soit + 54 %), avec 3 millions d'abonnés supplémentaires sur les 12 derniers mois.

En 1992, France Telecom lançait **Itineris,** sa marque de téléphonie mobile, en même temps que son principal concurrent SFR. Itineris est resté le leader du marché français des mobiles, avec 14,3 millions d'abonnés au 31 décembre 2000.

Et puis est né Orange

Lancé en avril 1994, Orange était alors le quatrième opérateur de téléphonie mobile sur le marché britannique. Fin septembre 2000, Orange est devenu le troisième opérateur de téléphonie mobile sur le marché britannique et a annoncé plus de 8,25 millions d'abonnés, soit environ 2,3 fois plus qu'en 1999.

En mai 2000, Itineris devient Orange

France Telecom a acquis Orange dans le but de créer un opérateur mobile, Orange SA, disposant des atouts nécessaires pour figurer parmi les leaders mondiaux.

En juin 2001, France Telecom regroupe sous la marque Orange : Itineris, Ola et Mobicarte, et simplifie son offre commerciale.

Aujourd'hui, Orange compte 17,8 millions de clients (fin décembre 2000). Avec plus de 7 000 relais, le réseau Orange de France Telecom couvre 98 % de la population et 81 % de la surface du territoire en France métropolitaine.

Les circuits de distribution d'Orange

Les services Orange sont commercialisés au travers de 6 000 points de vente en France. Les abonnements sont gérés soit par France Telecom, soit par une Société de Commercialisation de Services (SCS). Là encore, si vous désirez un abonnement en direct pour disposer de tous les avantages du service en direct des opérateurs, il est préférable d'aller dans une agence France Telecom pour ouvrir votre abonnement.

Informations pratiques

Pour connaître le point de vente Orange le plus proche, appelez le Numéro Vert : 0800830800

Site web : `www.orange.fr`

La SFR

La SFR est une société contrôlée par Cegetel (80%) et Vodaphone (20%). C'est le second opérateur a être entré sur le marché français de la téléphonie mobile. En février 2000, SFR comptait 7 784 500 clients (35,7 % de part de marché) et elle réalisait en 1998 un bénéfice net de 1,43 milliard de francs.

Cegetel a déjà investi 12 Mds F dans le réseau mobile SFR, qui couvre 97 % de la population et 80 % du territoire français pour les portatifs 2 watts, grâce à près de 4000 relais. Le réseau GSM 1800 est commercialement disponible depuis le deuxième trimestre 1999. SFR couvre également 85 pays dans le monde dont 44 en Europe. SFR a été élu meilleur réseau 1999 selon l'enquête de l'ART (Autorité de Régulation des Télécommunications).

Les circuits de distribution de SFR

Les services SFR sont commercialisés au travers de nombreux points de vente en France. Les abonnements sont gérés soit par SFR, soit par une SCS : Société de Commercialisation de Services. Si vous désirez un abonnement en direct, présentant tous les avantages du service en direct d'un opérateur, il faut vous rendre dans l'un des 170 espaces SFR.

Informations pratiques

Pour connaître le point de vente SFR le plus proche, appelez le Numéro Vert : 0800426426 (appel gratuit).

Sous l'enseigne ESPACE SFR, un réseau national d'experts en téléphonie mobile regroupe 200 points de vente, répartis dans toute la France.

Site web : `www.sfr.fr`

Bouygues Telecom

Dès 1986, le groupe Bouygues a décidé de se tourner vers les télécommunications. En 1990-92, sa filiale Orbicom obtient des licences décennales de radiotéléphonie professionnelle en Ile-de-France et dans la région Ouest. En septembre 1993, une licence de radio messagerie à la nouvelle norme européenne ERMES lui est octroyée. Un an plus tard, sa filiale Infomobile lance le service de radio messagerie nationale Kobby.

En octobre 1994, naît Bouygues Telecom, créé par le groupe Bouygues, JC Decaux, Cable & Wireless (GB), Veba (All.) et US West (USA) et obtient de l'ART la licence pour le 3e réseau national de téléphonie mobile, l'autorisant ainsi à créer, installer et exploiter son réseau de téléphonie mobile à la norme DCS 1800 en France.

Bouygues achète mi-juillet 1999, pour 7 milliards de francs, les 20 % de parts détenues par Cable & Wireless dans Bouygues Telecom, devenant ainsi l'actionnaire majoritaire de Bouygues Telecom, avec 54 %.

Au 29 février 200, Bouygues Telecom, dernier arrivé sur le marché de la mobilité en France, compte 3 553 800 clients contre 7 784 500 clients pour SFR et 10 502 600 clients pour Itineris.

Son réseau couvre :

- 97 % de la population française ;
- 99 % des axes autoroutiers ;
- 87 % des routes nationales ;
- 100% des villes de plus de 20 000 habitants ;
- 90 stations de montagne
- 6 200 km de côtes françaises.

La couverture reste légèrement inférieure à celle de Itineris et SFR, mais la différence s'estompe rapidement. En 2000, le réseau de Bouygues Telecom compte 6 000 antennes.

La norme DCS 1800 oblige à construire un réseau de stations beaucoup plus dense qu'avec la norme GSM 900 (Itineris et SFR), ce qui offre une meilleure qualité d'écoute en zone urbaine et à l'intérieur des bâtiments (voir Indicateurs de l'ART).

Les circuits de distribution de Bouygues Telecom:

L'offre de Bouygues Telecom est commercialisée par des distributeurs spécialisés ou des boutiques Bouygues Telecom .

Dès 2000, Bouygues Telecom s'adresse à des SCS.

Informations pratiques

Renseignements : 0800 880 880 (appel gratuit).

site web : `www.bouyguestelecom.fr`

Les différents types d'abonnements

Le marché des téléphones mobiles, et surtout des abonnements est un marché extrêmement concurrentiel !

Ceci, pour vous utilisateurs de mobilité se traduit souvent par une grande perplexité ! Que choisir, que prendre, pourquoi ?

C'est ce que nous allons essayer de déterminer ensemble, et découvrir les forfaits, les abonnements et leurs différentes utilisations.

En première approche, l'offre se globalise comme suit :

- Abonnement au forfait.
- Offre prépayée.

Puis vous trouverez l'option GPRS et l'option PC data.

Les forfaits

Qu'appelle-t-on un forfait ?

Un forfait est un « package » comprenant l'abonnement ET un temps de communication.

Les opérateurs proposent plusieurs types de forfaits, qui sont adaptés suivant le temps de communication.

Un forfait vaut souscription d'un abonnement minimum de 12 mois.

A savoir également, en cas de dépassement de forfait, on vous facturera à la minute supplémentaire, suivant l'abonnement que vous avez choisi.

Vous pouvez par contre changer de forfait en cours d'année, il suffit en général d'un simple appel au service client de votre opérateur, et cela est gratuit.

Comment cela fonctionne-t-il ?

Nous avons vu au début de ce livre comment téléphoner, et surtout comment cela fonctionne.

Lors de l'établissement de la communication, votre identifiant téléphonique inscrit dans la carte SIM de votre téléphone (IMSI) est envoyé sur l'ordinateur de gestion centrale du réseau téléphonique (le HLM – Home Local Register).

Il est passé au préalable par une machine dont la fonction est de gérer un groupe d'antennes du réseau mobile et qui s'appelle une MSC.

C'est cette machine qui va faire la comptabilisation de votre communication.

Cette machine est un ordinateur. Elle est reliée à l'ordinateur de gestion de la facturation téléphonique de votre opérateur. Pour la partie facturation, sa fonction est de générer des tickets de taxe toutes les X secondes.

Vous avez établi votre communication, et le MSC écrira dans un gros fichier que vous avez téléphoné à partir de tel endroit vers tel autre pendant la tranche de temps X.

Ce fichier est envoyé à intervalle régulier à l'ordinateur de facturation.

Cet ordinateur de facturation va lire tous les tickets de taxe de toutes les communications et va inscrire ces informations dans des bases de données qui contiennent votre compte.

Monsieur X a téléphoné de telle période à telle période.

Pour cela elle va regrouper les tickets de taxe utilisés durant votre conversation en une seule communication.

De son côté l'opérateur a établi ses tarifs d'abonnement, et va donc déterminer dans son ordinateur de facturation les différents modes de facturation. Cela s'appelle un « rate plan ».

Toutes les nuits, l'ordinateur de facturation va créer un en-cours de facturation qui vous permettra de savoir où vous en êtes de votre consommation téléphonique.

A la fin du mois, une facture sera réalisée. C'est la facturation.

Le processus est le suivant :

Abonné par abonné, il va y avoir une analyse de vos communications. Cette analyse se fera en perspective du « rate plan », c'est-à-dire des conditions de votre abonnement.

Par exemple si vous avez un forfait « deux heures ».

L'ordinateur va prendre les communications une par une.

Il va déterminer si ces communications entrent dans le cadre du forfait ou si c'est un numéro payant.

Il fait la somme des numéros payants avec les tarifs associés.

Il fait la somme des communications entrant dans le forfait.

Pour les communications inférieures à deux heures, comme cela entre dans votre forfait, il ne vous sera rien facturé d'autre que votre forfait. Pour les communications supérieures à deux heures, il vous sera appliqué un tarif à la minute.

Les différents forfaits

Les différents types de forfait sont les suivants :

- Les mini-forfaits 1 heure
- deux heures,
- quatre heures,
- six heures,

- huit heures,
- dix heures.

Dans les options nous retrouvons ceci :

- Présentation du numéro. Ceci vous permet de présenter votre numéro de téléphone à votre correspondant.
- Double appel. Pour pouvoir prendre deux appels en même temps.
- Report des minutes. Les minutes non consommées sont reportées vers le forfait du mois suivant.
- Alerte de consommation. Vous recevez en SMS votre consommation au-delà d'un certain seuil.
- Facturation à la seconde. La plupart du temps, sur les forfaits vous êtes facturé 1 minute dès le début de la communication, même si celle-ci ne dure que 20 secondes (communication du type « C'est quoi le code de la porte d'entrée ? »). Avec cela, vous ne serez facturé que la durée de votre communication.
- Forfait adaptable. Il vous permet d'ajuster votre forfait automatiquement. Si vous avez un forfait 2 heures, et que vous consommez 3 heures ce mois là, vous serez facturé sur un forfait 4 heures au lieu de payer les surtaxes de communication hors forfait.

Voici à titre indicatif un petit comparatif des différents types de forfaits que vous proposent les 3 opérateurs.

Les forfaits proposés par les opérateurs

Ceci est donné à titre d'exemple car les offres évoluent de jour en jour, les prix ne sont qu'indicatifs, et susceptibles d'évoluer en permanence.

Temps de communication mensuel	Tarif mensuel du forfait [12 mois]	Tarif mensuel du forfait [24 mois]
Forfait 2 h	31 € TTC	26,5 € TTC
Forfait 3 h	38,5 € TTC	34 € TTC
Forfait 4 h	46 € TTC	41,5 € TTC
Forfait 5 h	53,5 € TTC	49 € TTC
Forfait 6 h	61 € TTC	56,5 € TTC
Forfait 7 h	68,5 € TTC	64 € TTC
Forfait 8 h	76 € TTC	71,5 € TTC
Forfait 9 h	83,5 € TTC	79 € TTC
Forfait 10 h	91 € TTC	86,5 € TTC
Forfait 15 h	128,5 € TTC	124 € TTC
Optima / Ajustable	Ajustement automatique du forfait : 3 € TTC/mois	

Services gratuits :

Présentation du numéro
Double appel
Messagerie vocale illimitée

Europe - Monde : options gratuites sur demande
Mail écrit : option gratuite depuis le site www.orange.fr
Modification de l'abonnement
Suivi conso
Annuaire sur demande au 0 810 10 10 33
Liste rouge sur demande

La Solution Etudiants

1 heure de communication offerte enplus du forfait + 30 SMS, pendant toute la durée des études.

Les options utiles :

Forfait 30 SMS : 3 € TTC

La Solution Pro

Un bouquet de services comprenant 30 minutes de communications vers le poste fixe de votre société, 5 % de réduction sur le prix de votre forfait lors de la souscription de 3 à 10 lignes, une messagerie fax,

Les options utiles :	La Solution Pro
	le filtrage d'appels et la facturation détaillée. Cette option coûte 5 € TTC par mois

SFR

Temps de communication mensuel	Tarif mensuel du forfait [12 mois]	Tarif mensuel du forfait [Fidélité : 24 mois]
Formule Perso 1h30	19 € TTC	16 € TTC
Formule Perso 2h00	28 € TTC	25 € TTC
Formule Perso 3h00	34 € TTC	30 € TTC
Formule Perso 4h00	39 € TTC	35 € TTC
Formule Perso 6h00	50 € TTC	45 € TTC
Formule Perso 10h00	73 € TTC	65 € TTC
Pro 100 [minutes]	31 € TTC	26 € TTC
Pro 200 [minutes]	46 € TTC	41 € TTC
Pro 300 [minutes]	57 € TTC	52 € TTC
Pro 400 [minutes]	72 € TTC	67 € TTC
Pro 700 [minutes]	115 € TTC	110 € TTC
Pro 1000 [minutes]	152 € TTC	47 € TTC

Services gratuits

Info Conso
Modification d'abonnement gratuit à la hausse sinon 60 €
Liste rouge sur demande
Annuaire sur demande 0 810 10 10 33
Messagerie vocale illimitée

Les options utiles	Pro
Présentation du numéro	gratuit
Double appel	gratuit
Facture détaillée	gratuit
Minutes reportables	gratuit
Monde	gratuit
Modification de l'abonnement	gratuit

Bouygues Telecom

Temps de communication mensuel	Tarif mensuel du forfait [6 mois]	Tarif mensuel du forfait [12 mois]	Tarif mensuel du forfait [Fidélité : 24 mois]
Mini forfait 45 min	13 € TTC	-	
Mini forfait 1h30	19 € TTC	-	-
Forfait évolutif 2 h	-	25 € TTC	22 € TTC
Forfait évolutif 4 h	-	37 € TTC	34 € TTC
Forfait évolutif 6 h	-	49 € TTC	46 € TTC
Forfait évolutif 8 h	-	64 € TTC	61 € TTC
Forfait évolutif 10 h	-	78 € TTC	75 € TTC
Forfait intensif 50 h + 8 h	-	120 € TTC	-

Services gratuits :

Messagerie vocale illimitée
Report des minutes non utilisées
Téléchargement du répertoire
Interrogation des consommations
Europe et Monde

Avantage Liberté : 3 € TTC / mois
Avantage Pro : 10€ TTC / mois

Report des minutes non utilisées
Présentation du numéro

Minutes au-delà du forfait au même prix que dans le forfait
Double appel

Services gratuits :

Bilan personnalisé tous les deux mois
Personnalisation de votre numéro

Changement de forfait gratuit
Boîte à fax

L'avantage Liberté est gratuit pendant 2 mois
50 % de réduction vers vos 2 numéros préférés

Avantage Jeunes : 10 € TTC / mois
Avantage Maîtrise : 4 € TTC / mois

60 SMS par mois
Les communications sont bloquées en cas de dépassement du forfait choisi
6 heures mensuelles supplémentaires de 21h30 à 3h00 (numéros fixes + Bouygues)
Possibilité ou non d'envoyer des SMS

Avantage Entre Nous : 5 € TTC / mois

Possibilité de restreindre les appels vers une liste de numéros prédéterminés
50 % de réduction sur les appels passés entre les mobiles Bouygues de la famille

Les téléphones prépayés

Qu'appelle-t-on le prépayé ?

Le principe du téléphone prépayé est, comme son nom l'indique, de payer à l'avance le service que vous utilisez.

Vous achetez une carte qui correspond à un temps de communication et au fur et à mesure que vous utilisez votre téléphone, le compte est débité. Quand il est vide, il suffit de le réapprovisionner avec une nouvelle carte.

De cette façon, vous payez seulement ce que vous utilisez réellement. Si vous faites attention, vous ne perdrez pas vos « minutes » de communication, mais leur coût est plus élevé que celui d'un forfait mensuel classique…

Le temps non utilisé peut être reporté sur une autre période si vous ajoutez une nouvelle carte avant l'expiration d'un certain délai (qui dépend de la carte et de l'opérateur). Si vous omettez d'effectuer un nouveau dépôt avant l'expiration de ce délai, le compte tombera à zéro même si le solde n'a pas été utilisé au complet.

Contrairement au forfait mensuel, vous ne recevez jamais de facture avec le service prépayé et aucune enquête n'est faite au sujet de votre crédit.

En effet, l'opérateur ne prend aucun risque puisque vous payez à l'avance ce que vous consommez.

Les abonnés du prépayé représentent le grand public avec plus de 50 % dans le monde entier.

Voyons à présent comment le prépayé se présente, selon que l'on se trouve du côté « voix » ou bien « données ».

Le prépayé voix

Le principe du prépayé est le suivant :

Votre opérateur vous propose de prendre une sorte d'abonnement mais qui ne fonctionne pas avec un forfait. Le principe est le suivant :

Vous rechargez une « carte » virtuelle qui n'est rien d'autre qu'un compte associé à votre carte SIM. Le rechargement se fait par téléphone en donnant votre numéro de carte bancaire.

Quand vous avez consommé le montant de votre recharge, vous ne pouvez plus émettre de communications, mais vous pouvez en recevoir pendant une période qui varie en fonction des opérateurs.

Ce principe posé, comment cela fonctionne-t-il ?

Lors de l'établissement de la communication, votre identifiant téléphonique inscrit dans la carte SIM de votre téléphone (IMSI) est envoyé sur l'ordinateur de gestion centrale du réseau téléphonique (le HLM – Home Local Register).

Il est passé au préalable par une machine dont la fonction est de gérer un groupe d'antennes du réseau mobile et qui s'appelle une MSC.

C'est cette machine qui va faire la comptabilisation de votre communication.

Cette machine est un ordinateur. Elle est reliée à l'ordinateur de gestion de la facturation téléphonique de votre opérateur. Pour la partie facturation, sa fonction est de générer des tickets de taxe toutes les X secondes.

Ce fichier est envoyé à intervalle régulier à l'ordinateur de gestion du prépayé. Cet ordinateur va lire tous les tickets de taxe de toutes les communications et va soustraire en temps réel le montant de votre communication de votre « carte » que vous avez rechargée.

Quand vous avez épuisé votre recharge, l'ordinateur de gestion du prépayé enverra un ordre au gestionnaire du réseau GSM (le HLR) pour couper votre communication et l'émission des appels.

Quand vous rechargez votre carte, il envoie un ordre contraire au réseau.

Le prépayé « data »

En mode prépayé, vous payerez des forfaits pour les accès WAP sur une durée d'utilisation.

Vous payerez un forfait pour les SMS.

Pas de possibilité de MMS, pas de GPRS, pas d'accès via un PC ou un PDA.

Les SMS et les MMS

Le SMS et les MMS :

Comme nous l'avons vu dans le chapitre 1, le SMS est un service de messages courts qui est spécifié dans le GSM et dont l'objectif est d'envoyer des petits messages (maximum de 160 octets) avec un téléphone mobile.

Le MMS permet simplement d'ajouter du son et des images aux messages SMS. C'est la nouvelle génération de SMS, plus interactive, puisqu'elle permet au-delà du texte, d'envoyer des images, du son et même de la vidéo. Il permet ainsi l'envoi de messages multimédias vers un autre téléphone mobile, ou bien vers un compte e-mail. De plus, leur avantage est d'être limités à 30000 caractères).

Le SMS a connu un succès fulgurant :

1 milliard de SMS ont été échangés en avril 1999, et 15 milliards en décembre 2000…

Si le SMS a eu autant de succès, c'est parce qu'il est simple à utiliser et aussi parce qu'il permet des solutions de payement simples (la majorité des utilisateurs de SMS utilisent le prépayé.)

Le MMS devrait donc connaître le même succès, de plus il représente une alternative multimédia à l'I-mode.

L'offre MMS des opérateurs

Bouygues Telecom a annoncé en septembre 2002 une offre de MMS, suivi de très près par SFR, puis quelques mois plus tard par Orange.

Comme vous l'avez compris, les MMS sont en fait des SMS qui sont agrémentés de sons, d'images voire de vidéo et doivent donc s'appuyer sur des réseaux plus rapides en débit que le GSM : le GPRS.

Vous devez donc être raccordé au GPRS pour l'utiliser. De plus, alors que tous les téléphones mobiles vous permettent d'envoyer/recevoir des SMS, il faut posséder un téléphone spécifique pour utiliser le MMS tel le Sony-Ericson T68i ou le Nokia 7650.

Pour adjoindre à vos messages du son, des images ou des animations, vous pourrez aller chercher tous ces éléments, soit dans la bibliothèque intégrée à votre téléphone, soit les créer vous-même (images ou encore photos si votre téléphone le permet) à l'aide du logiciel proposé dans votre téléphone, soit encore les importer depuis votre PC ou votre PDA, ou encore les télécharger depuis Internet.

Le MMS permettra aussi d'autres applications telles que le téléchargement de morceaux de musique, de newletters, etc.

Aujourd'hui, les réseaux des différents opérateurs ne sont pas compatibles entre eux et il faut parfois lire ses MMS sur un PC .

L'offre des opérateurs est cependant intéressante, en voici un petit aperçu :

L'offre MMS des opérateurs

Cette offre ne vous est donnée qu'à titre indicatif. Les tarifs ainsi que les modèles de téléphones compatibles pouvant changer, nous vous encourageons à vous renseigner sur le site Internet de chaque opérateur.

SFR

C'est la SFR, qui a la première proposé le service MMS.

L'envoi d'un MMS est facturé 0,45 €. Au-delà des messages multimédia et du WAP en GPRS, SFR permet d'accéder à son e-mail depuis son téléphone mobile, de personnaliser son téléphone (sonneries et images), de télécharger des jeux et d'accéder à la nouvelle génération de services interactifs et en couleur tels que Vizzavi, l'état du trafic, la bourse ou les informations.

SFR propose ainsi une cinquantaine de services, dont des sites d'informations (AFP, Europe 1...). Vous pourrez payer les accès à l'unité, ou bien souscrire un forfait illimité à 6 euros. Attention, outre l'accès, chaque utilisation vous sera aussi facturée à l'unité.

Bouygues Telecom

Outre la réception de MMS, le forfait multimédia est proposé au prix de 6 euros par mois et ouvre un accès illimité à la bibliothèque d'images de l'opérateur (images, logos, photos) et à la navigation WAP en mode GPRS. L'envoi de MMS vous est facturé 0,30 euro par envoi de message. Bouygues a également retenu le téléphone Sony-Ericsson T68i qui autorise la prise de photo si on lui adjoint le module optionnel. Bouygues offre également l'I-mode qui est toujours son principal cheval de bataille.

Orange

Orange propose aussi un service MMS réservé aux abonnés ayant souscrit un forfait Orange et propose l'option Orange sans limite (6 euros par mois) qui donne un accès illimité au service de l'opérateur sur le WAP. Pour les possesseurs d'un téléphone mobile compatible, il s'agit d'un accès GPRS.

La véritable innovation d'Orange est le SPV conçu en collaboration avec Microsoft.

Mais chez Orange, la vraie innovation est ailleurs, avec le SPV conçu en étroite coopération avec Microsoft.

Le SPV (pour son, photo, vidéo) est un Smartphone, qui se situe quelque part entre téléphone mobile et PDA.

Entre autres possibilités, le SPV permet de surfer sur Internet grâce à une version allégée d'Explorer, de visionner des documents multimédia avec la version embarquée de Windows Media, de jouer et même encore... de téléphoner. Tri-bande, GPRS, compatible Java et doté d'un écran confortable 65 000 couleurs.

La connexion Internet

Comme nous l'avons vu dans le premier chapitre, surfer sur Internet avec son téléphone mobile est désormais possible puisque notre téléphone permet d'accéder à Internet, à condition qu'il soit équipé d'un navigateur Internet (ou browser) : c'est-à-dire un logiciel qui lui permet d'adapter à la taille de l'écran les informations en provenance des différents sites Internet. Comme nous l'avons vu plus haut dans ce livre l'accès par ondes radio au réseau Internet est possible soit en se connectant au réseau GSM, soit au réseau GPRS.

Les 3 opérateurs disposent à présent d'une offre GSM et GPRS et ces 2 modes vous sont proposés avec l'accès Internet de votre téléphone mobile.

L'offre des opérateurs

- Une liaison GSM qui permet de transporter des données. Ce mode de connexion est très lent (9,6 kb/s) mais vous permet de faire de l'Internet par exemple. Aujourd'hui, il sert de solution alternative pour les zones qui ne sont pas encore équipées de GPRS.
- Un abonnement qui vous permet d'accéder à Internet via le GSM Data.
- Une liaison GPRS qui vous permet de vous connecter directement sur le réseau Internet, votre téléphone étant un ordinateur connecté sur Internet.
- Un abonnement vous permettant d'accéder à Internet en mode GPRS.
- Un site Web vous permettant de découvrir les services de l'opérateur, de télécharger des sonneries, logiciels, etc.
- Un espace personnel qui vous permet d'avoir plusieurs boîtes aux lettres e-mails.

- Avec les liaisons GSM Data et GPRS vous avez en plus les options vous permettant de surfer sur Internet.

Le site web de votre opérateur :

Comme nous l'avons vu plus haut, votre opérateur vous propose un site sur lequel vous pouvez vous connecter, soit depuis un PC , soit depuis votre téléphone mobile.

Sur ces sites, vous pouvez accéder à un espace personnel et à des services personnalisés vous permettant de suivre votre consommation pour vos forfaits voix et data.

Vous pouvez aussi accéder à vos e-mails avec votre propre boîte aux lettres et bien sûr, surfer sur Internet toujours depuis votre téléphone mobile.

Internet sur votre téléphone mobile pouvant utiliser 2 types de connexion (GSM data ou bien GPRS), vous devrez donc paramétrer votre téléphone afin qu'il utilise un de ces modes.

Si vous n'avez pas souscrit à l'option GPRS, vous devrez utiliser la partie GSM. Si vous avez souscrit l'option GPRS, alors, vous devrez paramétrer les deux types de connexions. La liaison GSM sera utilisée par votre téléphone lorsque vous serez en un lieu qui n'a pas été équipé en GPRS.

Le GSM

L'abonnement

Pour utiliser le mode GSM (GSM DATA) et vous connecter à Internet, vous devez tout d'abord vous assurer que cette option est bien activée sur votre abonnement (option données).

En principe, cette option est gratuite et activée mais mieux vaut vous en assurer auprès de votre opérateur. De plus, le temps passé en connexion data n'est pas forcément inclus dans votre forfait donc attention à ne pas avoir de surprises !

Le fournisseur d'accès Internet (FAI):

Quand vous utilisez le mode GSM data, vous devez avoir un compte auprès d'un FAI.

De deux choses l'une : soit c'est l'opérateur qui fait office de FAI, soit vous avez un FAI pour la maison et vous pouvez alors utiliser ce compte.

Le GPRS

Ainsi, grâce à l'utilisation du réseau GPRS et du protocole WAP ou de l'I-mode, vous pourrez accéder à toutes les applications qui vous sont proposées aujourd'hui telles que la messagerie électronique, et ce, avec un débit plus important qu'en mode GSM et un mode de facturation « au débit ».

L'abonnement

Si vous souhaitez utiliser le GPRS, cette option impliquera un surcoût sur votre abonnement mensuel moyennant quoi vous n'aurez plus à vous préoccuper de la durée de vos appels en mode data puisque vous serez facturé en fonction de la quantité de données transmises et pas de la durée des appels.

Le fournisseur d'accès Internet

Si vous optez pour l'option GPRS, c'est votre opérateur qui jouera le rôle du FAI.Vous aurez besoin de connaître les paramètres de connexion habituels tels que login, mot de passe, etc.

Chapitre 5

Choisir son abonnement et ses différentes options

- La jungle des abonnements
- Comment fonctionnent les différentes offres
- Choisir son abonnement
- Choisir son téléphone mobile ainsi qu'un ordinateur et / ou un PDA pour la mobilité

La jungle des abonnements

Le marché des téléphones mobiles, et surtout des abonnements est un marché extrêmement concurrentiel !

Ceci pour vous utilisateurs de mobilité se traduit souvent par une grande perplexité ! Que choisir, que prendre, pourquoi ?

C'est ce que nous allons essayer de déterminer ensemble, et découvrir les forfaits, les abonnements et leurs différentes utilisations.

En première approche, l'offre se globalise comme suit :

- Abonnement au forfait.
- Offre de prépayé.

Puis vous trouverez l'option GPRS et l'option PC data.

Comment fonctionnent les différentes offres

Le forfait voix

Le principe du forfait est le suivant :

Votre opérateur vous propose d'acheter par abonnement une durée de communication fixe à un prix donné. Si vous dépassez cette période de communication, les communications vous seront facturées à un tarif différent. Mais aujourd'hui il vous est proposé des compléments à ce type de forfait.

Ce principe posé, comment cela fonctionne-t-il ?

Nous avons vu dans le premier chapitre de ce livre comment téléphoner, et surtout comment cela fonctionne.

Lors de l'établissement de la communication, votre identifiant téléphonique inscrit dans la carte SIM de votre téléphone (IMSI) est envoyé sur l'ordinateur de gestion centrale du réseau téléphonique (le HLM – Home Local Register).

Il est passé au préalable par une machine dont la fonction est de gérer un groupe d'antennes du réseau mobile et qui s'appelle une MSC.

C'est cette machine qui va faire la comptabilisation de votre communication.

Cette machine est un ordinateur. Elle est reliée à l'ordinateur de gestion de la facturation téléphonique de votre opérateur. Pour la partie facturation, sa fonction est de générer des tickets de taxe toutes les X secondes.

Vous avez établi votre communication, et le MSC écrira dans un gros fichier que vous avez téléphoné à partir de tel endroit vers tel autre pendant la tranche de temps X.

Ce fichier est envoyé à intervalle régulier à l'ordinateur de facturation.

Cet ordinateur de facturation va lire tous les tickets de taxe de toutes les communications et va inscrire ces informations dans des bases de données qui contiennent votre compte.

Monsieur X a téléphoné de telle période à telle période.

Pour cela elle va regrouper les tickets de taxe utilisés durant votre conversation en une seule communication.

De son côté l'opérateur a établi ses tarifs d'abonnement, et va donc déterminer dans son ordinateur de facturation les différents modes de facturation. Cela s'appelle un « rate plan ».

Toutes les nuits, l'ordinateur de facturation va créer un en-cours de facturation qui vous permettra de savoir où vous en êtes de votre consommation téléphonique.

A la fin du mois, une facture sera réalisée. C'est la facturation.

Le processus est le suivant :

Abonné par abonné, il va y avoir une analyse de vos communications. Cette analyse se fera en perspective du « rate plan », c'est-à-dire des conditions de votre abonnement.

Par exemple si vous avez un forfait « deux heures ».

L'ordinateur va prendre les communications une par une.

Il va déterminer si ces communications entrent dans le cadre du forfait ou si c'est un numéro payant.

Il va faire la somme des numéros payants avec les tarifs associés.

Il fait la somme des communications entrant dans le forfait.

Pour les communications inférieures à deux heures, comme cela entre dans votre forfait, il ne vous sera rien facturé d'autre que votre forfait. Pour les communications supérieures à deux heures, il vous sera appliqué un tarif à la minute.

Les différents forfaits

Les différents types de forfait sont les suivants :

- Les mini-forfaits 1 heure.
- Deux heures.
- Quatre heures.
- Six heures.
- Huit heures.
- Dix heures.

Dans les options nous retrouvons ceci :

- Présentation du numéro. Ceci vous permet de présenter votre numéro de téléphone à votre correspondant.
- Double appel. Pour pouvoir prendre deux appels en même temps.
- Report des minutes. Les minutes non consommées sont reportées vers le forfait du mois d'après.
- Alerte de consommation. Vous recevez en SMS votre consommation au-delà d'un certain seuil.
- Facturation à la seconde. La plupart du temps, sur les forfaits vous êtes facturé 1 minute dès le début de la communication, même si celle-ci ne dure que 20 secondes (communication du type « C'est quoi le code de la porte d'entrée ? »). Avec cela, vous ne serez facturé que la durée de votre communication.
- Forfait adaptable. Il vous permet d'ajuster votre forfait automatiquement. Si vous avez un forfait 2 heures, et que vous consommez 3 heures ce mois là, vous serez facturé sur un forfait 4 heures au lieu de payer les surtaxes de communication hors forfait.

Les communications « data » numériques

Qu'est-ce que les communications *data (données)* numériques ? Tout simplement tout ce qui n'est pas de la voix !

Nous retrouvons donc :

- Le Wap.
- Internet mobile.
- Les SMS.
- Les MMS.
- Les e-mails.
- L'utilisation de votre téléphone mobile avec votre PC ou votre PDA pour vous connecter sur Internet.

Et bien sûr l'option GPRS qui se trouve aujourd'hui masquée dans des forfaits de connexion Wap, ou de connexion données.

Les différents modes de communication data numériques et la facturation

Ce qu'il vous faut savoir, c'est que le mode de facturation des communications numériques est purement marketing.

Comme nous vous l'avons présenté dans les chapitres précédents, vous avez deux façons de communiquer en mode « data »avec votre Smartphone :

- Le mode GSM data.
- Le mode GPRS.

Le mode GSM data est l'ancien mode de communication utilisé jusqu'à l'avènement du GPRS. Pour faire une analogie, il fonctionne comme le modem de votre PC. C'est-à-dire que votre modem va se connecter à un ordinateur pour aller sur Internet (celui de votre fournisseur d'accès Internet) et pour cela établir une communication.

Vous payerez donc la communication (la durée de votre connexion) ET l'accès à Internet si vous n'utilisez par de fournisseur Internet gratuit ou si votre opérateur de téléphone mobile ne vous fournit pas d'accès à Internet. La connexion à Internet ne sera réalisée que lorsque vous serez connecté.

Avec le mode GPRS, ceci est différent. Cela fonctionne comme l'ADSL, votre Smartphone est connecté en permanence à Internet en direct. Le mode de facturation est différent, vous payerez au nombre d'octets (les données informatiques qui circulent). Quand vous consultez une page Internet, la page fait un certain nombre d'octets. Votre Smartphone en enverra d'autres octets au serveur Internet pour maintenir l'échange entre votre Smartphone et le serveur Internet.

Pour les SMS, ils vous seront facturés au forfait ou à l'unité.

Pour les MMS, ils transiteront en mode GSM ou GPRS et vous seront facturés à l'unité.

Mais des forfaits SMS et MMS apparaissent chez certains opérateurs.

Certains opérateurs facturent à l'e-mail envoyé.

Ceci c'est directement avec votre Smartphone. Si vous utilisez Internet avec votre PDA ou votre PC via votre Smartphone, cela sera encore différent, il vous faudra un autre abonnement. Un abonnement en général appelé PC Data.

Ce qui nous donne les différentes options d'abonnement suivantes en fonction de votre utilisation.

Internet et Wap

- Vous pouvez surfer sur le Wap avec votre Smartphone et être facturé à la durée de surf sur Internet.
- Vous pouvez prendre une option Wap et multimédia pour votre Smartphone et payer un forfait.
- Si vous utilisez un PDA ou un PC avec votre Smartphone, il vous faudra prendre l'option « data » auprès de votre opérateur.
- Pour avoir le GPRS, il vous faudra prendre un forfait de types WAP et Multimédia.

Les SMS et MMS

Les SMS et les MMS sont gratuits en réception.

- Pour les SMS, vous pouvez payer à l'envoi ou prendre un forfait SMS (par exemple 30 SMS par mois).

- Pour les MMS, il en sera de même, sauf si vous avez pris un forfait de types Wap et Multimédia.

Le prépayé

La voix

Le principe du prépayé est le suivant :

Votre opérateur vous propose de prendre une sorte d'abonnement mais qui ne fonctionne pas avec un forfait. Le principe est le suivant :

Vous rechargez une « carte » virtuelle qui n'est rien d'autre qu'un compte associé à votre carte SIM. Le rechargement se fait par téléphone en donnant votre numéro de carte bancaire.

Quand vous avez consommé le montant de votre recharge, vous ne pouvez plus émettre de communications, mais vous pourrez en recevoir pendant une période qui varie en fonction des opérateurs.

Ce principe posé, comment cela fonctionne-t-il ?

Lors de l'établissement de la communication, votre identifiant téléphonique inscrit dans la carte SIM de votre téléphone (IMSI) est envoyé sur l'ordinateur de gestion centrale du réseau téléphonique (le HLM – Home Local Register).

Il est passé au préalable par une machine dont la fonction est de gérer un groupe d'antennes du réseau mobile et qui s'appelle une MSC.

C'est cette machine qui va faire la comptabilisation de votre communication.

Cette machine est un ordinateur. Elle est reliée à l'ordinateur de gestion de la facturation téléphonique de votre opérateur. Pour la partie facturation, sa fonction est de générer des tickets de taxe toutes les X secondes.

Ce fichier est envoyé à intervalle régulier à l'ordinateur de gestion du prépayé. Cet ordinateur va lire tous les tickets de taxe de toutes les communications et va soustraire en temps réel le montant de votre communication de votre « carte » que vous avez rechargée.

Quand vous avez épuisé votre recharge, l'ordinateur de gestion du prépayé enverra un ordre au gestionnaire du réseau GSM (le HLR) pour couper votre communication et l'émission des appels.

Quand vous rechargez votre carte, il envoie un ordre contraire au réseau.

La communication numérique

En mode prépayé, vous payerez des forfaits pour les accès WAP sur une durée d'utilisation.

Vous payerez un forfait pour les SMS.

Pas de possibilité de MMS, pas de GPRS, pas d'accès via un PC ou un PDA.

Choisir son abonnement

Maintenant, face à ces différents types d'abonnements, vous avez un choix à faire.

Avec un Smartphone nous vous déconseillons une offre prépayée qui ne vous permettra pas de tirer parti des fonctions GPRS, MMS et communication avec un PC ou un PDA.

Il vous reste donc le forfait.

En termes de voix, la grande question va être quelle est votre mode d'utilisation.

Pour une utilisation occasionnelle de la voix et des données, prenez un petit forfait de deux heures.

Pour une moyenne utilisation téléphonique, prenez un forfait de 4 heures.

Pour une forte utilisation, prenez un forfait de 4 heures, avec une option d'ajustement automatique pour éviter les surprises.

En termes de numérique, si vous faites du Wap occasionnel et des SMS occasionnels, ne prenez pas d'option supplémentaire.

Si vous avez une utilisation quotidienne du Wap, vous voudrez un accès rapide, vous devrez prendre un forfait multimédia Wap et MMS.

Si en plus vous désirez utiliser votre Smartphone comme outil de communication pour votre PDA ou votre PC, vous devrez prendre une option PC data.

Choisir son téléphone mobile ainsi qu'un ordinateur et / ou un PDA pour la mobilité

Quelles sont les questions à vous poser

Vous voici au pied du mur, vous avez déterminé quel type d'abonnement vous conviendrait, maintenant il vous reste à choisir vos équipements. Les termes et la technologie vous sont maintenant familiers, vous allez acquérir votre matériel. Soit vous irez chez un vendeur d'abonnements et de téléphones mobiles qui ne vendent pas de PDA et de PC, soit vous irez dans une grande enseigne généraliste qui sera segmentée en rayons spécialisés. Dans les deux cas, vous ne trouverez personne qui ait une vision globale de la mobilité, et rares seront les personnes qui sauront vous conseiller sur vos abonnements et sur les équipements à acheter pour devenir un être humain mobile. Rassurez-vous, à la fin de la lecture de ce chapitre, vous en saurez plus. Si d'aventure nous ne répondions pas à toutes vos questions, vous pouvez nous les poser en direct sur le forum du site de la mobilité : L'Univers du Pocket PC (www.universpocketpc.com), nous répondrons à toutes vos questions.

Les bonnes questions à vous poser sont les suivantes :

- Quel est mon budget ?
- Quelle utilisation fais-je de mon téléphone ? Juste la réception d'appels ? Beaucoup d'appels ? les e-mails, les SMS, surfer sur Internet ? A quelle fréquence dois-je lire mes e-mails ?
- Suis-je souvent en déplacement ? Entre les différents sites de mon entreprise ? En France ? A l'étranger ? Dois-je consulter mes e-mails souvent, y répondre ? Consulter Internet ?
- Est-ce que j'utilise Outlook ? Est-ce que j'ai beaucoup de réunions à gérer et de contacts ? Ai-je besoin de synchroniser Outlook avec mon téléphone ?
- Est-ce que j'écoute de la musique ? Un appareil photo numérique est-il indispensable ? Est-ce que je suis intéressé par la vidéo ?
- Ai-je besoin d'une grande capacité de stockage ?

Choisir son téléphone mobile

Dans le domaine des technologies de pointe, nous rencontrons souvent des « jusqu'au-boutistes » qui nous indiquent que seule telle ou telle solution est valable et qu'en dehors de cela il n'y a point de salut. Ceci est bien évidemment totalement faux, et la biodiversité est là pour nous le rappeler tous les jours. C'est pourquoi nous avons décidé de vous aider à travers ces pages.

D'expérience, des dizaines de téléphones mobiles nous étant passés entre les mains ces 7 dernières années, nous avons établi une classification du type de téléphone et d'utilisation que vous pouvez en faire. Voici une classification des téléphones.

- Téléphone Classique. Ce téléphone est juste un téléphone, il permet de téléphoner et d'envoyer des petits messages. Il peut être très simple ou intégrer les dernières nouveautés en termes d'écran et de sonneries.
- Téléphone multimédia. Ce téléphone intègre un écran couleur, des sonneries polyphoniques, des fonctions de SMS, MMS, e-mail et de surf sur Internet. Mais en plus peut être doté de fonctions de baladeur musical, vidéo, prendre des photos, des vidéos, etc.
- Téléphone communicant. Il intègre toutes les fonctions principales du téléphone multimédia, mais en plus est doté d'un modem GSM et GPRS et possède une liaison infrarouge.
- Le téléphone orienté mobilité. Il intègre l'ensemble des fonctions de communication, et en plus il est doté de la liaison radio Bluetooth qui est un pré-requis à la mobilité.

Passons maintenant à votre utilisation.

L'utilisation téléphonique « classique »

Vous téléphonez, et rien d'autre ! Les e-mails, et autres moyens de communication Internet ne vous séduisent pas, et vous avez décidé de prendre un abonnement prépayé ou un petit forfait. Ou tout simplement, vous ne souhaitez pas faire autre chose que téléphoner.

Deux solutions s'offrent à vous. Si vous ne souhaitez pas investir beaucoup dans un téléphone que vous utilisez occasionnellement vous pouvez choisir un téléphone « basique », sans écran couleur, sans GPRS, il fera votre affaire, souvent vendu avec abonnement pour 1 euro symbolique. Une petite remarque cependant vis-à-vis de ces téléphones, ils sont dotés de l'ancienne génération de batteries et seront peu autonomes, et la batterie vieillira assez vite. De même, l'ergonomie est souvent assez primaire et l'utilisation peut se révéler fastidieuse, voire complexe. Vous les reconnaîtrez par le fait qu'ils n'ont pas d'écran couleur et que les sonneries ne sont pas polyphoniques.

L'autre cas de figure, vous ne souhaitez toujours pas faire autre chose que téléphoner, mais l'envoi d'un petit SMS et MMS de temps en temps vous est utile. Vous souhaitez avoir un téléphone fiable et agréable à utiliser. Choisissez plutôt les téléphones d'entrée de gamme de nouvelle génération dans des grandes marques distribuées dans le monde entier. Evitez les marques qui n'ont pas de diffusion mondiale. Les mots clés de ces téléphones sont « écran couleur » et « sonneries polyphoniques ». Avec ces deux mots clés, vous aurez un téléphone récent et ergonomique.

En termes de réception, les téléphones ne sont pas tous égaux. Sachez cependant que les téléphones dotés du GPRS ont tous un module radio excellent, eu égard à la nécessité de faire transiter des données vite et sans erreur.

L'utilisation « Multimédia »

Une utilisation multimédia peut regrouper plusieurs centres d'intérêt. Elle va du plus simple au plus puissant. Voici les grandes utilisations possibles.

- Utilisation simple mais agréable, haute en couleur et en image. Vous aimerez avoir la photo de votre femme ou de vos enfants sur le fond de votre écran.
- Prise de vue. Même utilisation que précédemment, mais en plus vous souhaitez prendre des photos ou des vidéos, les récupérer sur votre PC, les envoyer par MMS ou e-mails.
- Musicale. Vous possédez un walkman, vous aimez écouter la radio. Pour vous la musique ou l'accès à l'information sont importants.

Concernant la première utilisation, vous recherchez un téléphone convivial, pouvoir afficher vos photos, des images, envoyer et recevoir des MMS que votre précédent mobile ne pouvait recevoir. Les sonneries simplifiées à l'extrême finissent par vous sortir par les oreilles. Pour faire simple, vous souhaitez un mobile agréable à utiliser. Pour cette utilisation, vous devrez prendre un téléphone qui répond aux critères suivants. Il doit être doté d'un écran couleur, de sonneries polyphoniques ET du GPRS, car l'envoi des MMS et des images nécessite des tuyaux plus gros que le GSM le permettait. Vous pourrez en plus surfer sur Internet avec votre téléphone.

Concernant la prise de vue. Nous pensions que c'était un gadget avant de commencer à l'utiliser tous les jours, et il s'avère que c'est vraiment très agréable et permet de prendre des photos et des vidéos de la vie de tous les jours avec les enfants, des lieux que nous visitons, etc. Nous les récupérons sur notre PC et les imprimons. En termes d'utilisation, nous vous déconseillons d'acheter un téléphone mobile ET le module de prise de vue. Peu pratique, cela restera rapidement dans le placard. Choisissez de préférence un téléphone avec cette fonction intégrée. Dans le domaine, si vous ne faites que prendre des photos ou des vidéos occasionnellement, la mémoire de votre téléphone suffira. Si par contre vous en faites un usage régulier, choisissez plutôt un téléphone avec des cartes mémoires que vous pourrez changer et ajouter au format SD par exemple.

L'utilisation musicale. Ici encore nous sommes très loin du gadget. Les téléphones mobiles actuels font de très bons lecteurs de musique mp3. Ils sont livrés avec des casques de walkman équipés d'un micro et d'un bouton de prise d'appels. Vous pourrez transférer la musique en quelques clics vers votre téléphone mobile. Les dernières générations de téléphones mobiles comme les Smartphones Windows (un SPV par exemple) sont directement synchronisées avec Windows sur votre PC et vous pourrez faire le transfert de vos morceaux de musique directement à partir de Windows Media. Ceci ne se limitera pas au mp3, vous pourrez aussi transférer des vidéos clips. Comme pour la vidéo, choisissez un téléphone avec une carte mémoire amovible. Mais vous voudrez aussi écouter la radio. De plus en plus de téléphones en sont dotés et l'écoute est de très bonne qualité.

L'utilisation bureautique ou PIM (Personnal Information Managment)

Nous vivons dans un monde de plus en plus rapide, et les informations manipulées sont de plus en plus nombreuses. Vous utilisez un PC, et surtout vous utilisez Outlook. Avec Outlook, vous avez tous vos contacts, vos e-mails, vos notes, et votre liste de tâches à réaliser. Dès que vous quittez votre bureau, vous commencez à déchanter, vous utilisez votre carnet d'adresses papier qui n'est pas à jour, vos post-it avec les actions à réaliser, etc. Pour faire simple, vous aimeriez avoir toutes ces précieuses informations avec vous, en permanence et tout le temps remises à jour. Avoir avec vous les e-mails que vous aviez reçus sur votre PC et pouvoir en envoyer d'autres serait un plus.

C'est maintenant chose réalisable, votre téléphone se prend pour un PDA, les dernières générations de téléphones Nokia, Sony Ericsson et Smartphone

Windows vous offrent ces possibilités. Synchronisées en permanence, vous aurez toutes ces informations au creux de votre main, partout. Un must. Votre téléphone mobile est maintenant doté des informations dont vous avez besoin en permanence, vous pourrez n'avoir qu'un seul appareil en main. Ces téléphones en général s'appellent des Smartphones, et vous pourrez les trouver en demandant un téléphone qui permet la gestion d'agenda. Les mots clés sont GPRS, base de contacts, tâches, agenda. Certains possèdent en plus un écran tactile qui permet la saisie d'informations directement en écrivant sur l'écran.

L'utilisation « communicante »

L'utilisation communicante se positionne juste avant l'utilisation mobilité. Elle regroupe deux types de communication. La communication avec un PC et la communication avec Internet. En termes d'utilisation, vous souhaitez utiliser les SMS, MMS, e-mails, surfer sur Internet, synchroniser votre téléphone avec Outlook sur votre PC et de temps en temps utiliser votre téléphone pour surfer sur Internet avec votre PC portable et votre PDA.

Vous devrez choisir un téléphone intégrant le GPRS, une liaison infrarouge, et acquérir, s'il n'est pas livré avec, un câble de synchronisation avec votre PC fixe.

L'utilisation « mobilité »

L'utilisation mobilité est souvent une nécessité pour beaucoup de professionnels qui se déplacent beaucoup, entre les sites de leur entreprise, dans une même région, en France, à l'étranger, ou qui se déplacent beaucoup en clientèle. Aujourd'hui, les débits du GPRS permettent des accès Internet similaires à ceux que vous avez avec un modem classique sur votre PC, donc de ce point de vue, pas de soucis. Par contre, une liaison infrarouge devient insuffisante avec un débit de 115 kb/s. L'utilisation en mobilité est en plus fastidieuse, il faut que votre téléphone mobile soit positionné devant votre PC ou votre PDA, s'il y a du soleil (en terrasse par exemple), les débits deviennent très réduits. La solution est le Bluetooth. Si vous devez vous équiper d'un téléphone GPRS et Bluetooth, choisissez plutôt un des derniers appareils sortis, car les progrès dans le domaine du GPRS sont significatifs et évoluent tous les jours. Par exemple, nous étions au GPR +3 il y a 18 mois, et aujourd'hui nous sommes au GPRS +8. Pour vous qui n'êtes pas spécialiste, comprenez que plus le chiffre est grand derrière le mot GPRS, plus votre débit sera grand, et donc plus vite fonctionnera votre liaison Internet.

En termes de Bluetooth, le débit est de 1 Mb/s avec la norme 1.1. La nouvelle norme Bluetooth 2.0 qui devait être implémentée en 2004 permettra des débits plus importants. Mais vous devrez savoir que dans le cadre d'une utilisation avec une liaison GPRS cela n'aura que peu d'impact. Attention, si vous êtes un mobile, vous aurez sûrement envie d'utiliser un kit piéton Bluetooth. Certains téléphones ne permettent pas l'utilisation d'oreillettes en Bluetooth. Vérifiez bien que cela est possible, sinon, vous seriez frustré.

Choisir son PDA

Vous souhaitez avoir des fonctions de mobilité avec votre PDA. Et en particulier, pourvoir envoyer et recevoir vos e-mails, MMS, surfer sur Internet, chatter, etc.

Vous avez plusieurs solutions qui s'offrent à vous. Les Palm qui sont un petit peu limités en termes d'utilisation, mais qui rendent de grands services. Et les Pocket PC, qui sont parfaitement communicants et multimédia.

Dans les deux cas, vous pourrez utiliser votre PDA pour vous connecter à Internet via votre téléphone, ou directement à partir d'un PDA doté de fonctions de téléphonie.

Dans le cadre d'une utilisation avec un téléphone, voici ce qu'il vous faut savoir. Une liaison infrarouge ne permet qu'une utilisation occasionnelle et est très contraignante. Vous devrez choisir une liaison Bluetooth qui fonctionnera dès que vous voudrez communiquer sur Internet, sans manipulation aucune, tout en ayant son téléphone dans sa poche ou son sac à main.

En termes de configuration d'un PDA Bluetooth, vous aurez la possibilité d'acheter un PDA doté de fonctions Bluetooth ou de rajouter une carte Bluetooth au format CompactFlash ou SD. Attention, si votre PDA ne possède qu'un port SD comme port d'extension, vous ne pourrez plus rajouter d'extension mémoire. Ce qui en utilisation mobilité vous limitera. Choisissez donc un PDA qui possède deux ports d'extension (SD ET CompactFlash) ou un PDA doté du Bluetooth.

En termes de PDA doté de fonction de téléphonie, faites attention à l'ergonomie et à la qualité du GPRS. Les contraintes deviennent les mêmes que pour un téléphone en utilisation mobilité (voir paragraphe précédent).

Choisir son PC

Vous vous déplacez en permanence, vous souhaitez surfer sur Internet, avoir vos e-mails, chatter, vous connecter à votre réseau d'entreprise via le VPN, vous devrez pour cela avoir un PC communicant, ou l'adapter pour qu'il le devienne.

La cible en termes de mobilité est bien sûr un PC portable. Vous en trouvez maintenant sur le marché qui ne pèsent que 1,4 kg. Vous devrez bannir la liaison infrarouge pour une utilisation autre que occasionnelle, et vous tourner vers le Bluetooth qui vous permettra de vous connecter automatiquement sur Internet avec votre téléphone dans votre poche ou votre sac à main.

Vous devrez donc choisir de préférence un PC doté du Bluetooth dès son origine de préférence, car l'intégration du Bluetooth a été prévue pour consommer le moins d'énergie possible. Sinon, vous aurez la possibilité de rajouter une extension Bluetooth. Vous pourrez le faire de trois façons différentes. Certains constructeurs proposent un module supplémentaire à enficher dans son PC. Ceci est une bonne solution car ici encore le module est conçu pour consommer le moins possible. Vous pourrez utiliser une carte au format PCMCIA, tous les portables en sont dotés, ou un dongle au format USB. Cela fonctionne correctement dans les deux cas, mais c'est gourmand en énergie, et il vous faudra à chaque fois connecter votre extension Bluetooth au PC pour l'utiliser car ces extensions dépassent du PC et sont fragiles.

En termes de système d'exploitation, avec Windows XP, point de soucis, vous installer le logiciel Bluetooth cela fonctionnera facilement.

Si vous décidez de rajouter du Bluetooth sur votre PC il vous faut savoir ceci. La fonction Bluetooth, contrairement à la fonction WIFI n'est pas standard dans Windows. Le logiciel qui est livré avec est important. Certains logiciels ne permettent qu'une seule connexion à la fois en Bluetooth. A bannir impérativement, car rapidement vous aurez aussi un adaptateur Bluetooth pour votre imprimante, un point d'accès réseau Bluetooth, un récepteur GPS et plein d'autres extensions Bluetooth. Vous serez donc vite limité. En plus ils sont quasiment tous au même prix, alors faites le bon choix.

Chapitre 6

Prise en main de son téléphone mobile

- Introduction
- Je déballe mon téléphone mobile et je le mets en route
- Déballez votre téléphone
- Prise en main, utilisation et principes de base de votre téléphone
- Utilisation des grandes fonctions standard de votre téléphone
- J'utilise un kit mains-libres
- Je protège mon téléphone

Introduction

Comme nous l'avons vu précédemment, les téléphones mobiles évoluent rapidement en ce début de troisième millénaire pour devenir nos compagnons de tous les jours. Ils intègrent toujours les fonctions de base de la téléphonie, mais en plus ils évoluent vers plus de convivialité et de fonctionnalités.

Nous pouvons donc pour nous y retrouver segmenter en trois grandes parties les différentes fonctionnalités des téléphones mobiles actuels :

- Les fonctions de téléphonie. Ce sont toutes les fonctions qui vous permettent de téléphoner, de connaître qui vous a appelé (présentation du numéro), le renvoi d'appel, la conférence à plusieurs, votre boîte vocale, etc. Tous les téléphones possèdent ces fonctionnalités au minimum, et elles sont devenues des standards.
- Les fonctions de communication de type data. Ce sont des fonctions qui vous permettent la communication écrite avec votre téléphone mobile. On retrouve dans le panel de ces fonctionnalités, en partant du plus basique pour aller vers le plus évolué, le surf sur Internet à travers le Wap ou avec des browsers (navigateurs Internet) similaires à ceux de votre PC, les SMS, les MMS, les e-mails et le chat. Les téléphones les plus anciens utilisent le mode GSM Data et les plus récents le GPRS qui est un mode de transmission rapide des données. Par analogie, le GPRS est l'ADSL de la téléphonie mobile.
- Les fonctionnalités de type PIM (Personal Information Manager) telles que agenda, bureautique et multimédia. Les téléphones de dernière génération ne sont ni plus ni moins que des petits ordinateurs et ils vous permettent de synchroniser votre agenda Outlook de votre PC et de retrouver ainsi sur votre téléphone la liste de vos tâches, vos notes, etc. Mais aujourd'hui, des fonctions plus évoluées sont intégrées dans les téléphones, vous pourrez prendre des photos, des vidéos, écouter de la musique au format Windows média ou mp3, regarder des vidéos au format divx, écouter la radio, etc.

Et une fonctionnalité supplémentaire, est de pouvoir étendre la mémoire de votre téléphone mobile et d'y installer de nouveaux logiciels en fonction de vos besoins, ou des jeux pour les longues attentes dans le métro.

Nous allons suivre ensemble ces évolutions pour balayer toutes les possibilités de ces petites machines qui sont nos compagnons inséparables et progresser ensemble en suivant la structure de ces évolutions en vous les présentant et en vous les expliquant.

Mais se limiter à cela serait réducteur pour vos téléphones actuels. Ils sont aussi dotés de fonctions de communications qui permettent d'utiliser le GPRS à partir d'un PC ou d'un PDA de type Pocket PC. Pour cela vous pouvez utiliser l'infrarouge et le Bluetooth. Le couplage d'un PDA ou d'un PC avec un mobile et accéder à Internet en tous lieux et toutes circonstances porte un nom : la mobilité. Nous vous présenterons comment mettre cela en œuvre.

Ceci étant posé, nous pouvons passer à la pratique.

Pour illustrer nos propos, nous allons utiliser des téléphones de dernière génération dotés d'écrans couleurs et des différentes fonctions que nous venons de vous présenter.

Pour cela, nous allons utiliser les téléphones suivants :

- Le SPV qui est doté du système d'exploitation Microsoft : Smartphone Windows.
- Un Sony Ericsson qui intègre un mode de communication Bluetooth, le t68i.
- Et de nombreux téléphones de marque nokia qui sont tous dotés du système d'exploitation de Nokia : Symbian et intègrent des fonctionnalités évoluées.

Je déballe mon téléphone mobile et je le mets en route

Réceptionner un nouveau téléphone est toujours une émotion, et une petite angoisse. Que vais-je trouver dans la boîte, et surtout comment le mettre en œuvre, comment l'utiliser ? That is the question ! Rassurez-vous, maintenant les téléphones se ressemblent beaucoup au sein d'une seule et même marque, et les systèmes d'exploitation Symbian et Smartphone se généralisent sur la plupart des marques de téléphone. Vous devriez donc vous y retrouver assez facilement. Et surtout, les opérateurs de téléphonie font pression sur les constructeurs de téléphones mobiles pour mettre l'accent sur la convivialité et la facilité d'utilisation. N'y voyez pas une grandeur d'âme exceptionnelle de la part des opérateurs, ils se sont simplement aperçus que vous consommez plus avec un téléphone facile à utiliser ! Un exemple, les SMS. Les utilisateurs de téléphones de dernière génération à écran couleur et conviviaux envoient sept fois plus de SMS que ceux qui ont un téléphone avec petit écran difficile à utiliser. La conclusion, il faut donc mettre à votre disposition des téléphones très simples et conviviaux pour vendre des services.

Qu'y a-t-il dans un coffret de téléphone mobile :

- votre téléphone,
- votre carte SIM,
- votre batterie,
- une documentation,
- et parfois, un câble de liaison avec votre PC, un CD-ROM avec une notice et des logiciels de synchronisation avec votre PC.

Nous allons donc découvrir ceci. Ouvrons le coffret de notre téléphone.

Charge et batterie, que dire simplement pour conserver longtemps votre batterie

La plupart des batteries actuelles ne sont plus victimes de ce que l'on appelait de la mémoire de charge. Ces batteries fonctionnaient sur une technologie nickel-cadmium.

Qu'est-ce que la mémoire de charge ? Tout simplement le souvenir du niveau de la charge de la batterie de votre téléphone. Si vous chargiez votre téléphone à 70 %, un certain nombre de fois, la capacité de votre batterie devenait 70 % de sa valeur nominale. Ainsi, au fil du temps, votre batterie tenait de moins en mois la charge. Les nouvelles batteries de type lithium-ion ne souffrent pas de cet inconvénient. Cependant, il vous faut savoir certaines choses.

Une batterie qui reste déchargée pendant plusieurs semaines devient rapidement inutilisable. Si vous n'utilisez pas votre téléphone pendant une longue période, laissez votre mobile branché, car même si vous n'utilisez pas votre téléphone, la batterie se décharge.

En tout état de cause, il vous faut savoir qu'une batterie ne peut se recharger qu'un nombre de fois maximum, et que votre batterie finira par ne plus fonctionner, ceci est normal. Mais le prix est souvent élevé. En utilisation intensive, une batterie fonctionne correctement environ 18 mois.

Déballez votre téléphone

Ca y est, vous avez enfin le téléphone de vos rêves, une petite boîte dans la main, il ne vous reste plus qu'à le mettre en mode fonctionnement.

Rassurez-vous, ceci est très simple.

Voici quelques exemples de ce que vous allez trouver.

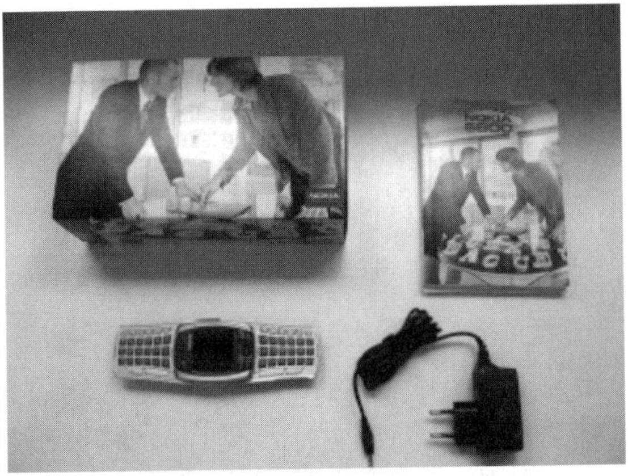

Et votre téléphone se présente ainsi démonté.

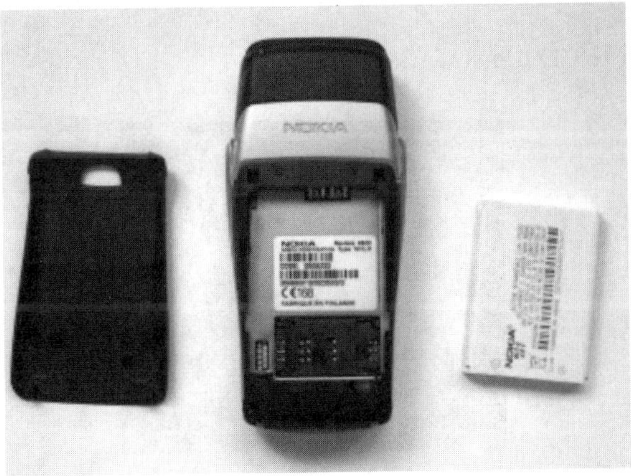

Vous pouvez ainsi voir les éléments suivants :

- la boîte,
- le mode d'emploi,
- le téléphone,
- le chargeur,
- la batterie,
- la coque arrière.

Mais cela peut aussi se présenter sous cette forme

Et bien sûr le CD d'installation.

Voici le détail de ce que vous allez trouver :

Votre téléphone.

La « station d'accueil » qui vous permet de raccorder votre machine à votre PC.

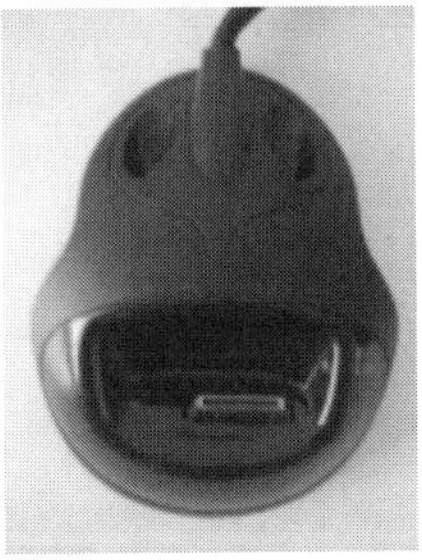

Un transformateur qui vous permettra d'alimenter en énergie votre machine.

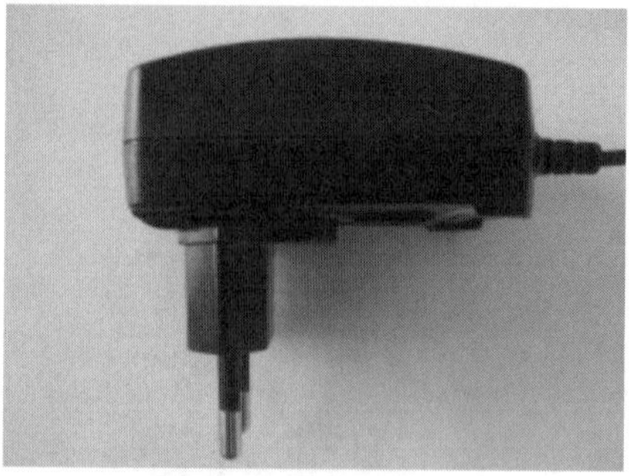

Un adaptateur pour vos déplacements nomades.

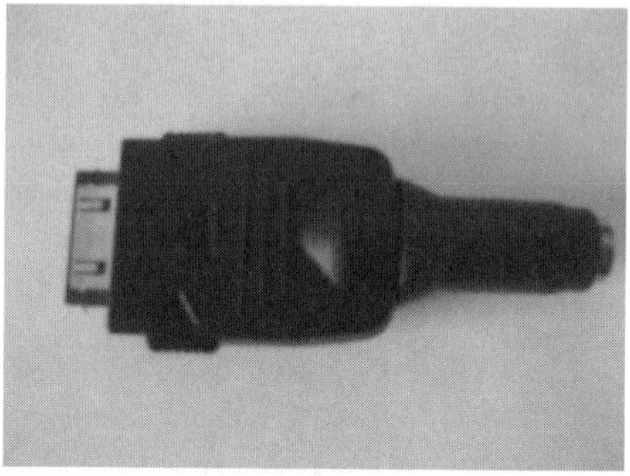

Une carte mémoire de 8 Mo.

Vous trouverez aussi une documentation.

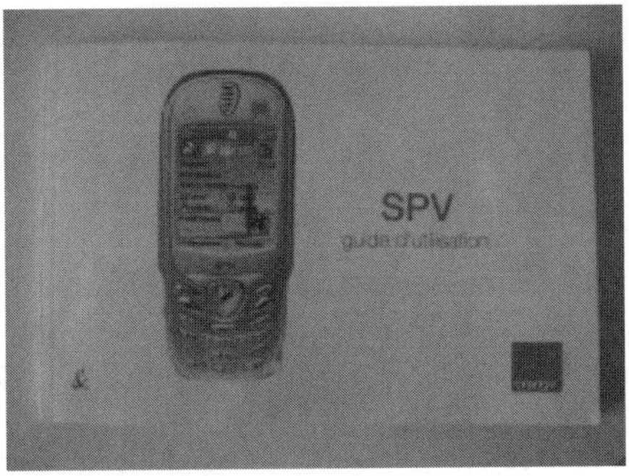

Première étape, déballer la documentation qui va avec votre machine.

Puis installer la carte SIM.

Ensuite, mettre en charge votre téléphone. Nous vous conseillons de le laisser en charge durant une nuit complète, et de laisser se décharger la batterie au moins 3 fois complètement lors des premiers jours d'utilisation.

Prise en main, utilisation et principes de base de votre téléphone

Comme nous vous l'avons décrit dans les chapitres précédents, les téléphones actuels sont des machines riches en fonctions et en possibilités. Mais avant d'aller plus avant, vous devez au préalable découvrir votre téléphone et commencer à le prendre en main.

Ce chapitre vous permettra de faire vos premiers pas avec ce concentré de technologie et de commencer à le personnaliser.

Prise en main

Description de votre machine

Ce live est réalisé avec plusieurs téléphones mobiles. MAIS, comme vous allez rapidement le découvrir, sous une apparente biodiversité, ces petites machines sont issues d'une époque et répondent toutes au même besoin. Non plus comme à une certaine époque de façon variée avec une terminologie absconse, mais de façon unifiée, presque standard.

Les critères de différentiation seront plus esthétiques, ou dans les fonctions supplémentaires de type radio FM, appareil photo, etc. Et bien sûr le prix.

Ce qui nous permet d'aborder la partie "téléphonie" sereinement, puisque à travers trois appareils, nous aurons fait un grand tour d'horizon.

Nous allons avec ces machines parcourir 80 % du marché. Les téléphones qui ne sont pas abordés dans ces pages sont aussi de bons téléphones, mais nous ne pouvons faire le tour de tous les produits. Ce qu'il faut noter, c'est que le principe reste le même d'une machine à l'autre et qu'il vous sera facile de vous y retrouver.

Une des machines est le SPV, équipé du système d'exploitation de Microsoft, Smartphone Windows commercialisé au début par l'opérateur Orange. Cette machine est la première d'une longue lignée. Elle sera suivie par beaucoup de Smartphones qui seront construits par nombre de constructeurs. En effet, votre téléphone n'est pas seulement un téléphone, mais un PDA à part entière, eu égard à la fonction d'écriture. Téléphone + fonctions de bureautique = Smartphone. Ce système d'exploitation va être installé sur un nombre de plus en plus grand de téléphones mobiles. Ce système d'exploitation est dérivé directement du système d'exploitation des Pocket PC, Pocket PC 2003.

Ce couplet pour la partie Smartphone peut être relativisé. Le petit monde de la mobilité aime les concepts, les nouveautés. Comme la plupart des téléphones actuels intègrent les fonctions bureautiques, et sont équipés de fonctions avancées, la notion même de Smartphone va se déliter progressivement et être absorbée par la généricité du mot téléphone.

Votre téléphone se présente toujours de la même façon et fonctionne toujours sur le même principe.

Pour commencer analysons le SPV.

Voici le détail de votre Smartphone :

- Port infrarouge. Ceci vous permettra de communiquer en infrarouge avec un autre Smartphone, un PDA, et votre PC. Vous pourrez grâce à cela échanger des images et fichiers divers, synchroniser votre Smartphone avec votre PC, utiliser votre Smartphone comme modem pour votre PC.
- Indicateur de fonctionnement, il passera au rouge pour vous indiquer des anomalies du type « batterie faible ».
- Bouton marche / arrêt, il vous permet d'arrêter ou de mettre en route votre Smartphone, mais aussi après une pression d'une seconde, d'accéder à la « liste rapide ».
- Mémos vocaux. Ceci permet d'utiliser votre Smartphone comme dictaphone.
- Bouton volume ; il permet de régler le volume d'écoute de votre Smartphone.
- Décrocher & aujourd'hui. Une pression sur le haut de ce bouton permet de prendre la communication, de lancer une communication téléphonique, mais aussi durant une conversation téléphonique de mettre

en route l'option « mains-libres » avec une écoute amplifiée en appuyant durant 3 secondes. Une pression sur le bas de la touche permet de revenir toujours à l'écran d'accueil.

- Port SD. Vous pourrez ici rajouter de la mémoire dans votre Smartphone (jusqu'à plusieurs centaines de Mo). Elle est au format SD.
- Port USB. Ceci vous permet de connecter votre Smartphone sur sa station d'accueil, ou au moyen d'un câble de charger votre téléphone.
- Prise casque. Ceci permet de brancher votre kit piéton stéréo.
- Raccrocher et précédent. Ceci vous permet en réalisant une pression sur le haut du bouton d'arrêter une conversation téléphonique et en réalisant une pression sur le bas de revenir à l'écran précédent. Ceci est aussi utilisé durant le surf sur Internet.
- Joypad. Ceci est le joystick de votre Smartphone. Nous le détaillerons plus loin dans ce chapitre.
- Boutons programmes. Ils vous permettent de déplier des menus ou de lancer des actions en fonction des différents logiciels que vous utiliserez ou des fonctions de votre téléphone.
- Haut-parleur. Haut-parleur de votre téléphone. Sert aussi à la fonction mains-libres.

Prenons un téléphone Nokia. Ils sont aujourd'hui tous équipés du même système d'exploitation, Symbian. Ceci a un grand avantage, ils fonctionnent tous de la même façon et s'utilisent tous de la même façon.

Prenons donc ce téléphone, le 6800 Nokia et analysons.

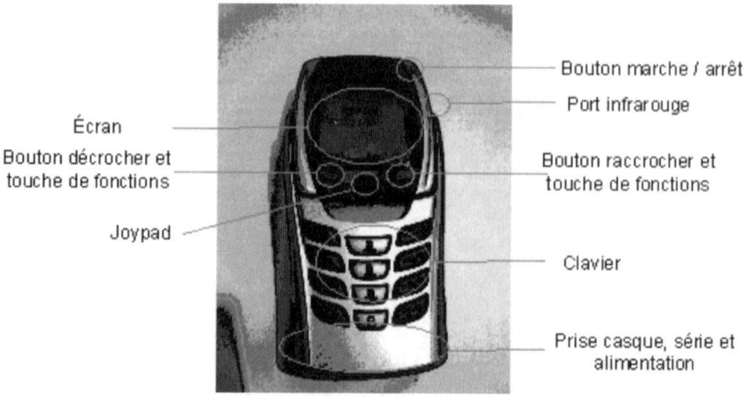

- Port infrarouge. Ceci vous permet de communiquer en infrarouge avec un autre Smartphone, un PDA, et votre PC. Vous pouvez grâce à cela échanger des images et fichiers divers, synchroniser votre Smartphone avec votre PC, utiliser votre Smartphone comme modem pour votre PC.
- Indicateur de fonctionnement, il passera au rouge pour vous indiquer des anomalies du type « batterie faible ».
- Bouton marche / arrêt, il vous permet d'arrêter ou de mettre en route votre Smartphone, mais aussi après une pression d'une seconde, d'accéder à la « liste rapide ».
- Décrocher & touche de fonction. Une pression sur le bouton du haut permet de prendre la communication, de lancer une communication téléphonique. La touche du bas sert à ouvrir la fonction contextuelle en fonction de l'action en cours.
- Prise casque, série, et alimentation. Ceci permet de brancher votre kit piéton stéréo, de connecter votre téléphone avec un câble et de le recharger.
- Raccrocher et touche de fonction. Ceci vous permet en réalisant une pression sur le bouton du haut d'arrêter une conversation téléphonique. La touche du bas sert à ouvrir la fonction contextuelle en fonction de l'action en cours.
- Joypad. Ceci est le joystick de votre Smartphone. Nous le détaillerons plus loin dans ce chapitre.
- Haut-parleur. Haut-parleur de votre téléphone. Sert aussi à la fonction mains-libres.

Globalement, les téléphones se présentent à peu près tous de la même façon, la fonction créant l'organe.

Les premiers pas et personnalisation

Nous avons vu la partie esthétique extérieure de votre téléphone, maintenant, nous devons découvrir son fonctionnement, ou au moins pour commencer les principes de base.

Globalement, votre téléphone possède un écran d'accueil qui est la principale zone de communication entre votre téléphone et vous. Il vous présentera en permanence le niveau de batterie, le niveau de réception, le nom du réseau sur lequel vous êtes connecté. Il va vous présenter les éléments suivants :

- Le nom de votre opérateur.
- L'accès au GPRS.
- Le niveau de réception.
- Le niveau de la batterie.
- Le nom de l'opérateur.
- Mais aussi pour la plupart des téléphones, l'heure et la date du jour, le profil ou mode en cours, ainsi qu'un indicateur des messages reçus (vocaux, SMS, MMS, e-mails, etc.).
- Le fond d'écran est maintenant en couleur et permet d'afficher des images ou photos de très bonne qualité.
- Et maintenant, aussi, vous pourrez voir sur le bas de l'écran ce que vous pouvez réaliser comme action avec les touches programmables et contextuelles.

Voici des exemples d'écrans de téléphone mobile.

Les téléphones équipés de Smartphone Windows se présentent comme suit :

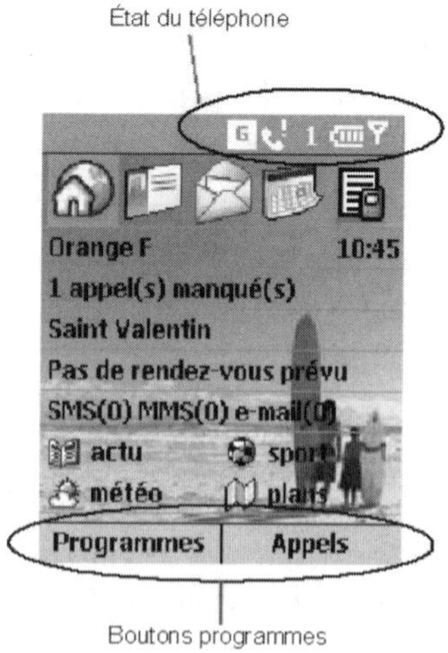

Le haut de l'écran présente la connexion GPRS, le niveau de réception, les appels manqués, le niveau de batterie.

Le bas de l'écran présente les touches de fonctions contextuelles.

L'écran proprement dit est lui très complet et présente des fonctionnalités avancées.

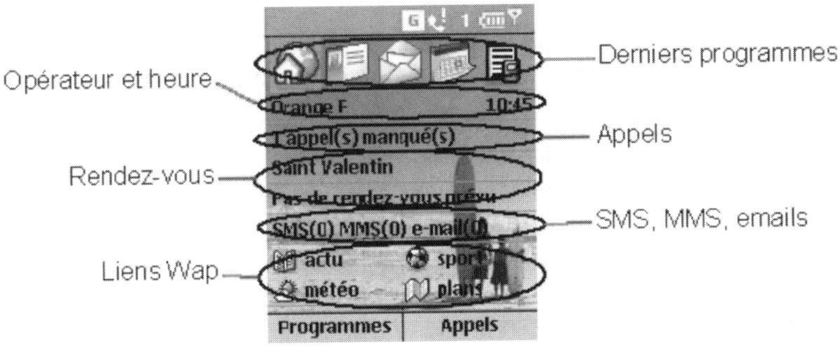

Vous y trouverez les derniers programmes lancés sur votre téléphone, l'opérateur et l'heure, les appels manqués, les rendez-vous à venir, les SMS, MMS et e-mails reçus, et des liens de navigation Internet.

L'écran des Nokia équipés de Symbian, se présente en général de cette façon.

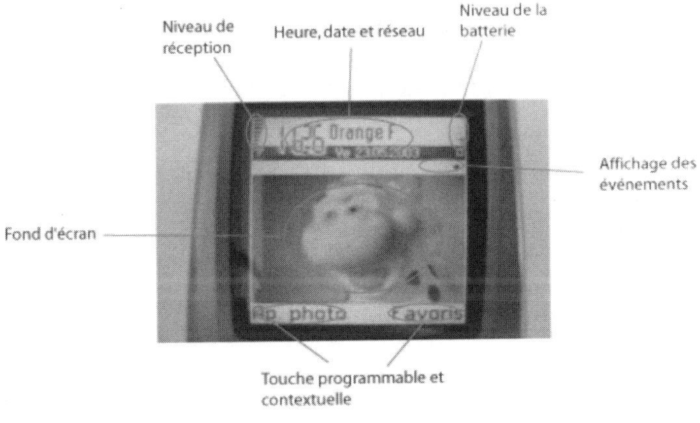

Vous y trouverez les éléments suivants :

- Fond d'écran : Affichage de la photo de votre choix comme fond d'écran.
- Niveau de réception : niveau de réception du téléphone par rapport au réseau.

- Heure, date et réseau : Affichage de l'heure, de la date et du réseau sur lequel vous êtes connecté.
- Niveau de la batterie : indique le niveau de charge de la batterie.
- Affichage des événements : présente les événements qui se sont réalisés sur le téléphone du type appel manqué, messages vocaux ou écrits.
- Touches programmables et contextuelles. Ceci correspond à l'affichage de la fonction des deux touches au bas de l'écran. A partir de l'écran d'accueil elles sont programmables, mais elles changent de contenu en fonction du contexte dans lequel on se situe.

Accès aux fonctions de votre téléphone

Quel que soit votre téléphone, les fonctions sont toutes les mêmes, au moins pour une grande partie, et la logique de fonctionnement quasiment similaire.

En termes de navigation, vous avez un écran d'accueil, et l'accès à un menu principal qui vous permet d'accéder aux fonctions du téléphone.

Mais en général, vous avez aussi des raccourcis qui vous permettent d'accéder directement à votre messagerie vocale et à votre annuaire personnel.

Voici quelles sont les grandes fonctions standard que vous trouverez dans votre téléphone :

- Prise d'appel.
- Double appel.
- Conférence à plusieurs.
- Composer un numéro de téléphone.
- Composer un numéro de téléphone à partir d'un répertoire.
- Le journal qui présente les appels perdus, reçus, émis.
- La messagerie vocale.
- Les SMS.
- Le surf sur Internet.

Les nouvelles fonctions étendues de votre téléphone sont les suivantes :

- E-mails.
- MMS.

- Radio.
- Prise de vidéo.
- Prise de photos.
- Walkman audio et vidéo.

Vous trouverez en plus un menu vous permettant le paramétrage de votre téléphone. Vous avez en plus des raccourcis qui vous permettront d'accéder à certaines fonctions indispensables du type de l'annuaire de votre téléphone, en direct. De même, lorsque vous êtes notifié d'un événement du type réception d'un message vocal ou écrit, des appels que vous n'avez pas pris, etc. ceci vous sera notifié par votre téléphone qui vous proposera un accès direct à cette information.

L'accès au menu des fonctions de votre téléphone se fait, soit par une touche spécialisée, soit grâce à un joypad qui équipe de plus en plus de téléphones.

En voici quelques exemples :

Vous verrez apparaître ce type de menu avec les téléphones Nokia.

ou encore celui-ci avec Smartphone Windows.

Il vous suffit de sélectionner l'option et d'appuyer sur le joypad pour y parvenir.

Utilisation des grandes fonctions standard de votre téléphone

Comme nous l'avons vu ensemble précédemment, certaines fonctions de vos téléphones mobiles sont génériques et se retrouvent sur tous les appareils du marché :

- Prise d'appel.
- Double appel.
- Conférence à plusieurs.
- Composer un numéro de téléphone.
- Composer un numéro de téléphone à partir d'un répertoire.
- Le journal qui présente les appels perdus, reçus, émis.
- La messagerie vocale.
- Les SMS.
- Le surf sur Internet.

Nous allons donc commencer par ces fonctions qui étaient présentes au début de la téléphonie mobile, et qui motivent la plupart du temps l'achat d'un téléphone. Les autres fonctions étant des « plus » savamment orchestrées par les opérateurs de téléphonie mobile.

Appels téléphoniques

Ne l'oublions jamais, un téléphone sert avant tout à téléphoner. On a tendance à l'oublier régulièrement ces derniers temps, mais c'est le cas. Que vous ayez un forfait ou une carte prépayée, le processus est toujours le même. Cependant, il existe une petite différence pour le prépayé et certains mini-forfaits. En effet, quand vous avez épuisé le crédit de votre mini forfait ou de votre carte, vous ne pouvez plus téléphoner, vos appels sont bloqués. Par contre, vous pouvez continuer à recevoir vos appels.

En termes de fonctionnement, votre téléphone sonnera toujours, sauf si vous avez demandé qu'il soit silencieux. Et ceci, quel que soit l'endroit où vous êtes dans le téléphone, ou la fonction que vous utilisez. La différence se fera dans les fonctions proposées et accessibles durant votre communication téléphonique comme réaliser une conférence à plusieurs, prendre un autre appel, appeler une autre personne en laissant la première en attente, consulter l'agenda, mettre à jour la fiche de contact de votre correspondant, etc.

A part la fonction principale qui consiste à prendre un appel et à émettre un appel, les autres services sont souvent des options vendues séparément par les opérateurs et varient en fonction des politiques marketing. Ces options sont les suivantes :

- Voir le numéro de téléphone de la personne qui vous appelle.
- Laisser voir votre numéro de téléphone quand vous appelez (présentation du numéro).
- Le double appel.
- La conférence à plusieurs.

Tous les téléphones permettant ces fonctions, si vous n'arrivez pas à les mettre en œuvre sur votre téléphone, il vous suffira de téléphoner à votre opérateur pour les mettre en service.

Appel et prise d'appel

Nous voici dans la grande fonction de base de votre téléphone. Ce sera le première chose que vous réaliserez dès la mise en fonction. Vous passerez obligatoirement un appel à l'un de vos proches pour clamer votre satisfaction d'avoir enfin ce petit appareil qui va vous libérer d'un certain nombre de contraintes du quotidien.

Vous avez deux façons principales de téléphoner avec votre téléphone mobile. La première est de composer directement le numéro de téléphone de votre correspondant sur le clavier du téléphone, la deuxième est d'aller rechercher dans le répertoire de votre téléphone le numéro de téléphone de votre correspondant.Une autre façon est d'utiliser un ordinateur couplé par fil, infrarouge ou Bluetooth pour faire composer votre numéro de téléphone. Nous ne vous présenterons que ces deux premiers procédés dans ce chapitre, le traitement à partir d'un PC ou d'un PDA sera présenté plus en détail dans les chapitres suivants.

Appel à partir du clavier

Voici un exemple de téléphone, celui-ci est d'une apparence assez classique. Que peut-on voir sur cette photo ? Un écran pour commencer, c'est ici que s'affichera le numéro de téléphone que vous saisirez.

Vous pouvez aussi apercevoir deux touches sous cet écran, l'une à gauche est verte (celle marqué "yes") l'autre à droite est rouge (celle marqué "no"). Ces deux touches vous permettront de passer des appels et de terminer la communication. Après diverses tentatives et essais dans le domaine, les constructeurs de mobiles ont tous adopté ces deux mêmes touches qui sont toutes disposées de la même façon et qui ont la même couleur. Ceci est devenu un standard de fait.

Même d'autres téléphones au "look" plus futuriste conservent cette disposition.

La touche verte vous permet aussi d'utiliser une fonction très pratique, l'historique des appels, et de composer directement le numéro de téléphone à partir de cette liste. Nous y reviendrons plus tard.

Pour émettre votre appel, contrairement à un téléphone fixe, vous devez d'abord taper votre numéro de téléphone. Il apparaît au fil de l'eau sur votre écran.

Une fois cela réalisé, il vous suffit d'appuyer sur le bouton vert pour entrer en contact avec votre correspondant.

Si le numéro de téléphone est déjà enregistré dans votre répertoire, le nom de votre correspondant s'affiche à la place du numéro de téléphone.

Pour mettre fin à la communication, appuyez sur le bouton rouge.

Prise d'appel

Une fonction importante est la prise d'appel, car cela sert aussi à cela. Lors de l'appel, vous aurez trois types d'affichage sur l'écran de votre téléphone mobile.

- Soit vous verrez "appel privé" apparaître sur votre écran. Cela signifie que votre correspondant ne souhaite pas voir s'afficher son numéro de téléphone.
- Soit vous verrez apparaître le numéro de téléphone de votre correspondant. Auquel cas, cela signifie que votre correspondant vous a envoyé son numéro de téléphone, MAIS que celui-ci n'est pas dans le répertoire de votre téléphone.
- Soit vous verrez s'afficher le nom de votre correspondant. Cela signifie que ce nom est présent dans votre répertoire et que votre téléphone, après l'avoir recherché, vous le présente.

En appuyant sur la touche verte de prise d'appel, vous prendrez la communication.

Vous avez décidé de prendre l'appel, vous verrez alors s'afficher la durée de communication.

Durant la communication, vous pourrez, avec des téléphones équipés de Smartphone Windows par exemple, soit afficher la fiche du contact et la mettre à jour si cela est nécessaire, soit aller vers le calendrier pour fixer le rendez-vous. Ce qui est très pratique, car fréquemment, vous prendrez rendez-vous durant une conversation téléphonique, que ce soit au niveau personnel ou au niveau professionnel.

Appel à partir du répertoire

Cette fonction est vraiment la plus utilisée. Elle permet de téléphoner sur une simple pression de touches, en quelques secondes. Les téléphones modernes sont aujourd'hui "synchronisables" avec un PC. Les grandes marques comme Sony Ericsson, Nokia et les téléphones mobiles équipés de Smartphone Windows, permettent de synchroniser les données de Outlook sur votre PC avec le répertoire téléphonique de votre téléphone. Si les logiciels livrés avec votre téléphone ne vous conviennent pas, vous pourrez toujours acheter un produit tiers comme Mobile Phone Tools de BVRP par exemple. Nous présenterons la gestion de répertoires plus en détail un peu plus loin dans ce chapitre.

Ce qu'il vous faut savoir, c'est que le répertoire de votre téléphone a évolué. Auparavant, à un nom était associé un numéro de téléphone. Ceci impliquait que pour une personne, qui a un numéro de téléphone au travail, à la maison, et un téléphone mobile, il y avait 3 items dans votre répertoire. Maintenant, vous pourrez associer à un nom, non seulement tous ses numéros de téléphone, mais aussi ses adresses, fax, e-mail, site web, etc. Une vraie fiche complète. Beaucoup plus simple, et un carnet d'adresses intégral dans son téléphone. L'accès à votre répertoire se fait soit par une touche de type raccourcie à partir de l'écran d'accueil du téléphone, soit à partir du joypad et à partir du menu du téléphone.

Il existe trois écoles pour la méthodologie d'accès :

- Accès à la liste, vous rentrez la première lettre du nom et vous êtes positionné à cette position dans la liste classée par ordre alphabétique.
- Accès via un écran recherche, vous pourrez saisir plusieurs lettres du nom, la recherche est plus fine et vous présente le premier nom dans une liste classée par ordre alphabétique qui correspond à ces critères.
- Smartdial, la grande innovation de Microsoft avec Smartphone Windows. Vous saisissez trois lettres du nom, et il vous sera présenté une liste synthétique avec les noms et prénoms qui contiennent ces trois lettres. Compte tenu de la synchronisation du téléphone avec Outlook, cette fonction est très utile et agréable.

Illustrons ces propos.

Liste directe en accès direct sur le répertoire téléphonique.

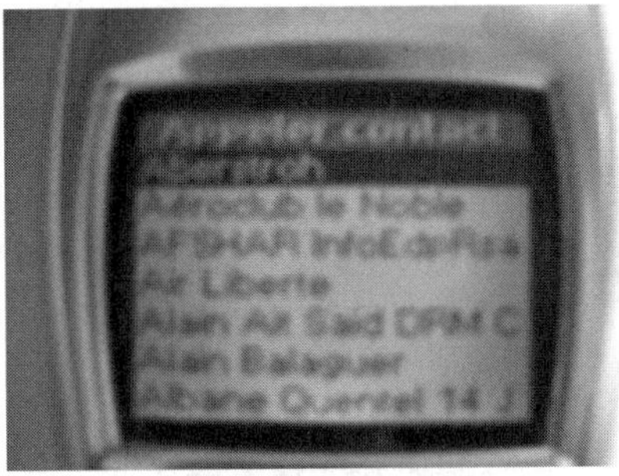

A partir d'un écran de recherche. Vous saisissez les lettres du nom que vous recherchez.

Vous voyez ensuite apparaître le résultat de la recherche.

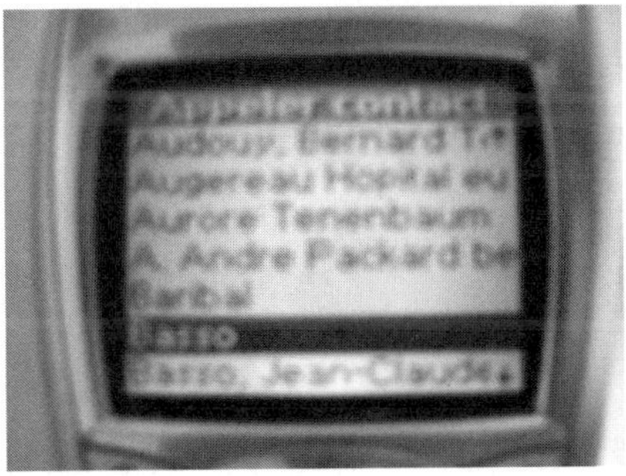

La troisième méthode, Smartdial. Vous pouvez faire une sélection sur 3 lettres, mais simplement il vous suffit d'appuyer une fois seulement sur la touche qui contient la lettre.

Par exemple, à partir de la liste suivante, nous recherchons « chez babette », pour cela nous appuyons sur les touches suivantes du téléphone 1 puis 1, puis 1 (la touche 1 porte les lettres « abc »). Nous allons rechercher tous les contacts dont le nom contient « BAB ».

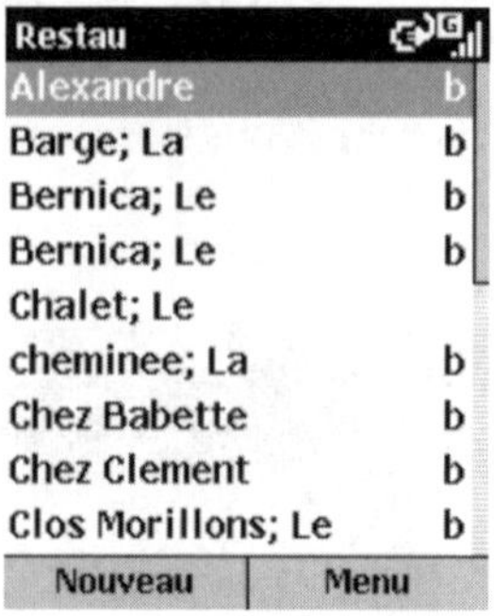

Lors de la première pression de touche, on voit ceci :

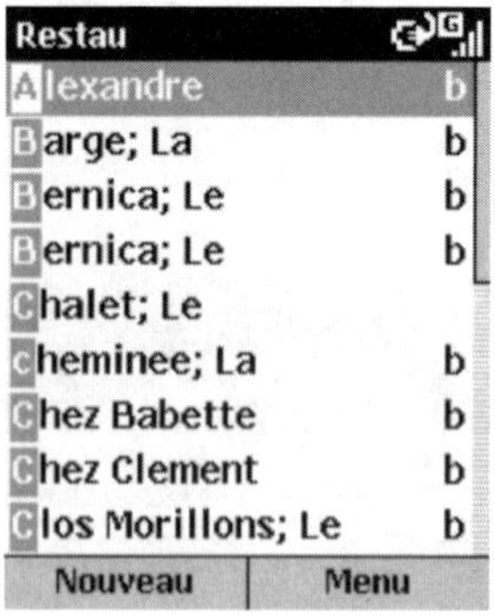

Puis lors de la seconde :

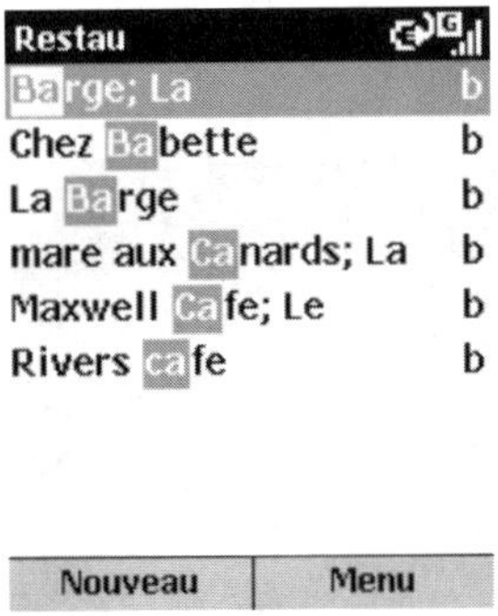

Puis lors de la troisième on a directement le contact !

Dans tous les cas, après avoir sélectionné votre correspondant, vous appuyez sur la touche verte pour composer le numéro de téléphone.

Appel à partir de la touche "historique"

Voici une fonction très pratique, qui a su évoluer au fil des ans, Darwin étant passé par là, on retrouve cette fonction sur tous les téléphones. Avec cette fonction, vous pourrez voir la liste des communications que vous avez passées, les appels que vous avez pris, ainsi que ceux que vous avez manqués. Si le numéro de téléphone est présent dans votre répertoire, le nom en littéral apparaît.

Vous pouvez y accéder directement à partir de la touche verte de votre téléphone servant à émettre les appels.

Elle vous apparaîtra comme ceci.

Cette liste apparaît avec des petits sigles, dans notre exemple, un téléphone avec une flèche verte vers le haut signifie un appel émis, la flèche vers le bas le contraire, et le petit carré un appel manqué. Il vous suffit de vous déplacer dans la liste et d'appuyer sur la touche verte pour composer le numéro de téléphone.

Double appel et la conférence

Vous avez la possibilité de prendre deux appels et de faire des conférences à plusieurs avec votre Smartphone.

Cela peut se faire de plusieurs façons :

Vous téléphonez, il y a quelqu'un qui vous appelle. Vous pouvez prendre la communication et mettre votre interlocuteur en attente et passer de l'un à l'autre.

Vous êtes en communication avec quelqu'un et vous souhaitez appeler un autre interlocuteur. Vous pouvez composer un nouveau numéro de téléphone et mettre votre premier interlocuteur en attente.

Vous avez les deux interlocuteurs en ligne et vous pouvez les mettre tous les deux en relation. Vous ferez ainsi une conférence à trois personnes.

Pour réaliser cela, rien de plus simple.

Vous êtes en communication, vous recevez un appel. L'écran suivant s'affiche.

Vous pouvez rejeter l'appel, et votre interlocuteur ira sur votre boîte vocale.

Si vous acceptez l'appel, l'écran suivant s'affiche.

Avec la touche échanger vous passez d'un interlocuteur à l'autre.

Si vous sélectionnez l'option « Conférence », vous pouvez parler les trois en même temps.

La gestion de répertoire téléphonique ou de la base de contacts

Comme nous vous l'avons introduit précédemment, vous utiliserez cette fonction plusieurs fois par jour. Elle vous sera très utile. Elle est maintenant suffisamment évoluée pour que vous puissiez jeter votre carnet d'adresses papier. En effet, vous pouvez maintenant synchroniser votre téléphone avec votre PC. Et surtout avec Outlook sur votre PC ! Vous aurez avec vous les contacts, les tâches, et vos rendez-vous en permanence. Nous vous présentons cela au chapitre « renvoi ».

Votre répertoire téléphonique ou base de contacts, contient toutes les informations qui vous sont nécessaires pour gérer vos contacts, à l'image de votre agenda papier. Progressivement votre téléphone est devenu un organiseur à part entière. Il fut un temps où il était prévu que ce type de téléphone apparaisse, et dans le milieu fermé de la téléphonie, était apparu un nouveau nom : le Smartphone. Mais finalement, ce terme tombe en désuétude puisque tous les nouveaux téléphones possèdent ces fonctions. Mais par contre ce terme a donné le nom au système d'exploitation pour téléphone mobile de Microsoft : Smartphone Windows.

Il ne faut donc plus considérer votre base de contacts comme un simple répertoire téléphonique, mais comme une base de contacts à part entière.

A un nom, vous pourrez associer plusieurs numéros de téléphone, adresses, e-mails, adresse de site Internet, etc. Et si vous avez connecté votre téléphone à votre PC au moyen d'un câble, en infrarouge ou en Bluetooth, vous synchroniserez cette base de contacts avec Outlook sur votre PC, rendant homogènes les informations que vous manipulez tous les jours.

Nous allons vous présenter deux exemples de base de contacts. Le premier avec un t68i, qui possède une gestion de contacts classique, et un téléphone équipé de Smartphone Windows, qui lui possède une base de contacts très évoluée.

Globalement, voici ce que vous pourrez faire avec votre base de contacts :

- Créer un contact.
- Modifier un contact.
- Supprimer un contact.
- Envoyer le contact, par infrarouge, Bluetooth, SMS, MMS.

Vous accédez à votre base de contacts directement à partir d'une touche de votre téléphone, ou à partir du menu des fonctions de votre téléphone.

Vous accédez au menu de gestion du répertoire. Vous pourrez à partir de cette option effectuer toutes les opérations qui vous sont nécessaires.

En choisissant l'option "Nouv. contact", vous pourrez créer votre contact.

Vous devrez saisir un par un les informations de votre correspondant. Lorsque vous aurez synchronisé votre téléphone avec votre PC, ce nouveau contact sera présent dans votre base de contacts Outlook.

Vous pourrez aussi rajouter une commande vocale qui vous permettra de composer votre numéro de téléphone directement à la voix.

Vous prononcez le nom de votre correspondant pour créer votre nouvelle étiquette vocale. Ceci est très pratique avec l'utilisation d'une oreillette.

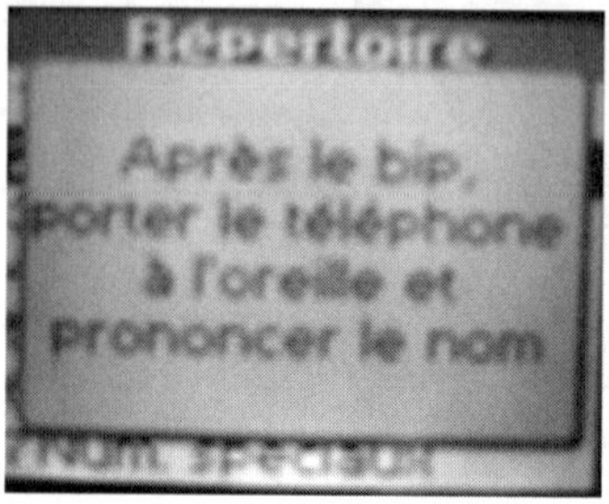

Pour modifier un contact, vous pouvez accéder à vos contacts avec la liste en accès direct sur le répertoire téléphonique.

Ou à partir d'un écran de recherche. Vous saisissez les lettres du nom que vous recherchez, vous validez.

Vous voyez ensuite apparaître le résultat de la recherche.

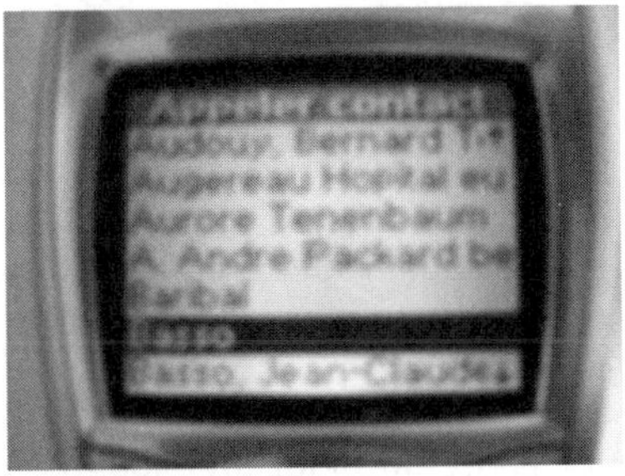

Il vous suffit de choisir de modifier votre fiche de contact, et de valider.

Il en est de même pour la suppression.

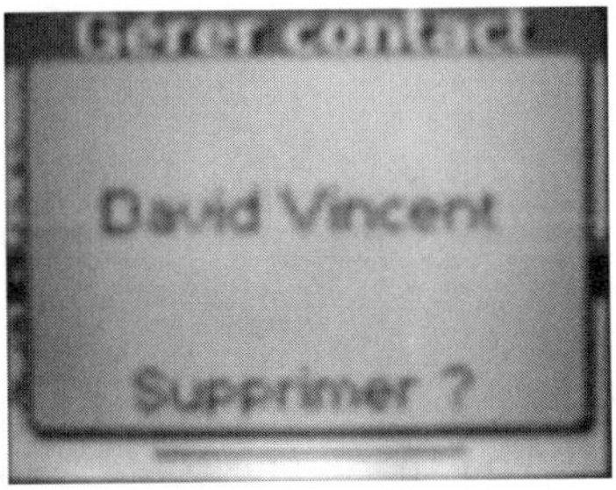

Validez la suppression, et votre fiche est supprimée.

Avec le Smartphone Windows, la gestion des contacts est plus développée. Vous pouvez accéder aux contacts directement à partir de l'écran d'accueil de votre Smartphone « écran aujourd'hui ».

Lorsque vous ouvrez les contacts, le premier écran auquel vous accédez se présente comme suit.

Vous vous apercevrez rapidement que cette fonction va vous simplifier la vie de tous les jours et que vous trouverez un agrément permanent à l'utiliser. Vous aurez du mal à utiliser un téléphone traditionnel par la suite.

Bien évidemment, vous pourrez appeler la personne de votre choix à partir de la gestion des contacts. Ce qui pour un téléphone est un minimum.

Vous verrez aussi que contrairement à votre téléphone mobile, celui-ci renferme des dizaines de contacts. Ils proviennent tous de votre gestionnaire de contacts Outlook !

Sélection d'un contact. Deux options vous permettront de sélectionner des contacts facilement, les fonctions Smartdial et filtres. Détaillons-les ensemble.

Fonction de recherche rapide Smartdial. Pour rechercher votre correspondant rien de plus simple avec Smartdial. C'est une fonction de recherche intelligente.

Le principe est le suivant :

Chaque touche du téléphone porte plusieurs lettres. Dans les téléphones « normaux », pour sélectionner un nom, vous devez, à partir d'une des touches, appuyer plusieurs fois pour sélectionner la première lettre du nom que vous recherchez (par exemple pour avoir la lettre 'c', vous devez appuyer trois fois la touche '1'.)

Avec Smartdial, vous pouvez faire une sélection sur 3 lettres, mais il vous suffit d'appuyer une fois seulement sur la touche qui contient la lettre.

Par exemple, à partir de la liste suivante, nous recherchons « chez babette », pour cela nous appuierons sur les touches suivantes du téléphone 2 puis 2, puis 2 (la touche 2 porte les lettres « abc »). Nous allons rechercher tous les contacts dont le nom contient « BAB ».

Lors de la première pression de touche, on voit ceci :

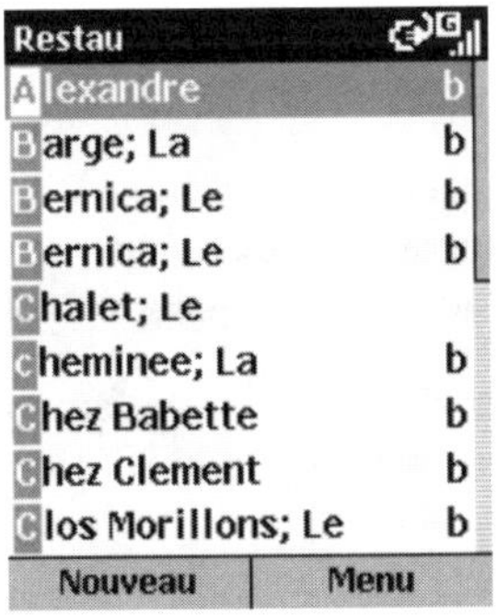

Puis lors de la seconde :

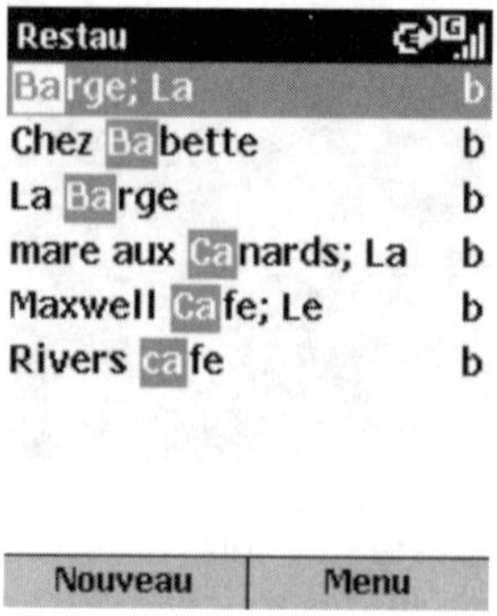

Puis lors de la troisième on a directement le contact !

Il suffit d'appuyer sur la touche verte pour composer le numéro de téléphone. Ou sur le bouton « Action » du joypad pour accéder à la fiche de votre contact. Très pratique !

Fonction filtre et catégorie

Comme vous avez pu le découvrir sur votre PC, Outlook utilise une notion très importante : les catégories. Cela a une fonction très simple, celle de pouvoir classer vos contacts par un type que vous aurez prédéfini.

Imaginons que vous ayez des amis, de la famille, des contacts professionnels, un site Web avec des autres contacts professionnels, que vous alliez au restaurant, etc.

Le résultat de plusieurs années d'utilisation de Outlook provoque la suppression des cartes de visite et autres carnets d'adresses. Conséquence directe, vous aurez au fil des ans 200 ou 300 contacts dans votre base de contacts. Avec les catégories, cela est plus facile à gérer.

Il est à noter que vous ne pourrez pas créer de catégories avec votre Smartphone. Vous ne pourrez utiliser que les catégories qui sont créées sur votre PC avec Outlook.

La fonction filtre vous permet donc de n'afficher QUE les contacts afférents à une catégorie sélectionnée.

Pour mettre cela en œuvre, dépliez le menu à l'aide de la touche programme « Menu ».

Vous choisissez « filtre ». Puis vous choisissez la catégorie de votre choix.

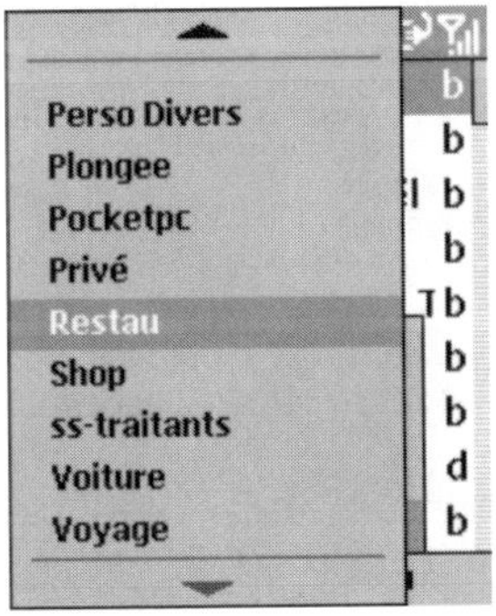

Dans le cadre de notre exemple, n'apparaîtront plus que les « Restau ».

Création d'un contact

Pour créer un contact, vous appuyez sur le bouton « Nouveau ».

L'écran suivant apparaît et vous allez pouvoir commencer à saisir votre contact.

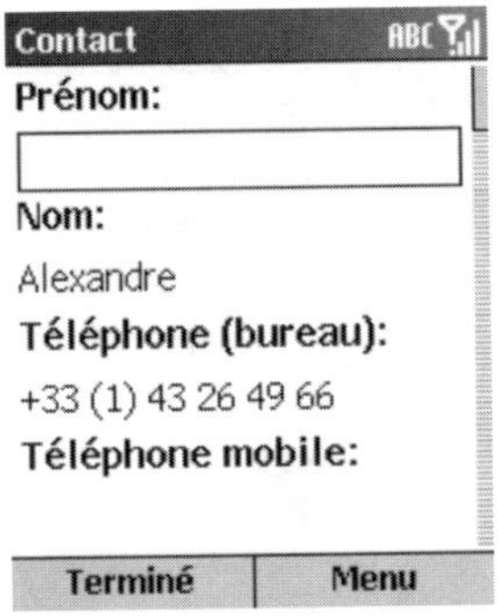

Dans cet écran vous pourrez saisir les éléments suivants :

- Le prénom.
- Le nom.
- Le téléphone de bureau.
- Le téléphone mobile.

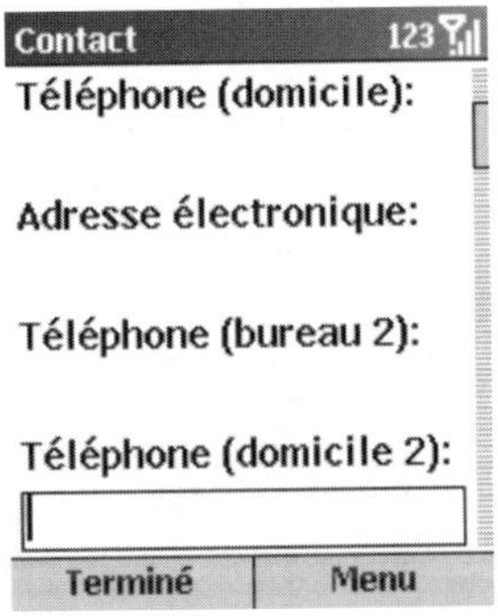

- Le téléphone de domicile.
- L'adresse e-mail.
- Un deuxième téléphone de bureau.
- Un deuxième téléphone de domicile.

- La catégorie, qui vous servira dans les filtres.
- Le récepteur d'appels.
- Le téléphone de voiture.
- Le fax de bureau.

- Le fax du domicile.
- Le téléphone de l'assistant.
- Le radio téléphone.
- Une deuxième adresse e-mail.

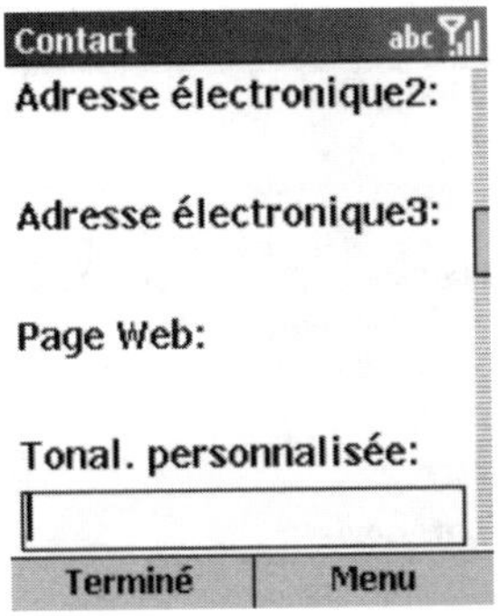

- Deux autres adresses électroniques.
- Une tonalité personnalisée. Comprenez une sonnerie spécifique. Avec ce téléphone, vous pourrez affecter une sonnerie différente par correspondant. Ceci est très pratique, et vous permettra de dissocier les appels professionnels des appels personnels par exemple.

Mais aussi

- La date d'anniversaire.
- La date de la fête.
- Le nom du conjoint.
- Le nombre d'enfants.
- Et bien sûr une note associée au contact.

Consultation ou modification d'un contact

Pour voir le détail de votre contact, sélectionnez le contact et appuyez sur la touche action de votre Smartphone.

Une synthèse de la fiche contact apparaît, c'est-à-dire que n'apparaîtront QUE les informations qui ont été saisies.

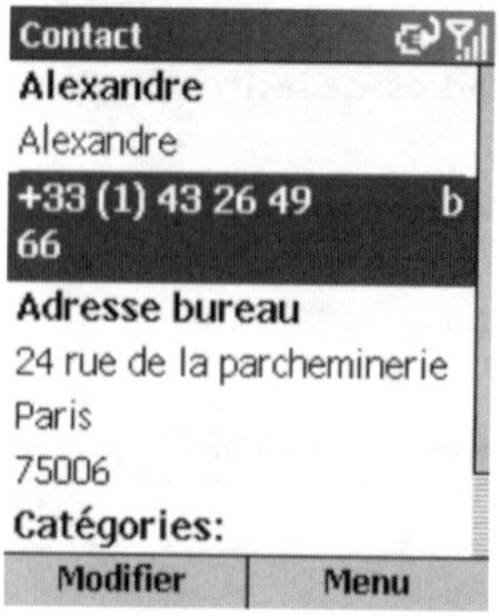

Vous pouvez vous déplacer sur les éléments de la fiche contacts avec le joypad. Si vous pressez la touche action alors que vous êtes positionné sur la fiche contacts, alors le numéro de téléphone se composera.

Sur une adresse e-mail, vous arriverez directement à la boîte de réception en mode de création de messages.

Pour le modifier, pointez sur le menu « Edition » du menu contextuel du bas de votre écran. La fiche s'ouvrira et vous pourrez l'utiliser comme vous l'avez fait lors de sa création.

Suppression d'un contact. Pour supprimer un contact, sélectionnez-le. Dépliez le « Menu » avec le bouton programme « Menu ».

Sélectionnez « Supprimer ».

Vous devrez confirmer la suppression.

Consultation de la boîte vocale

Votre boîte aux lettres vocale, ou votre boîte vocale, ou votre répondeur, ces termes sont des synonymes pour votre téléphone mobile. Cette fonction vous donne l'impression d'être intégrée dans votre téléphone mobile, mais il n'en est rien. La seule chose d'intégrée, c'est la touche de raccourci qui vous permet d'y accéder directement à partir de la simple pression d'une touche. Ceci est donc un service que vous apporte votre opérateur.

Cela fonctionne de la façon suivante. Tout d'abord, quand sont transférées vos communications vers votre boîte vocale.

- Lorsque votre téléphone est éteint.

- Lorsque vous n'êtes pas dans une zone couverte par le réseau (vous êtes donc hors réseau).
- Si vous n'avez pas le double appel et que vous êtes en communication.
- Si vous rejetez l'appel.
- Si vous avez demandé que votre téléphone transfère l'intégralité de vos appels vers votre boîte vocale.

Ceci porte un nom en téléphonie : Le renvoi d'appel conditionnel.

Que se passe-t-il alors. Votre communication est transférée vers un ordinateur spécialisé dans la gestion des boîtes vocales. Lors de l'accès à cette boîte, votre correspondant entend soit votre numéro de téléphone (vous êtes en communication avec la boîte vocale du zéro six soixante), soit si vous avez enregistré un message personnalisé, il entend le message que vous avez enregistré.

Puis il pourra enregistrer un message qui vous est destiné.

Ensuite en fonction des opérateurs, vous serez notifié par SMS ou par l'activation d'une fonction de votre téléphone mobile pour vous indiquer que vous avez un message sur votre boîte vocale.

Fort de cette notification, vous devrez consulter votre boîte vocale. Pour cela, vous pourrez taper directement le numéro de votre boîte vocale (exemple : 123, ou 888) ou appuyer sur la touche de raccourci à laquelle est associé le numéro de la messagerie.

Le numéro de téléphone se compose et vous accédez à votre boîte vocale. Dès lors, elle vous annoncera le nombre de nouveaux messages et vous les fera écouter les uns après les autres. Vous pourrez les effacer, les sauvegarder, etc.

J'utilise un kit mains-libres

Vous possédez un téléphone mobile, vous possédez une voiture. Vos problèmes commencent ! L'utilisation de votre téléphone vous apporte une grande liberté, ou de grandes contraintes, c'est selon. Une chose est certaine, c'est que vous recevrez des appels dans votre voiture, surtout, coincé dans les embouteillages... MAIS, un problème, téléphoner avec un téléphone mobile dans la main tout en conduisant, cela ne s'improvise pas. Il vous faudra effectuer des manœuvres scabreuses pour y parvenir, et surtout prendre des risques, pour vous et pour les autres. Mais aussi avec votre permis de conduire à points. Si vous échappez à l'accident, vous n'échapperez pas à une amende et à des points en moins sur votre permis. SAUF si vous utilisez un kit piéton. Ceci est autorisé, et plus confortable.

Maintenant tous les téléphones mobiles sont livrés avec des kits piétons, qui sont de plus ou moins bonne qualité. Sachez que les kits piétons de marque sont souvent plus efficients que les kits à 15 euros qui vous donneront rarement satisfaction.

Deux solutions se proposent à vous. Les kits avec fil et les kits sans fil.

Les kits avec fil se branchent sur votre mobile et vous pourrez les utiliser pour téléphoner.

Les kits sans fil utilisent le mode de communication Bluetooth pour établir la communication entre le téléphone mobile et l'oreillette. Donc plus de fil. Mais un appareil de plus à charger. Il est à noter que maintenant certaines marques proposent des adaptateurs Bluetooth pour les téléphones qui ne sont pas Bluetooth.

Oreillette avec un fil

Voici un grand classique des téléphones mobiles. Le kit piéton. Il peut avoir une fonction supplémentaire par rapport à celle de téléphone, il peut aussi vous permettre d'écouter de la musique. Auquel cas, il se présentera sous la forme d'un casque de walkman classique muni d'un micro pour pouvoir parler et d'un bouton pour décrocher.

Explorons ces possibilités.

Voici un premier exemple avec un kit piéton standard et de marque.

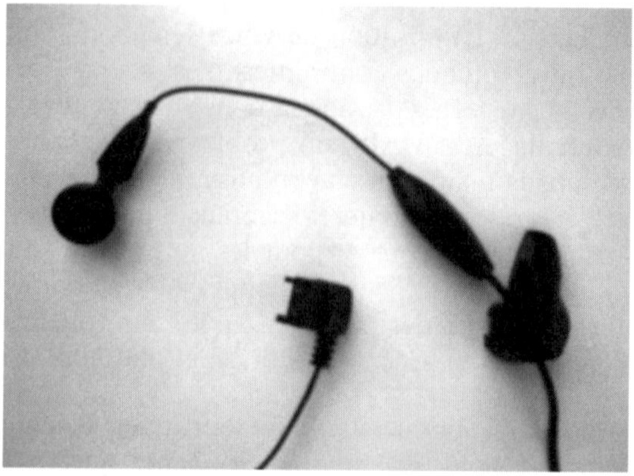

Il vous suffira de le connecter à votre téléphone et il fonctionnera immédiatement, sans réglage à effectuer.

Certains modèles plus élaborés sont équipés d'un déport pour le micro.

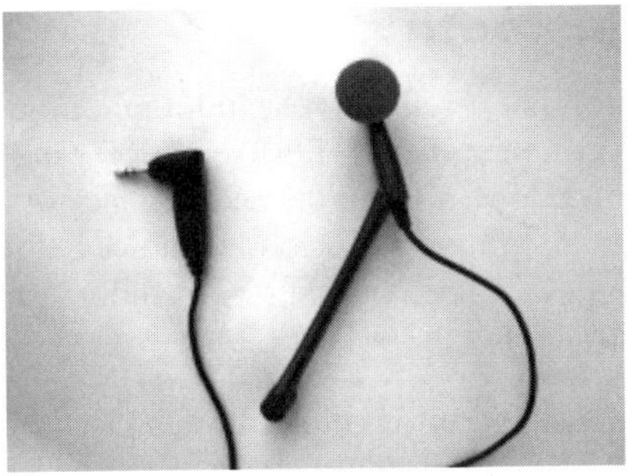

Et sur les téléphones équipés de lecteurs MP3, nous pouvons trouver des oreillettes qui font casque de walkman.

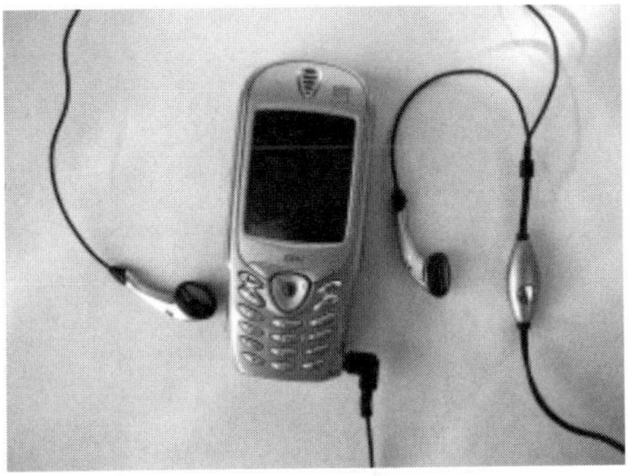

Et bien sûr vous pourrez utiliser une oreillette Bluetooth avec un adaptateur pour votre téléphone qui n'est pas Bluetooth.

Oreillette Bluetooth

Votre téléphone mobile est relié au réseau téléphonique en utilisant les ondes radio sur des fréquences de 90, 1 800 et 1 900 Mhz en fonction du pays. Quoi de plus normal de voir que l'on peut utiliser une oreillette qui communique avec votre téléphone via les ondes radio. Le protocole radio utilisé porte le nom de Bluetooth, et va relier votre téléphone mobile avec votre oreillette, mais cette fois-ci à 2,4 Ghz.

Ce protocole réseau radio permet d'établir des pico-réseaux entre des composants tels que les téléphones mobiles, les PC, les oreillettes, et bientôt les lecteurs de DVD, télévision etc. Le fait que cela puisse constituer un réseau vous apporte la sécurité et une grande facilité d'utilisation. Et en plus la compatibilité avec tous les appareils. Il suffit de les « coupler ».

Voici à quoi ressemble cette chose. Une Jabra 300 et le t68i.

Une jabra 200.

Après 2 ans d'incubation, et seulement quelques mois après les premières applications du Bluetooth, celui-ci est utilisé avec le téléphone et commence à nous changer la vie !

En effet, jusqu'à maintenant, la téléphonie mobile, un phénomène qui n'a pas d'équivalent dans l'histoire de l'humanité en termes de rapidité de propagation et d'utilisation, posait un problème de fond, l'utilisation en situation de mobilité motorisée. Qui n'a pas eu de problèmes en voiture avec un téléphone mobile ? Une solution, l'oreillette ou kit piéton !

Mais là encore, cela amène d'autres problèmes :

La qualité des oreillettes laisse souvent à désirer, et des grésillements, des sons parasites nuisent fortement à l'utilisation.

Certaines oreillettes de bonne qualité utilisent des connecteurs universels, et là, ce sont rapidement les connecteurs qui sont défectueux, produisant des sons inappropriés à une conversation téléphonique.

Dans d'autres cas, les oreillettes sont de bonne qualité, fonctionnent correctement, et ce sont les fils qui montrent rapidement des signes de faiblesse !

Conclusion, dans le cadre d'une utilisation fréquente, les oreillettes à fils nous donnent rapidement du fil à retordre, et provoquent le rachat d'une nouvelle oreillette.

Pour finir sur ce thème, l'utilisation d'un fil avec un manteau, un levier de vitesse, des paquets dans les mains, se révèle fort peu pratique.

Et bien, ceci est terminé ! Les oreillettes Bluetooth commencent à déferler dans les magasins, et cela apporte un confort d'utilisation incroyable. Du jamais vécu.

Que va vous apporter le Bluetooth avec une oreillette ?

Tout d'abord, la suppression des fils et des connexions avec votre téléphone mobile. Donc, plus de phénomènes parasites liés à ce type de technologie !

Un son clair et parfait. Un confort d'utilisation incroyable. L'oreillette est positionnée sur votre oreille comme une oreillette classique, mais sans fil.

Le côté pratique d'avoir votre téléphone au fin fond de votre sac à main ou dans votre veste et de ne pas avoir à le sortir pour répondre à un appel téléphonique. Vous avez juste à appuyer sur le bouton de prise d'appel de votre oreillette et la positionner sur votre oreille sur laquelle elle tient toute seule ! Votre téléphone doit être à plus de 10 mètres de votre oreillette.

Et pour finir, les oreillettes Bluetooth utilisent les fonctions de composition vocale de votre téléphone mobile ! Une pression sur le bouton de prise d'appel, le téléphone se met en situation de composition vocale, vous prononcez le nom de votre correspondant, et le numéro se compose tout seul. Ici encore, un grand confort d'utilisation.

Pour pouvoir réaliser cela, vous devez avoir un téléphone Bluetooth comme le Sony Ericsson P68i, ou un Nokia 6310i par exemple. Et bien sûr une oreillette Bluetooth !

Enfin lors de la première mise en fonction, vous devez « coupler » votre téléphone mobile avec votre oreillette. C'est tout !

Ensuite, votre oreillette fonctionnera avec votre téléphone. Il faudra simplement la mettre en charge en même temps que votre téléphone.

Nous allons vous présenter cela en détail. Pour notre présentation, nous avons utilisé un téléphone Sony Ericsson Bluetooth P68i et bien sûr l'oreillette JABRA 200. Nous l'avons testé aussi avec le Nokia 6310i avec le même succès.

Le couplage de votre téléphone mobile avec votre oreillette

Cette première action va vous prendre environs 3 minutes !

Vous devrez avoir votre Oreillette Bluetooth à côté de votre téléphone.

Allez sur le menu Outils de votre téléphone, choisissez l'option « Connexions ».

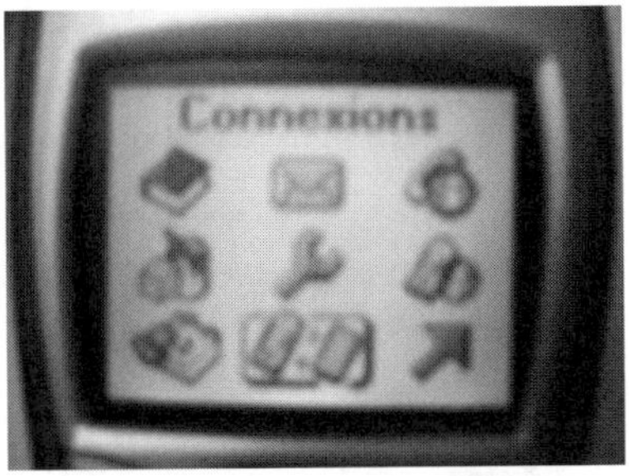

Puis, choisissez l'option « Bluetooth ».

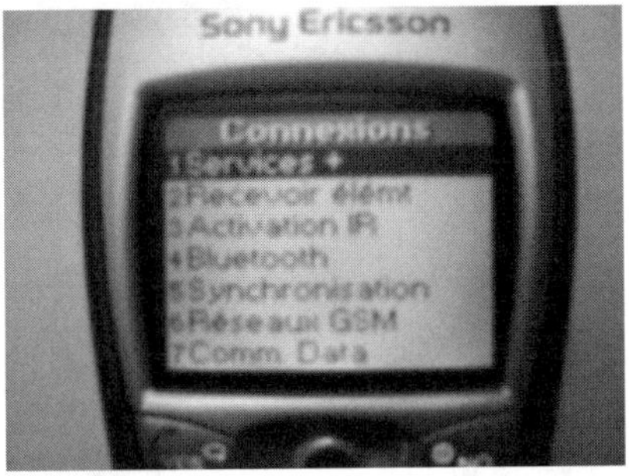

Vous devrez demander à votre téléphone mobile de détecter les appareils qui utilisent le Bluetooth, et surtout votre oreillette. Donc, choisissez l'option « Détecter ».

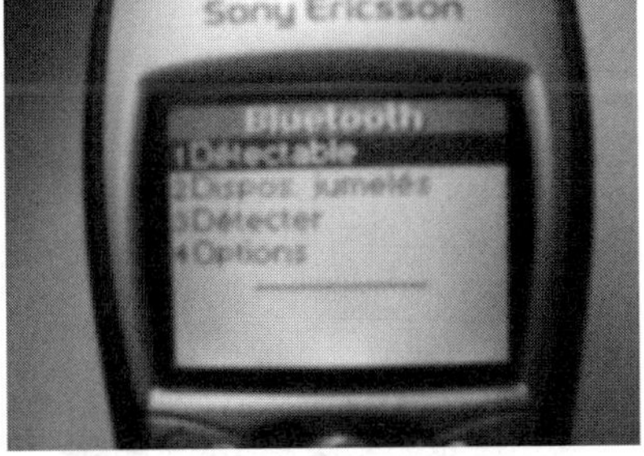

Attention, avant de lancer la détection, vous devrez rendre votre oreillette « détectable ».

Dans le cas de l'oreillette JABRA 200, vous devez au préalable l'arrêter en pressant sur le bouton multifonction quelques secondes. Vous appuyez sur le bouton multifonction pendant 7 secondes, l'oreillette est maintenant détectable. Lancez la détection avec votre téléphone mobile (l'option détecter).

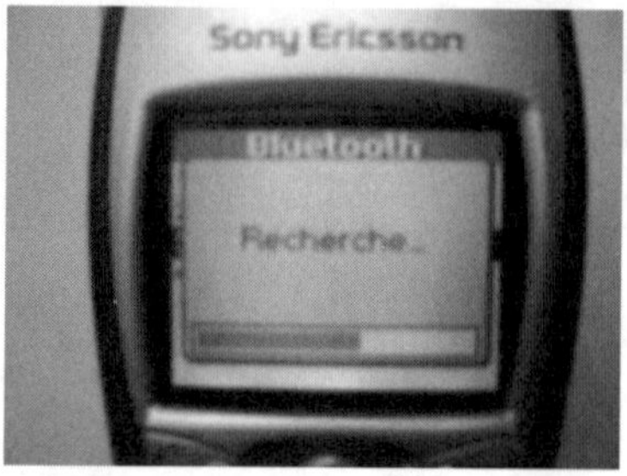

Votre téléphone recherche ! Après quelques secondes la liste des appareils utilisant le Bluetooth apparaît.

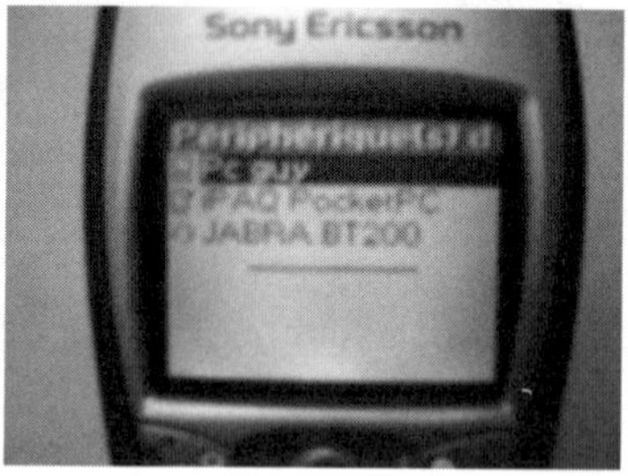

Choisissez « JABRA 200 ».

Choisissez « Nouv. Jumel. » qui veut dire nouveau jumelage.

Vous devez saisir un code pour le couplage. Pour l'oreillette, saisissez « 0000 ». Le couplage se met en place.

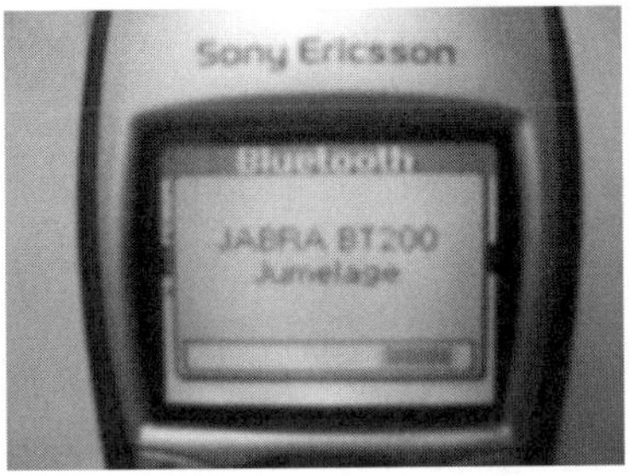

Un nom vous est proposé pour votre oreillette, vous pouvez le modifier. Validez le nom.

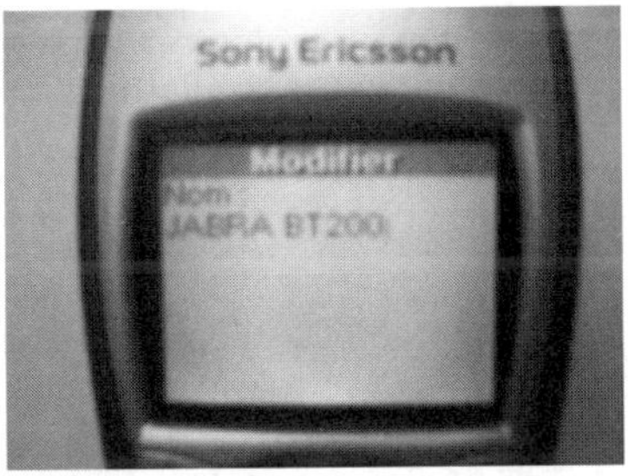

Le couplage est terminé, vous voyez apparaître votre oreillette dans la liste des appareils couplés avec votre téléphone.

Téléphoner avec votre oreillette

Composition du numéro de téléphone à partir du clavier

Rien de plus simple, vous mettez votre oreillette sur votre oreille.

Vous composez le numéro de téléphone sur votre téléphone et vous appuyez sur le bouton multifonction de votre oreillette. Vous pouvez maintenant parler avec votre interlocuteur.

Pour prendre un appel, vous avez juste à appuyer sur le bouton multifonction de votre oreillette.

Composition d'un numéro de téléphone avec la voix

Vous avez la possibilité avec certains téléphones d'enregistrer un mot ou un groupe de mots qui correspond au numéro de téléphone de votre interlocuteur. Par exemple, pour « Isabelle », vous enregistrez le mot « Isabelle ». Cela crée une étiquette vocale.

Pour appeler « Isabelle », vous pressez le bouton multifonction de votre oreillette. Il apparaît le message suivant sur votre téléphone en même temps que vous entendez un bip dans votre oreillette.

Prononcez le mot « Isabelle ». Vous entendez dans votre oreillette l'étiquette vocale que vous avez enregistrée dans votre téléphone (ceci vous permet d'être sûr que le téléphone a bien trouvé le bon interlocuteur).

Puis le numéro se compose tout seul, comme vous pouvez le constater sur l'écran de votre téléphone.

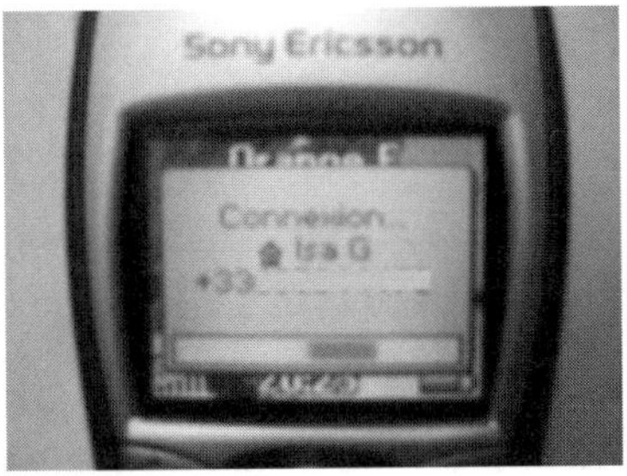

Vous êtes maintenant en communication.

Je protège mon téléphone

Vous possédez maintenant le bijou de technologie de vos rêves. Mais il vous faut savoir qu'il est fragile, supporte mal l'immersion dans un milieu liquide et encore plus mal les chocs violents. En interrogeant les personnes qui travaillent dans le service après vente mobile, nous avons été surpris de voir qu'une des premières causes de mortalité du téléphone mobile est la baignoire. Ceci concerne surtout les possesseurs hommes qui portent des chemises. Vous rangez votre très petit téléphone dans la poche de votre chemise, vous rentrez chez vous, vous allez dire bonsoir à un de vos enfants qui prend son bain, vous vous penchez, et votre mobile glisse dans le bain. Vous le ferez tomber aussi de la même façon. Même en y apportant le plus grand soin, vous le ferez tomber au moins une fois par an. Votre téléphone est composé de 3 grandes parties, l'électronique qui n'aime pas les chocs, l'écran qui reste très fragile et le clavier qui est une des faiblesses des téléphones et supporte très mal d'être violenté.

Une dernière chose concernant ce thème, la transpiration oxyde les composants électroniques. Evitez donc de ranger votre téléphone dans un vêtement qui y est soumis. C'est aussi une des causes principales de panne sur les téléphones. Et ici encore, le SAV ne prendra pas en charge la réparation, même sous garantie.

Contre l'immersion nous n'avons pas de solution à vous proposer, si ce n'est de le ranger dans un endroit où il ne risque pas de tomber. Par contre, contre les chutes, nous ne serions trop vous conseiller un étui de protection. Ici encore, ils ont bien évolué et sont maintenant des articles de mode assez sympathiques.

Par exemple, des marques comme Vaja font des petits étuis en cuir assez sympathiques qui se présentent comme ceci.

Insérez votre téléphone.

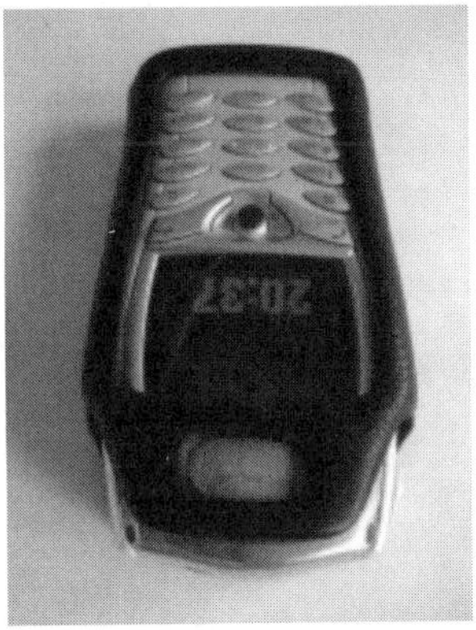

Vous ne serez même pas gêné pour la recharge de votre mobile.

Chapitre 7

Les fonctions PIM (Personal Information Manager) ou Bureautique

- Agenda
- Tâches
- Notes/Mémos
- Calculatrice

Avec la puissance de votre téléphone, le tout ajouté à une synchronisation parfaite entre votre téléphone et votre PC, plus précisément avec Outlook sur votre PC, vous bénéficiez de fonctions bureautiques avancées avec un encombrement minimum. En fonction des modèles et des marques, celles-ci seront plus ou moins développées. Mais la base reste là. Ceci se rajoute bien sûr à la gestion des contacts. Vous pourrez donc saisir des rendez-vous sur votre PC et sur votre téléphone, et ceux-ci seront synchronisés, il en sera de même pour les tâches à réaliser, les notes et mémos. Et, très pratique, vous aurez une calculatrice en permanence à portée de main.

Agenda

Voici une des fonctions bureautiques les plus utilisées sur téléphone mobile, enfin pour ceux qui synchronisent. Vous en saurez plus sur la synchronisation au chapitre 10 : Synchroniser son Téléphone mobile avec son PC et sa base de données Outlook. Le propos est de vous présenter les fonctions que vous pourrez trouver et utiliser dans ce domaine. Globalement, vous pourrez visualiser votre agenda, par jour, par semaine et par mois. Vous pourrez créer votre rendez-vous et le supprimer. Nous allons aborder cette fonction à travers deux types de mobile. Le premier qui est relativement standard, et l'autre qui possède une gestion d'agenda plus avancée.

Créer, consulter, modifier votre agenda avec un téléphone «standard»

Créer et gérer ses rendez-vous

Commençons par le standard. A partir du menu des fonctions, choisissez organiseur, puis Agenda.

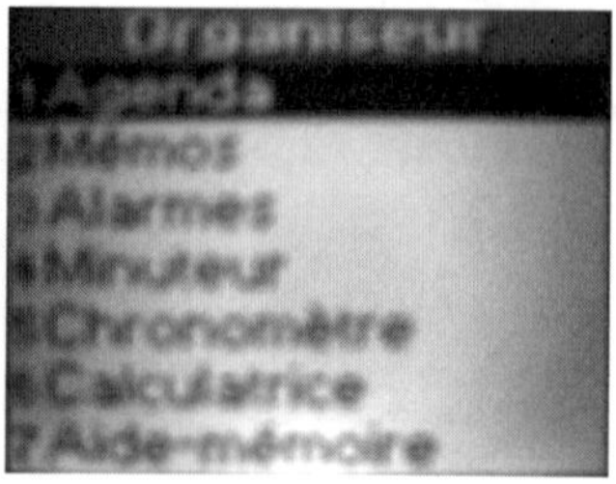

Vous arrivez ainsi dans la fonction agenda.

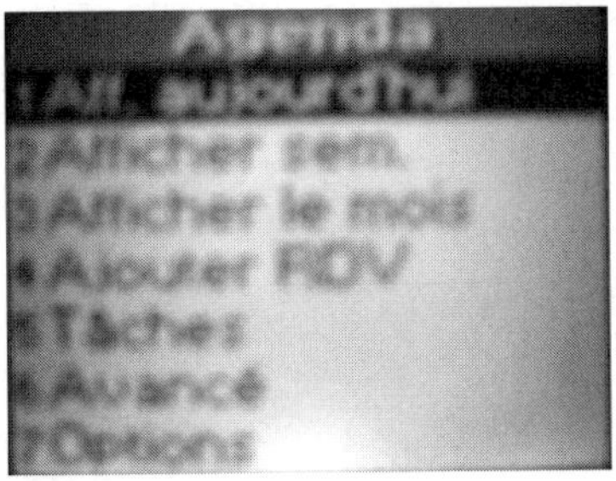

Nous allons commencer par créer un rendez-vous.

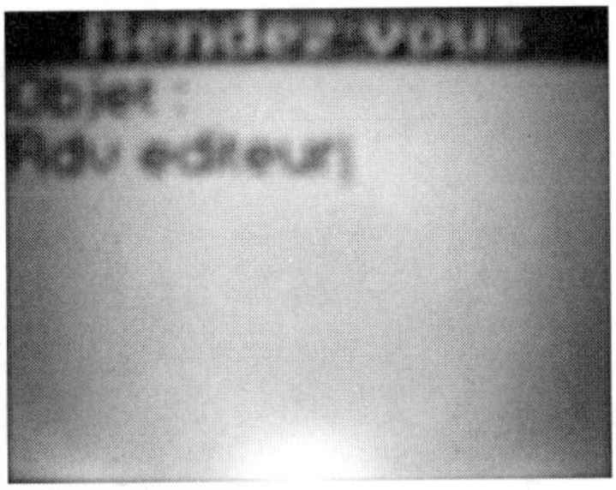

Pour cela, vous devrez donner un nom à votre rendez-vous.

Puis en préciser le lieu.

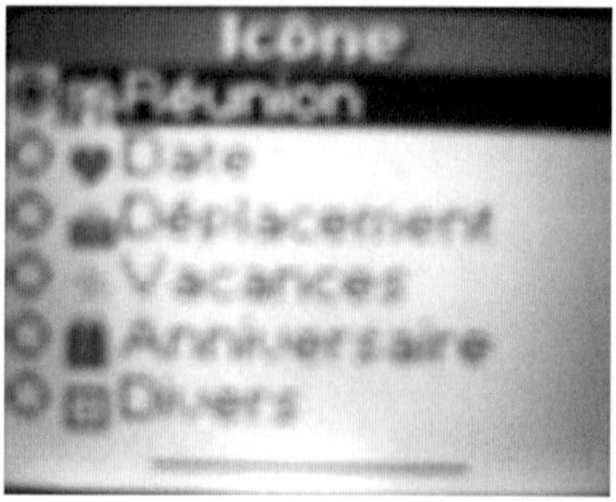

En choisir le type.

La date de début.

L'heure de début.

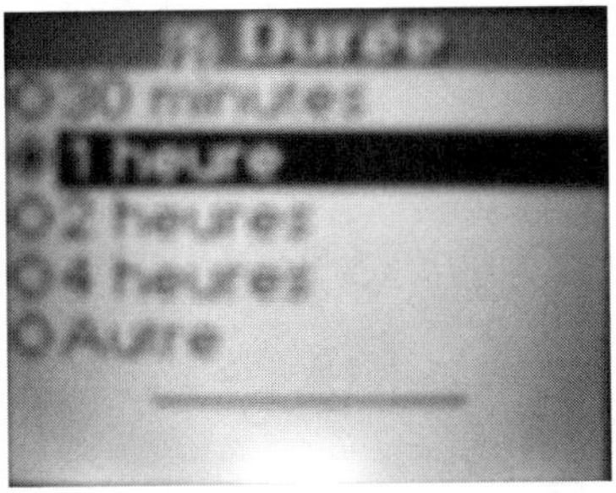

La durée.

Et le rappel. Cette fonction vous permet d'être prévenu à l'avance de votre rendez-vous.

Vous pourrez modifier, supprimer, envoyer ce rendez-vous.

Consulter son agenda

Vous avez créé toutes les tâches de votre agenda, directement à partir de votre téléphone, ou à partir de votre PC. Vous voulez bien sûr le consulter.

Vous pouvez consulter l'agenda du jour.

L'agenda de la semaine.

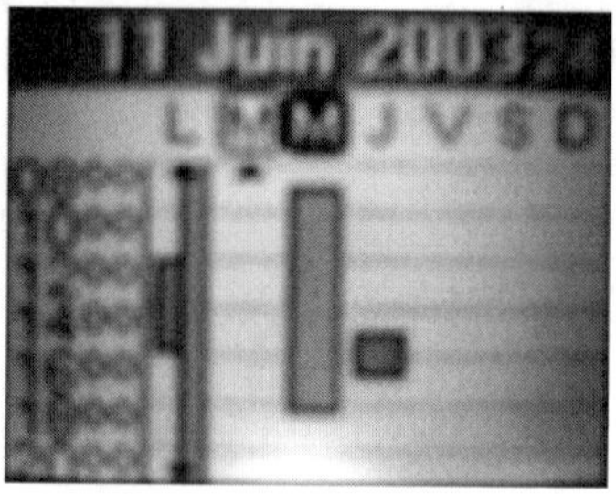

Ou du mois.

Créer, consulter, modifier votre agenda avec un Smartphone windows

Gérer ses rendez-vous

Vous accédez à la gestion des rendez-vous, directement par le menu aujourd'hui, en vous positionnant sur la partie vous présentant vos rendez-vous, et en appuyant sur le bouton action du joypad…

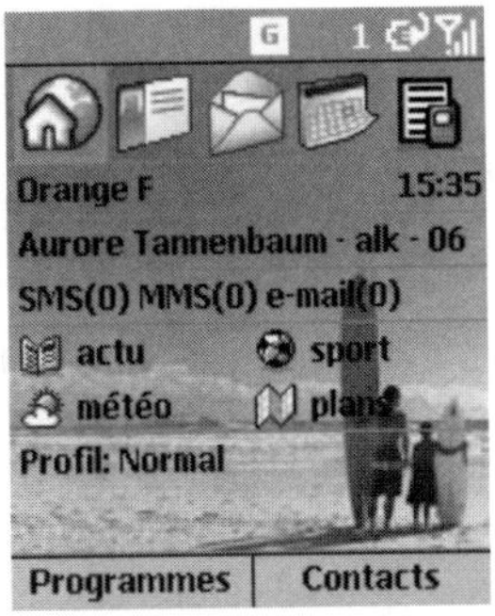

ou par le menu « Programmes », en sélectionnant l'option « Calendrier ».

Cet écran possède une présentation simple.

Vous avez deux boutons « programmes » au bas de l'écran.

- Le bouton de gauche, indiquant « Semaine » vous permet de changer le mode d'affichage. Vous pouvez passer en appuyant sur ce bouton à une présentation des rendez-vous de la semaine, puis à une visualisation du mois.

- Le bouton de droite permet d'accéder au menu de gestion de vos rendez-vous et de paramétrer la gestion des rendez-vous.

Changer le mode d'affichage de son agenda et consulter ses rendez-vous

Il existe plusieurs modes de consultation de son agenda, et en fonction des modes d'affichage, d'accéder à un rendre-vous précis.

En mode d'affichage des journées, vous vous déplacez avec le joypad sur votre rendrez-vous, et vous appuyez avec le bouton action.

Ceci vous donne le résultat suivant :

Pour vous déplacer d'un jour à l'autre, utilisez les deux petites flèches gauches et droites de votre joypad.

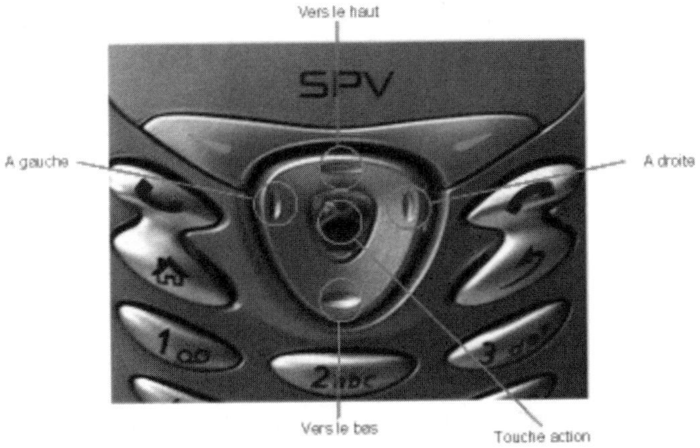

Pour changer le mode d'affichage de son agenda, rien de plus simple. Vous appuyez sur le bouton programme de gauche.

Vous passez ainsi d'un affichage « jour » à un affichage « semaine ».

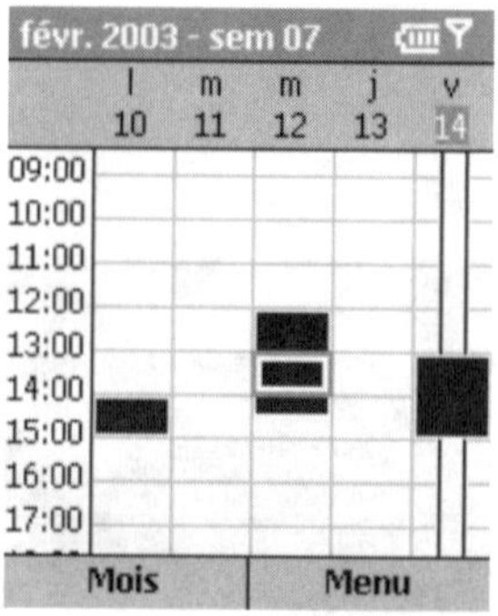

Pour visualiser un rendez-vous, déplacez-vous dessus avec les flèches du joypad, et appuyez sur la touche action. Vous arrivez dans la présentation de type « jour », le rendez-vous sélectionné étant en surbrillance. Vous pouvez revenir à la présentation de type semaine en appuyant sur le bouton « semaine », ou en utilisant le bouton précédent (à droite du joypad).

Pour passer à la semaine précédente, vous déplacez le « curseur » totalement à droite pour la semaine suivante, et totalement à gauche pour la semaine précédente.

Pour passer à un affichage mensuel de votre agenda, utilisez le bouton « mois » au bas de votre écran. Vous arrivez à l'écran suivant :

Vous pouvez vous déplacer d'une journée à l'autre avec le joypad. En vous déplaçant vers le haut, vous atteindrez le mois précédent, et en vous déplaçant vers le bas, vous accéderez au mois suivant.

Pour consulter en « détail » les rendez-vous de la journée, vous appuyez sur le bouton action.

Vous pouvez voir des petits symboles sur le calendrier. En voici la signification :

- Un petit carré rempli symbolise qu'il y a un rendez-vous d'une demi journée positionné dans votre agenda.
- Un grand carré vide symbolise qu'il y a un rendez-vous prenant toute la journée.
- Un triangle dont la pointe est tournée vers la gauche veut dire que vous avez un rendez-vous le matin.
- Un triangle dont la pointe est tournée vers le bas symbolise qu'il y a un rendez-vous positionné l'après-midi ou le soir.

Si vous appuyez sur le bouton Agenda, vous reviendrez à un mode d'affichage « jour ».

En termes de navigation, vous pouvez aussi utiliser le bouton programme « Menu ».

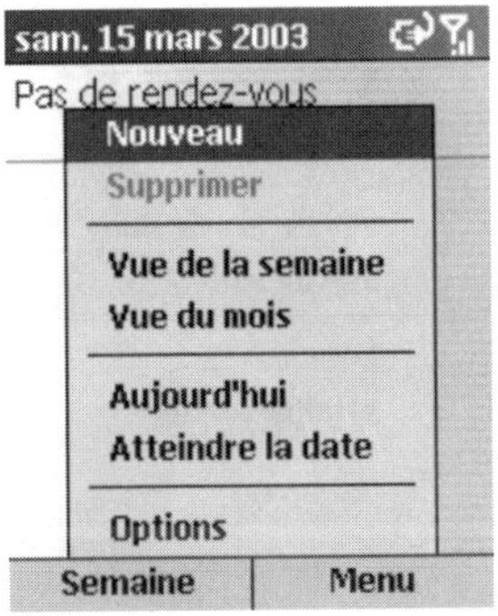

Vous pourrez changer le mode d'affichage, mais aussi vous déplacer directement à la date du jour où vous consultez votre agenda, ou atteindre directement une date en la saisissant.

Création, modification ou suppression d'un rendez-vous.

Création d'un rendez-vous

Pour créer un rendez-vous, il vous faudra utiliser le bouton programme « Menu ».

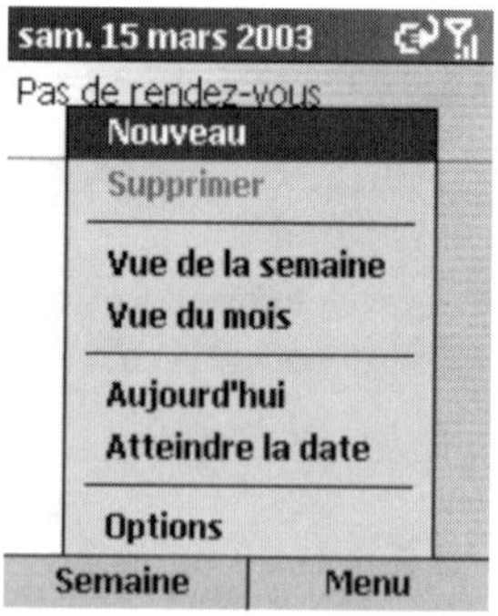

Choisissez l'option « Nouveau ».

Dans cet écran vous pourrez saisir les éléments suivants :

- L'objet du rendez-vous.
- Son début.
- Sa fin.

- S'il prend une journée entière.
- Son lieu.
- Combien de temps avant le rendez-vous celui-ci doit vous être rappelé.

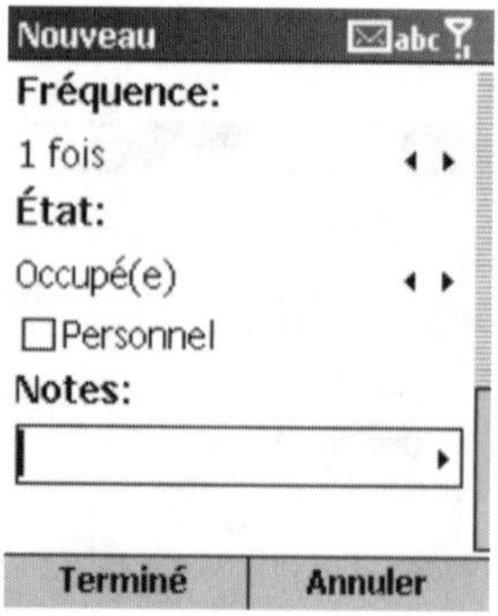

- Sa fréquence de répétition dans le temps.
- Etat : si vous êtes libre ou non sur ce créneau horaire (si vous avez reçu une convocation à la réunion de la part de quelqu'un d'autre).

Et bien sûr son niveau de sensibilité « personnel ». J'attire votre attention sur cette option si vous utiliser Outlook et votre Smartphone dans une entreprise utilisant des agendas partagés via Microsoft exchange. Si vous n'avez pas activé la case « personnel », toutes les personnes de votre entreprise pourront voir le contenu de ce rendez-vous. Si par contre elle est cochée, il apparaîtra que vous êtes occupé sur ce créneau horaire, mais cela ne donnera pas plus de détails.

Notes : vous pouvez saisir des informations dans la partie notes. Vous pourrez voir avec l'usage, que si le rendez-vous a été envoyé par quelqu'un via la messagerie d'entreprise, et qu'il a joint l'ordre du jour de la réunion, vous le retrouverez ici.

Modification d'un rendez-vous

Vous avez sélectionné le rendez-vous en appuyant sur le bouton action, et vous en voyez maintenant le détail.

Pour le modifier, appuyez sur le bouton « Modifier ».

La fiche s'ouvrira et vous pourrez l'utiliser comme vous l'avez fait lors de sa création.

Suppression d'un rendez-vous

Vous êtes positionné sur le rendez-vous que vous désirez supprimer, dépliez le « Menu ». Choisissez l'option « Supprimer ».

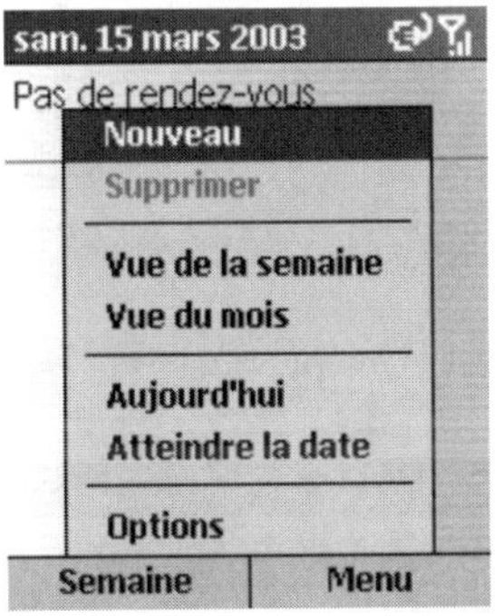

Un message de confirmation apparaîtra.

Les options de votre calendrier

A partir du « Menu », sélectionnez « Options ».

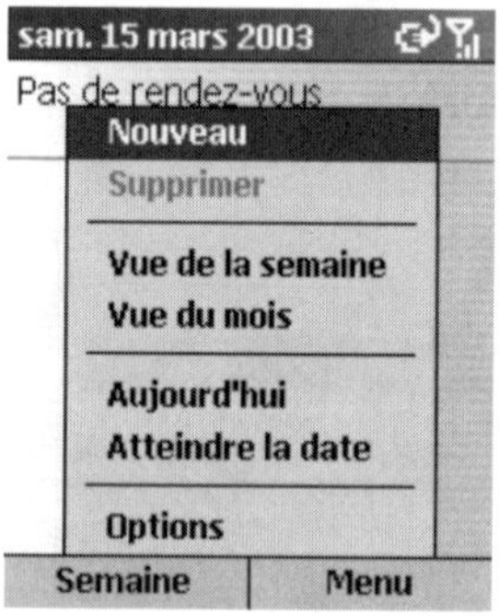

Les options suivantes vous sont proposées :

- **1er jour de la semaine,** positionne le début de la semaine au lundi ou au dimanche.
- **Vue de la semaine.** Ceci vous permet de déterminer si la vue synthétique de votre semaine comprend 5 ou 7 jours.
- **Afficher les numéros de semaines.** Le libellé de cette option se suffit à lui-même.
- **Activer les rappels des nouveaux éléments.** Ceci fera en sorte que pour tous les nouveaux éléments (comprenez les nouveaux rendez-vous) soit systématiquement positionné un rappel (une alarme ou notification sur l'écran de votre Smartphone). Il est intéressant de noter que cette alarme sera aussi positionnée sur l'Outlook 2002 de votre PC de bureau. Option bien pratique quand vous travaillez sur votre PC. Vous pouvez déterminer combien de temps ce rappel s'activera avant le rendez-vous, en termes de minutes, heures, semaines.

Tâches

Qu'appelle-t-on les « tâches » ? Ce sont les pense-bêtes que vous utilisez tous les jours. Au lieu des les marquer sur un bout de papier, un post-it, et de les perdre, vous les avez dans votre téléphone mobile. Et bien sûr si vous synchronisez votre téléphone avec votre PC, vous les aurez sur Outlook sur votre PC. Vous pourrez programmer des rappels pour ces tâches. Bien pratique dans la vie de tous les jours où la logistique nous assaille de toutes parts, que ce soit au travail ou à la maison.

Créons notre tâche « Acheter du pain » ensemble. Vous allez pour cela dans la fonction tâche, et choisissez « Ajouter ».

Vous choissiez « Tâche ». L'autre option est aussi une tâche, mais dédiée à une communication téléphonique. A l'heure dite, votre téléphone vous proposera de rappeler la personne et de composer le numéro.

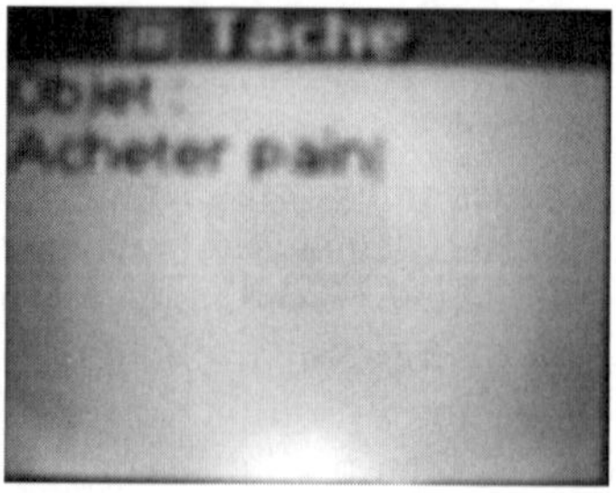

Saisissez le libellé de la tâche.

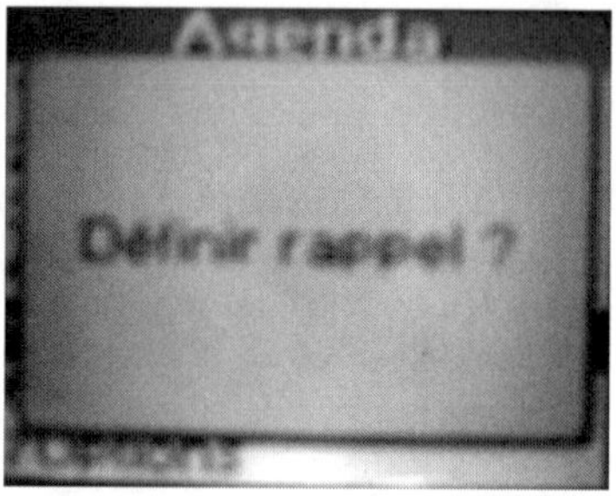

Vous pouvez décider de demander à votre téléphone de vous rappeler la tâche à un jour et une heure donnés.

Saisissez la date.

Saisissez l'heure. Votre tâche est créée.

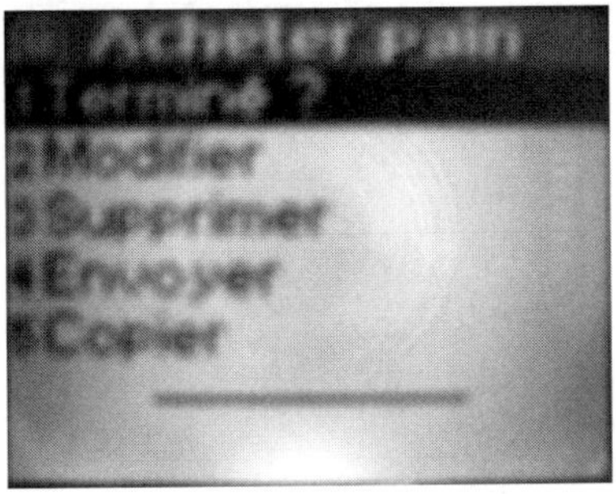

Vous pourrez aussi les supprimer, les modifier et les envoyer par infrarouge, Bluetooth, e-mail, SMS, etc.

Notes/Mémos

Un mémo ou une note est une information que vous souhaitez écrire quelque part pour ne pas l'oublier. Comme toujours votre téléphone est là pour répondre à votre besoin.

Pour saisir ou consulter un mémo, allez dans la fonction mémo, et choisissez « ajouter mémos » pour en créer un nouveau.

Il ne vous reste plus qu'à saisir le texte.

Vous pouvez les modifier ou les envoyer.

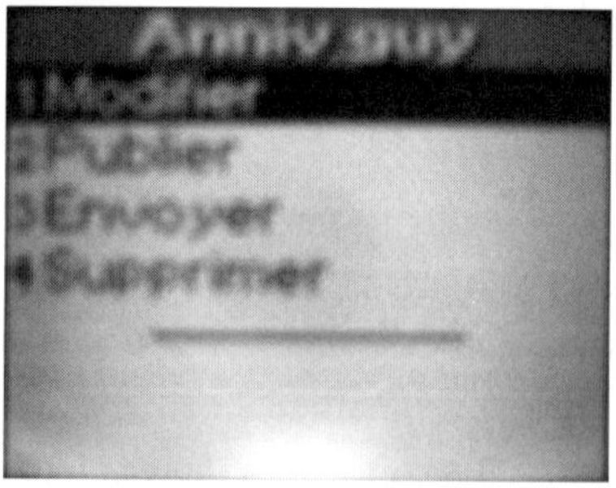

Calculatrice

Il est toujours très pratique d'avoir une calculatrice en poche. Celles proposées en standard pour vos téléphones sont en général assez pauvres. Mais elles fonctionnent.

Vous devrez l'utiliser avec le clavier de votre téléphone, et les opérations s'inscriront au fur et à mesure.

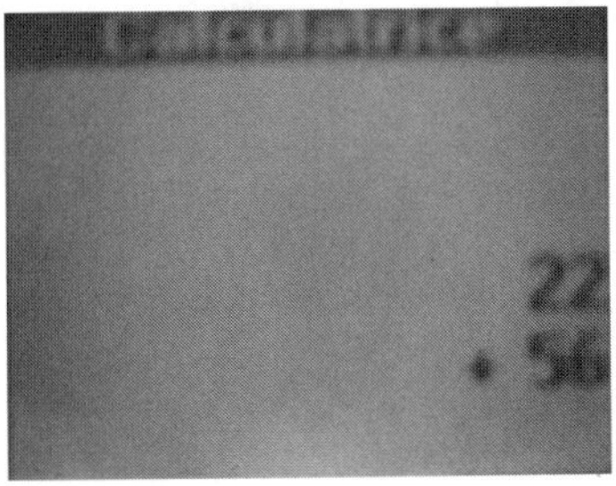

Chapitre 8

Les fonctions multimédia

- Prendre des photos
- Prendre et regarder des vidéos
- Les sonneries, les logos et images
- Ecouter de la musique au format MP3 sur son téléphone

Il y a 20 ans, commençait à apparaître le concept de multimédia. C'était sur micro-ordinateur. Il a fallu 15 ans, plusieurs versions de Windows et plusieurs générations de processeurs pour que cela devienne utilisable par les êtres humains que nous sommes. Il en va différemment avec les téléphones mobiles qui héritent des qualités de leur ancêtre le PC. Car aujourd'hui, votre téléphone mobile possède un écran couleur avec une bonne définition, un clavier, un haut- parleur, un casque stéréo, etc. mais aussi un processeur et de la mémoire à profusion.

Nous avons donc tous les composants pour avoir une belle machine multimédia avec laquelle vous pourrez prendre des photos, des vidéos, écouter de la musique, jouer, et faire plein d'autres choses encore.

Et pour parfaire ce monde merveilleux du mobile, vous pourrez changer vos sonneries, les composer, changer votre fond d'écran avec vos photos, envoyer des photos, etc.

Prendre des photos

Avec les dernières générations de téléphone, vous pouvez prendre des photos, et comme vous êtes connecté à Internet via le GPRS, vous pouvez les envoyer en MMS ou en e-mails. Ceci vous permet par exemple d'envoyer vos photos de vacances à vos proches dès votre arrivée sur place ou à vos collègues qui eux sont restés au travail sous la grisaille et la pluie.

Vous pouvez mettre cela en œuvre de deux façons :

- soit vous avez un téléphone doté de la fonction photos, et auquel cas vous pouvez réaliser cela directement ;
- soit vous avez un téléphone de type SPV ou t68i auquel vous pouvez ajouter une option transformant votre téléphone en appareil photo. Pour ces téléphones vous devrez, en fonction des marques, rajouter un logiciel.

Dans tous les cas, cela fonctionne très simplement, et pour tous, de la même façon, les menus changeant vaguement.

Nous allons vous présenter cette option avec un téléphone Nokia doté du système d'exploitation Symbian.

Votre téléphone se présente comme ceci :

Ceci est le côté face. Côté pile, nous pouvons voir l'objectif de l'appareil photo.

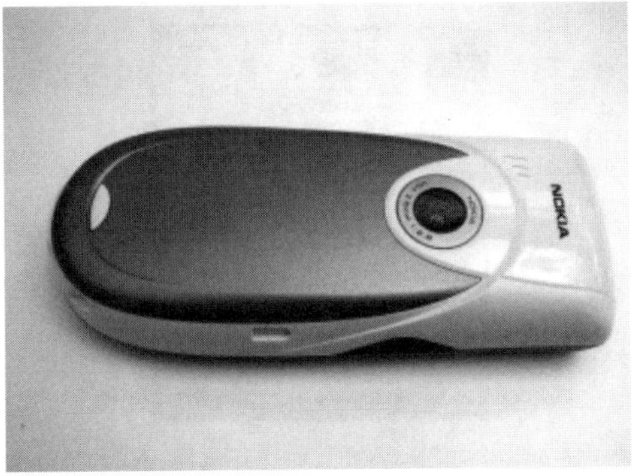

Et de plus près, l'objectif se présente comme suit :

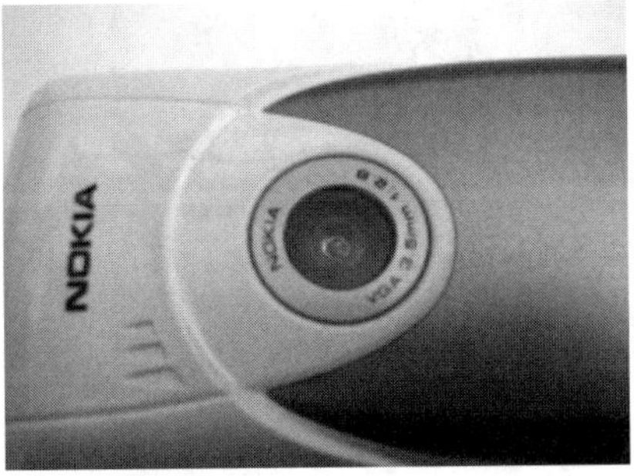

En termes d'utilisation, l'écran de votre téléphone se présente avec une option photos.

Vous pouvez aussi y accéder à partir du menu de toutes les options.

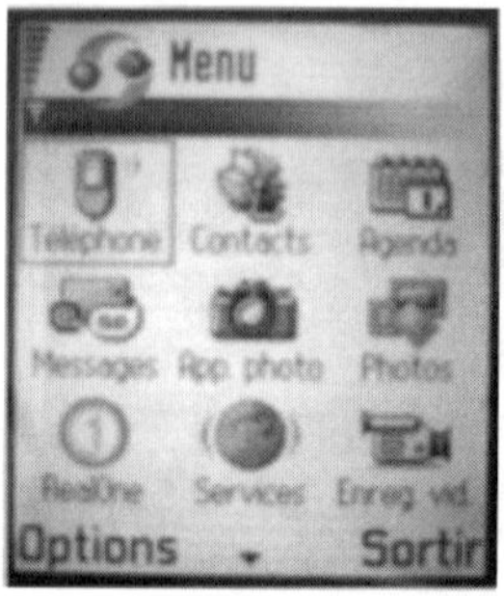

Vous sélectionnez donc cette option, pour arriver à un écran qui vous sert de viseur, à l'image d'un appareil photo numérique classique.

Il vous suffit d'appuyer sur le bouton de menu, et la photo est prise. Il existe même certains appareil qui permettent de choisir le format de la photo, standard, portrait.

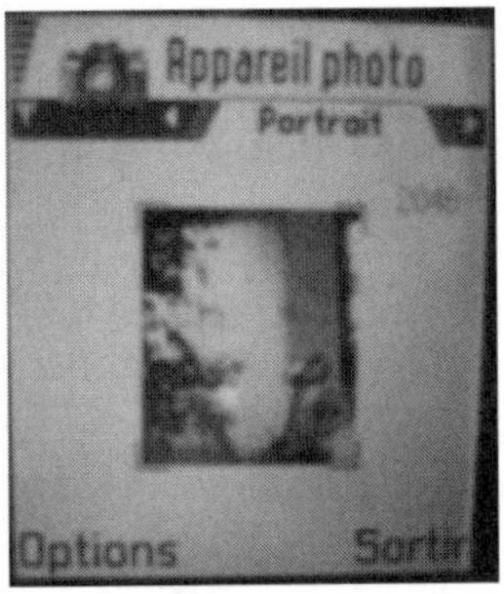

Et encore plus fort, une fonction qui permet de prendre des photos de nuit !

Un fois prises les photos, vous pouvez les gérer avec l'album photos, et à partir de là les envoyer en MMS, en e-mail, ou par Bluetooth.

Prendre et regarder des vidéos

Toujours plus avec votre téléphone qui devient un élément multimédia à part entière, vous pouvez maintenant prendre des vidéos. Ceci fonctionne de la même façon qu'avec un appareil photo numérique. Ce n'est pas une caméra vidéo numérique, mais un appareil photo avec lequel vous pouvez prendre des petites séquences vidéo. Un seul défaut, vous ne pouvez enregistrer que l'image mais pas le son.

Comme pour les photos, vous pourrez ensuite les envoyer pas e-mails, MMS, Bluetooth, infrarouge.

A partir du menu de votre téléphone, vous pourrez accéder à la partie vidéo. (Enreg. vid.).

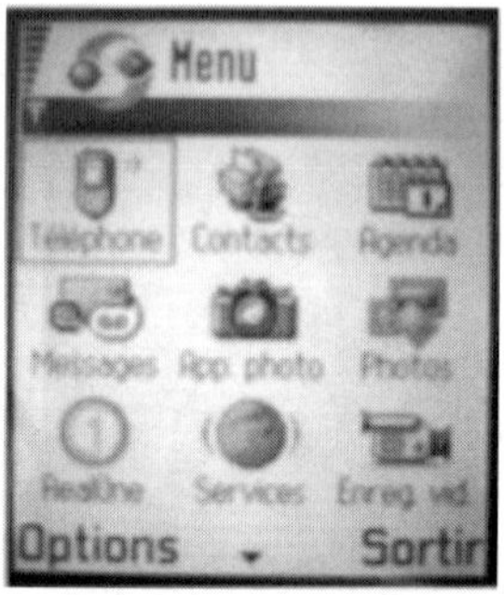

Vous arrivez sur une liste de vidéos déjà présente sur votre téléphone (même neuf, ils sont en général livrés avec des vidéos de démonstration).

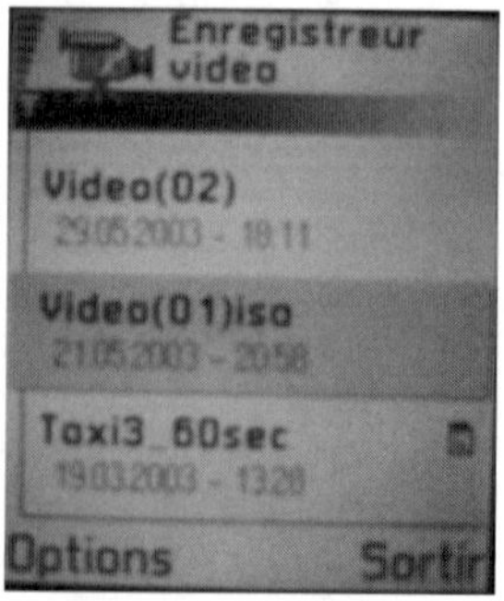

A partir du menu « options », vous pouvez visualiser les vidéos, et en prendre de nouvelles.

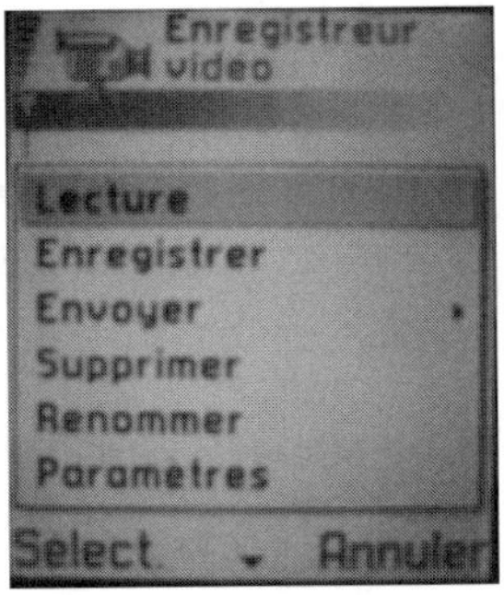

L'option envoyer permet d'envoyer en e-mails, MMS, Bluetooth et infrarouge.

Cela fonctionne comme pour un appareil photo numérique, l'écran de votre téléphone vous sert de viseur, et vous pouvez visualiser en permanence l'image que vous prenez. En termes de technologie (écrans, objectif, etc.), vous pouvez consulter le paragraphe précédent pour en savoir plus.

Une fois lancé l'enregistrement, il s'enregistre dans la mémoire de votre téléphone. Vous pourrez l'afficher et la revoir à partir du même menu.

Pour le stockage, il vous faut de la mémoire, et les téléphones sont maintenant équipés de mémoires amovibles en plus de la mémoire classique des téléphones.

Par exemple, sur un Nokia, vous pourrez voir ceci :

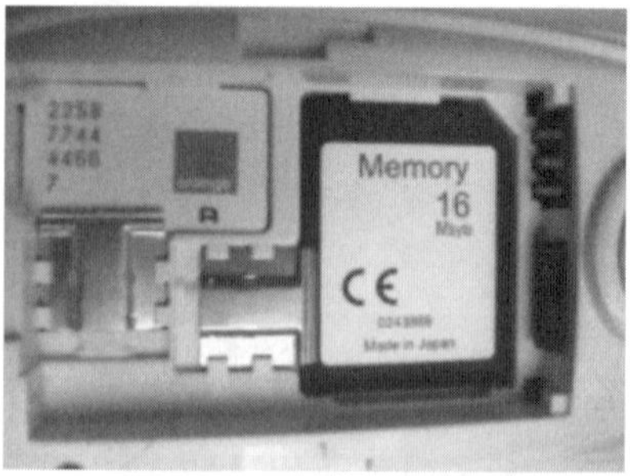

Vous pourrez ainsi rajouter de la mémoire au fur et à mesure de vos besoins.

Mais, grande innovation avec Smartphone Windows, vous avez en standard Windows Media, et vous pourrez transférer directement des vidéos de votre PC vers votre téléphone de cette façon.

Nous avons téléchargé sur le site `www.universmartphone.com` un clip vidéo sur notre PC et nous allons le transférer sur votre Smartphone.Pour cela sélectionnez la vidéo désirée à partir du bouton « Bibliothèque multimédia ».

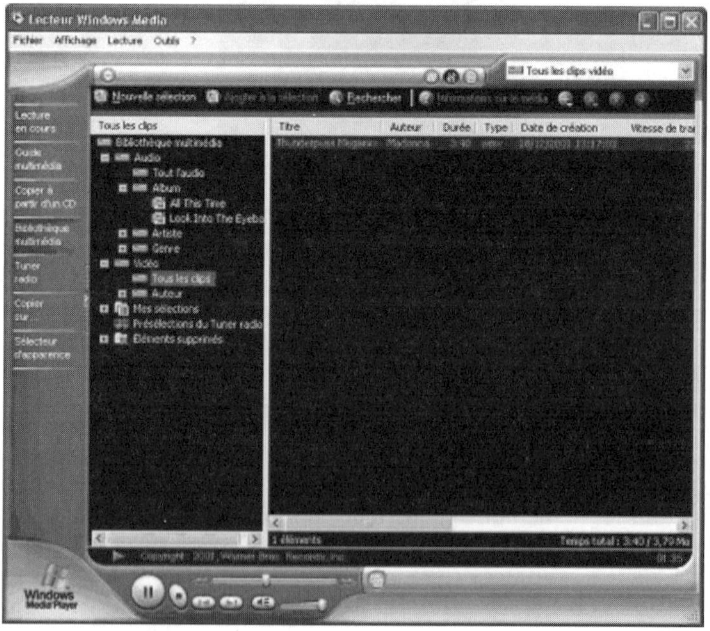

Puis revenez à l'écran « Copier sur… » à partir du menu à gauche de votre écran.

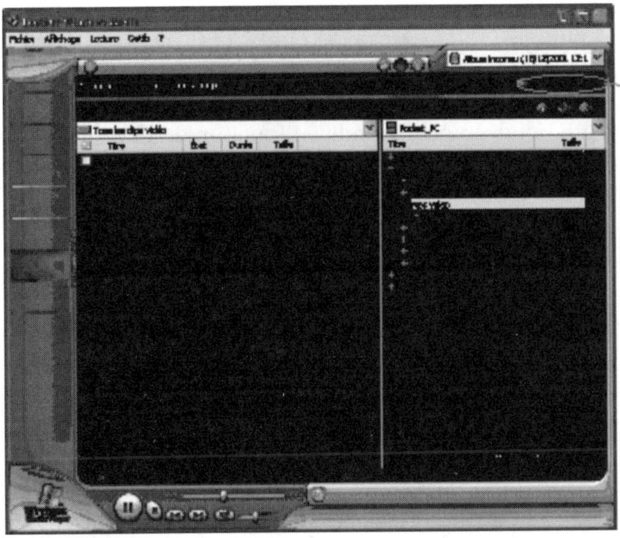

Cliquez sur le bouton « Copier de la musique » et le transfert est effectué sur votre Smartphone. Votre baladeur MP3 est prêt à être utilisé comme lecteur multimédia.

Il ne vous reste plus qu'à la regarder et l'écouter, car Windows média lit aussi la musique.

Les sonneries, les logos et images

Nous entrons ici dans le domaine de la cosmétique pour téléphone mobile. Comment le rendre plus agréable, plus beau, plus frime, plus … Cet objet du désir qu'est votre téléphone mobile est aussi un accessoire de mode. Les ados raffolent de ces petits logos qui ornent fièrement les écrans d'accueil.

Ici encore, l'offre est de plus en plus grande en fonction de l'évolution des mobiles. En fonction de la qualité de l'écran et de la génération du téléphone, on peut avoir les fonds d'écrans et logos (ceci est la même chose) suivants :

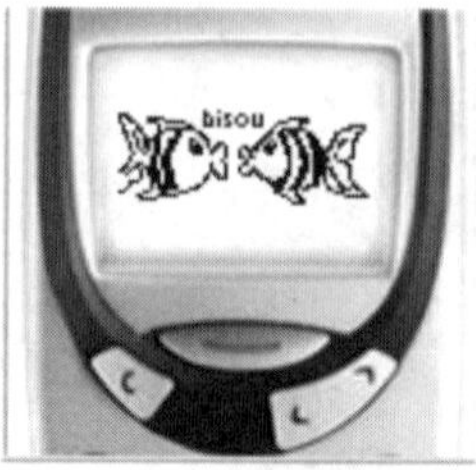

ou carrément la plage de vos rêves.

En termes de sonneries, là encore nous avons vu des évolutions. Au début, c'étaient des petites mélodies pour lesquelles il fallait être vraiment expert pour reconnaître le morceau de musique qui avait inspiré la sonnerie. Chaque constructeur de mobile avait son format de sonnerie qui lui était propre.

Aujourd'hui, nous voyons apparaître deux familles de sonneries. Les sonneries de type polyphonique, qui ont un son excellent et qui sont dérivées d'une norme d'échange de musique, le MIDI. Ceci permet à des instruments de musique de toutes marques, de se connecter entre eux et d'échanger des partitions musicales. Ici, l'instrument de musique est votre téléphone mobile. La partition est encodée sous format MIDI et votre téléphone mobile la jouera. Le son sera produit par l'expandeur incorporé dans votre mobile. En effet, le MIDI ne contient pas les sons, mais juste les notes à jouer. Les sons sont contenus dans votre mobile qui va chercher dans sa banque de sons comment jouer un do, un ré, ou un mi avec un piano, un violon, etc.

La deuxième famille permet de jouer des sons enregistrés au format Wav, le format son de Windows Media. Vous pouvez ainsi enregistrer des sons, de la musique à partir d'un disque et utiliser directement le son obtenu comme sonnerie téléphonique.

Les logos et images pour votre fond d'écran

Une fois posée la description de ce que vous pouvez attendre en termes d'images et de logos, vous vous demandez bien évidemment comment faire pour customiser votre téléphone.

Abordons ensemble cette problématique importante.

Vous avez plusieurs façons de procéder :

- Prendre des photos avec votre téléphone.
- Transmettre des images de votre PC vers votre téléphone.
- Les télécharger sur Internet.

A partir des photos prises avec votre téléphone

Pour la prise de vue, reportez-vous au début de ce chapitre, nous vous expliquerons ensuite comment les afficher en fond d'écran.

Transférez vos images à partir du PC

Ici, vaste programme, les possibilités sont multiples. Pour réaliser cela, il vous faut une liaison entre votre téléphone mobile et votre PC. Elle peut se réaliser de plusieurs façons. Pour en savoir plus, reportez-vous au chapitre 10 : Synchroniser son Téléphone mobile avec son PC.

Ici encore il y a plusieurs solutions en fonction des marques et des modèles. Voici les grandes solutions que vous pouvez trouver. Nous allons pour commencer vous expliquer comment transférer les images sur le téléphone, puis comment les afficher en fond d'écran.

Les téléphones Sony Ericsson et les téléphones Nokia sont livrés avec des suites logicielles permettant de transférer des images. Les téléphones de type Smartphone Windows utilisent ActivSync de Microsoft pour faire la synchronisation et le transfert des fichiers images directement à partir de Windows. Vous n'avez pas besoin d'un autre logiciel que celui-ci qui est livré en standard avec ces téléphones. La troisième solution est d'acquérir un logiciel tout en un qui permet de gérer tous les téléphones mobiles et de réaliser le transfert des images.

Découvrons ensemble ces solutions.

Sony Ericsson livre en standard un logiciel de création d'images de fond d'écran. Il porte le nom de Image Editor. Son utilisation est très simple.

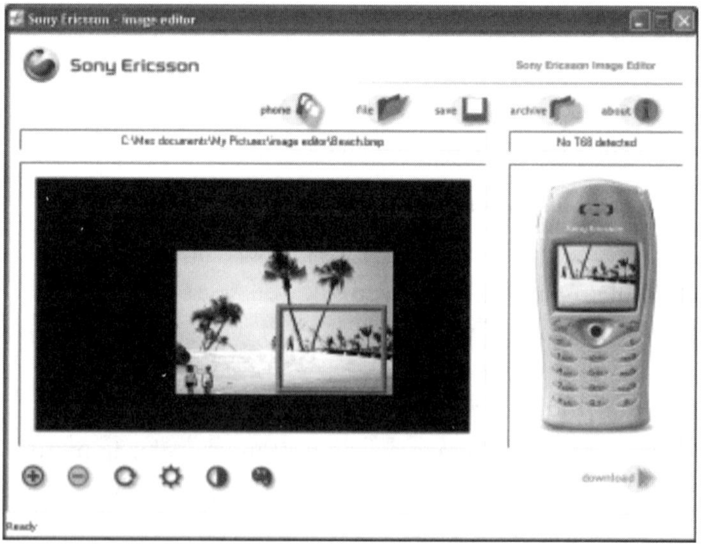

Vous ouvrez une image contenue sur votre PC, vous choisissez la zone à afficher en redimensionnant l'image si besoin est, puis vous transférez sur votre téléphone.

Avec le Smartphone Windows, vous prenez un éditeur d'image, vous la redimensionnez au format de l'écran (150 de large).

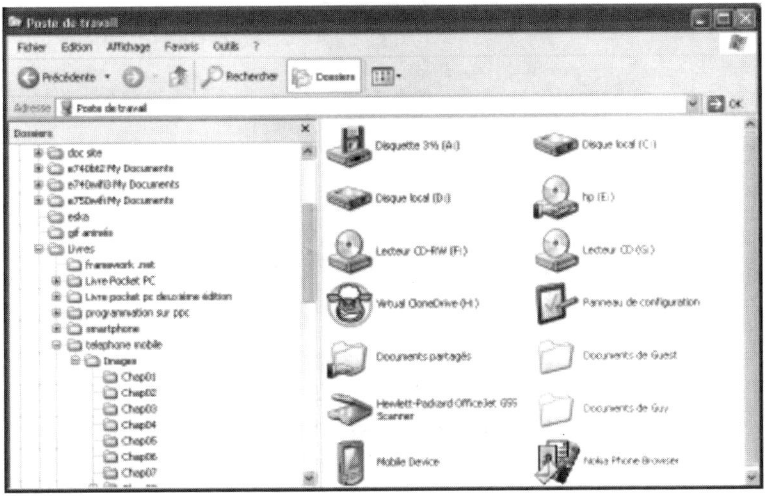

Vous placez votre image dans « mobile device » et le tour est joué.

La troisième solution est d'acheter un logiciel qui fera cela en plus de la gestion de votre mobile. Dans le domaine, nous vous présentons un des meilleurs du marché, Mobile PhoneTools de la société BVRP.

Il se présente sous la forme d'un mobile sur l'écran de votre PC.

Et vous pouvez utiliser l'option logo.

Télécharger des images et logos sur Internet

Il vous reste cette solution, très simple à mettre en œuvre, télécharger des logos et images à partir d'Internet. Elles vous seront transférées directement via SMS ou MMS.

Vous pouvez vous rendre sur le site Internet de l'auteur de ce livre pour en savoir plus et si vous le désirez télécharger des logos, images et sonneries : `http://www.universmartphone.com`

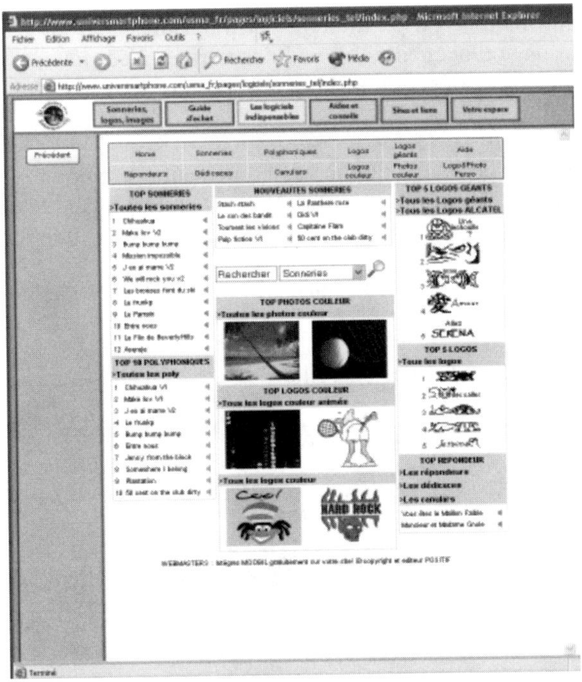

Afficher ses logos et images en fond d'écran

Vous avez suivi les étapes préliminaires, vous avez maintenant des images dans votre téléphone mobile. Il vous suffit de changer un paramètre pour que celles-ci s'affichent en fond d'écran. En général, vous trouverez cette option dans les outils, les paramètres à la rubrique affichage ou écran d'accueil. Par exemple sur le Smartphone Windows, voici les paramètres de l'écran d'accueil.

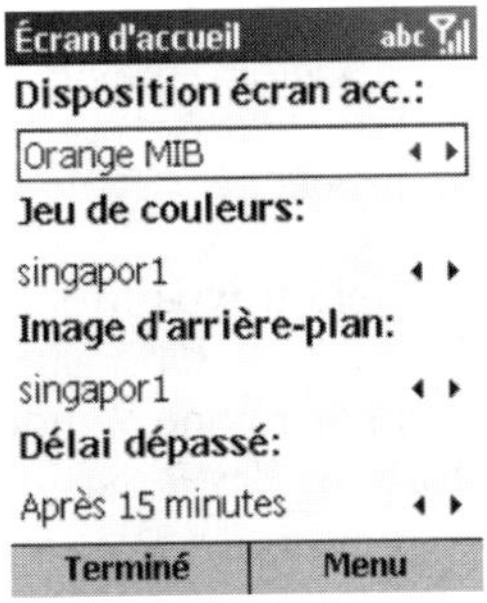

Les dispositions d'écran permettent de matérialiser ou non, tel ou tel élément sur la page d'accueil, du type liens vers le Web, tâches, rendez-vous. Ce paramètre est indépendant de la partie thème. Ce sont les fonctions de l'écran « Aujourd'hui ».

Le jeu de couleur fait partie du thème, il représente l'ensemble des paramètres de couleur de tous les menus et textes. Vous pourrez choisir les jeux de couleur d'un thème X1, mais par contre l'image de fond d'écran d'un thème X2.

Image d'arrière plan. C'est l'image qui apparaît en fond de votre écran « Aujourd'hui ».

Délai dépassé. C'est la mise en veille.

Cela vous donnera ceci :

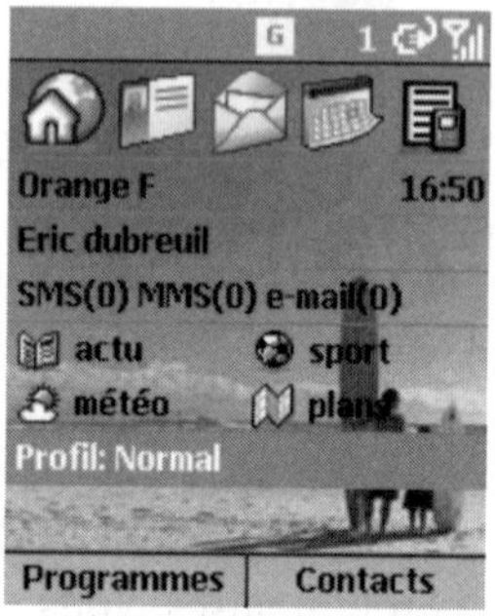

Les sonneries personnalisées

Il faut avouer qu'une sonnerie mélodieuse que l'on peut changer au fil des humeurs, c'est assez agréable dans la vie de tous les jours. Le seul défaut que nous avons trouvé à cela est que l'on confond souvent sa sonnerie de téléphone avec un clip à la télévision, une chanson qui passe à la radio…

Il existe plusieurs façons de procéder.

Vous pouvez utiliser un logiciel du type Mobile PhoneTools qui vous permet d'éditer une mélodie et la transférer sur votre téléphone au format MIDI. Si vous possédez un Smartphone Windows, vous pouvez transférer directement un fichier au format Wav à partir de votre PC.

Mais vous pouvez aussi télécharger des sonneries à partir d'Internet. Vous pouvez vous rendre sur le site de l'auteur de ce livre pour en savoir plus et si vous le désirez télécharger des logos, images et sonneries : `http://www.universmartphone.com`.

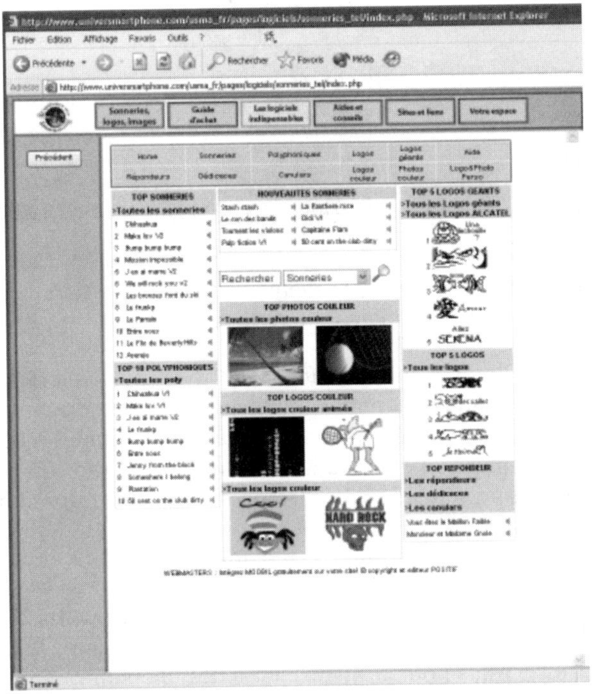

Ce qu'il vous faut savoir, c'est que vous pouvez maintenant associer des sonneries à une personne en particulier ou un groupe de personnes.

A partir d'un logiciel comme Mobile PhoneTools, vous pourrez composer votre mélodie directement sur votre PC et la transférer vers votre téléphone mobile.

Nous ne pouvons pas aborder le thème des sonneries sans vous parler au préalable des formats et de l'évolution de ces formats.

Les premiers téléphones mobiles utilisaient tous des sonneries dont le format variait pour chaque téléphone mobile, que ce soit entre marques ou au sein d'une même marque. Avec le grand succès des sonneries de téléphone, produire des sonneries personnalisées commença à devenir une gageure pour les éditeurs de sonneries. Les téléphones récents ont modifié cela.

Les téléphones équipés de sonneries polyphoniques utilisent des fichiers au format "MIDI", hérité directement de la musique, ce format de codage d'une partition était fait pour faire communiquer les instruments entre eux, les piloter, et pouvoir utiliser un expandeur. Aujourd'hui c'est le format généralement utilisé. Mais nous trouvons aussi des téléphones qui utilisent des fichiers sonneries au format Wav, le format de son de Windows, c'est le cas par exemple des téléphones de type Smartphone Windows. Il vous suffit dès lors de découper un morceau de votre titre préféré et de le transférer sur votre téléphone.

Le transfert de fichier se fait comme un fichier image (voir chapitre 10 : Synchroniser son Téléphone mobile avec son PC).

Vous pouvez utiliser aussi le téléchargement des sonneries à partir d'un site Internet. Dans ce cas, vous la recevrez par SMS. Il vous suffit d'ouvrir ce SMS et la sonnerie est installée.

Pour changer de sonnerie, vous devrez vous déplacer dans la gestion des profils de votre téléphone.

En fonction des conditions d'utilisation de votre Smartphone, vous souhaiterez qu'il se comporte de différentes façons. Par exemple, avec le casque, vous souhaitez que les sonneries soient faibles, en réunion, vous souhaitez être averti d'un petit bip lors de la réception d'appels ou de messages, etc.

Vous allez pouvoir gérer cela facilement ici.

Voici la liste des profils prédéfinis livrés avec votre téléphone.

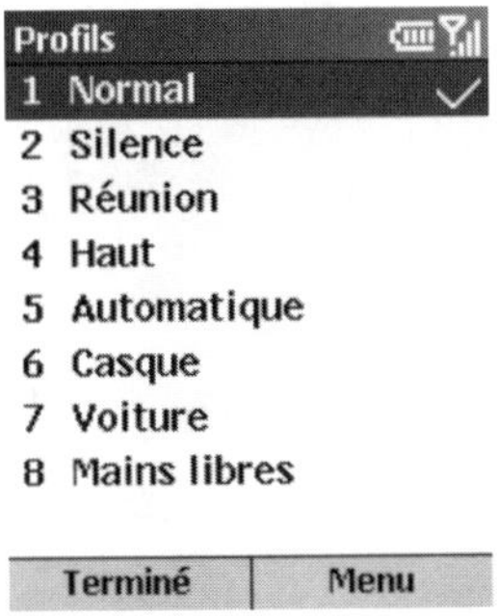

Avec le bouton programme « Menu », vous pouvez décider d'activer ici le profil, ou de restaurer les paramètres par défaut et remettre vos profils dans l'état où ils étaient avant que vous ne commenciez à les modifier.

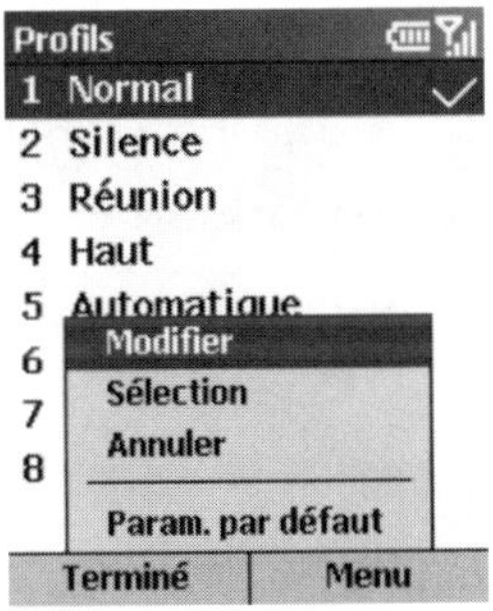

Pour modifier un profil, sélectionner l'option « Modifier ».

Donnez un nom à votre nouveau profil.

Sélectionnez le type de sonnerie, ou supprimez-la.

Sélectionnez le volume sonore des appels.

Le type d'alerte permet d'avoir une sonnerie progressive, ou directement au volume sélectionné.

Sélectionnez le volume des alertes de votre téléphone.

Le type de notification, qui peut aussi être visuelle.

Leur volume.

Et les sons du système (du type touches, etc.).

Comment écouter de la musique (MP3 ou Radio FM) avec mon téléphone mobile

Ecouter la radio

Encore et toujours, des nouveautés et des fonctions multimédia sur votre téléphone. Depuis peu, nous voyons apparaître des récepteurs radio FM et AM sur nos téléphones mobiles.

L'utilisation de ces récepteurs se fait en branchant le casque et en utilisant les boutons de façade pour passer d'une station à l'autre. Nous ne sommes pas encore à l'ère de la radio numérique, et les fonctionnalités sont encore assez primaires, mais c'est toujours agréable de pouvoir écouter la radio n'importe où, et surtout dans un encombrement minimal.

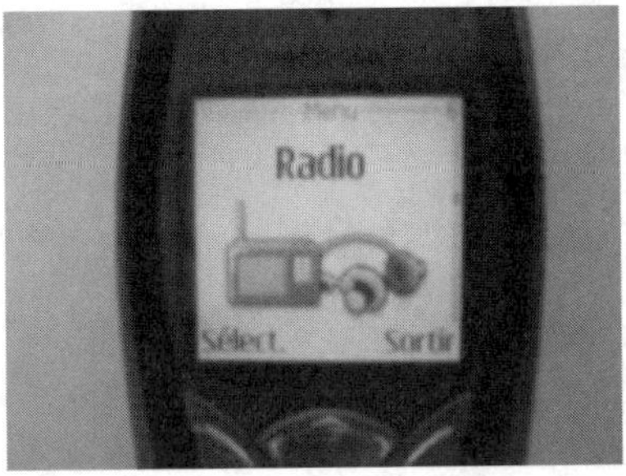

Ecouter de la musique au format MP3 sur son téléphone

Avec les dernières générations de Windows nous avons vu apparaître Windows média, un excellent lecteur multimédia. Microsoft produit sans cesse de nouvelles plates-formes, mais elles sont homogènes. C'est bien sûr le cas avec Smartphone Windows. Dans le cadre de l'utilisation de votre Smartphone, cela vous permet de transformer votre Smartphone en baladeur multimédia, capable de lire des vidéos et de la musique sous la forme de MP3.

Ces fichiers vidéo et MP3 peuvent être obtenus sur Internet avec votre Smartphone, votre PC de bureau, ou directement à partir d'un CD musical que vous utilisez sur votre lecteur de salon. C'est cette application que nous allons découvrir et mettre en œuvre ensemble.

Windows média sur mon PC de bureau

Vous ouvrez Windows média sur votre PC. Vous trouverez ce logiciel en dépliant le menu « démarrer » de Windows, cliquez sur le lien « Tous les programmes ». Le menu avec tous les programmes se déplie. Choisissez l'option « Accessoires », puis « Divertissement ». Cliquez sur « Lecteur Windows Media ». L'écran suivant apparaît, vous êtes dans le lecteur Windows Media.

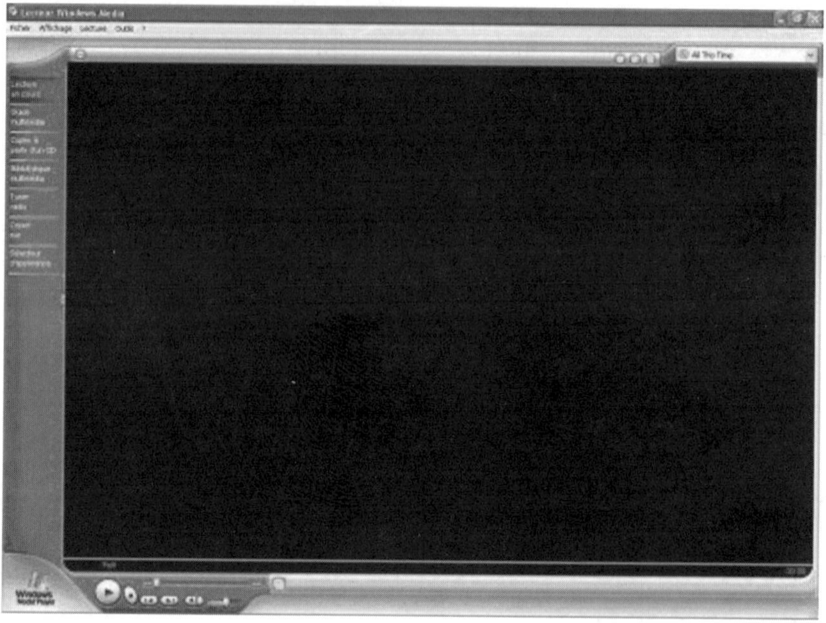

La musique

Le propos de ce livre n'est pas de vous décrire le fonctionnement de l'intégralité de Média player, mais de vous décrire les procédures pour faire de votre Smartphone un baladeur multimédia très performant.

La mise en œuvre est très simple et le résultat dépassera vos espérances. Préparez-vous à un choc !

Lire un CD sur votre lecteur multimédia et convertir en MP3

Lire un CD

Insérez un CD musical dans le lecteur de CD de votre PC. Normalement, votre lecteur détectera automatiquement l'insertion de votre CD dans le lecteur et commencera la lecture.

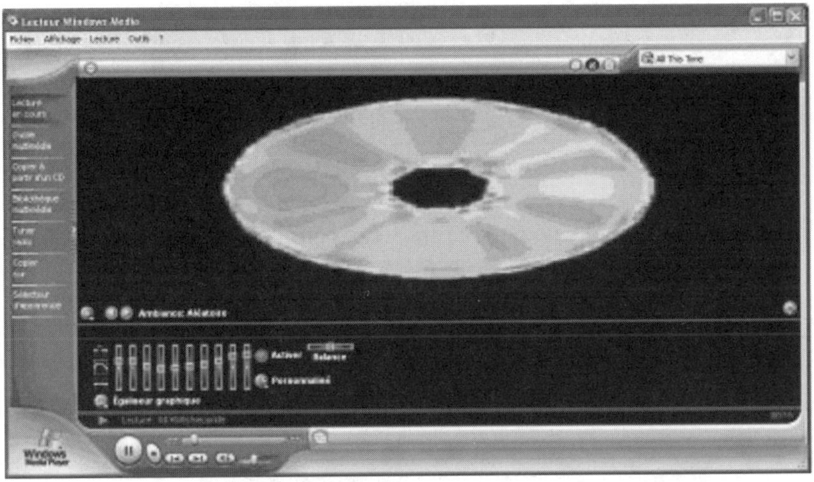

Il vous faut maintenant transformer votre CD musical qui est au format WAV, un très vieux format défini il y a maintenant 25 ans, pour le transformer en MP3, format de compression de vos fichiers musicaux beaucoup plus performant. Vous pourrez ainsi les emporter partout avec vous et surtout les écouter avec votre Smartphone.

Convertissez votre CD audio en MP3 sur votre PC de bureau

Pour simplifier la gestion de votre bibliothèque multimédia, vous pouvez importer le nom de votre disque, de tous les morceaux et la pochette du disque à partir d'Internet. Pour ce faire, connectez-vous à Internet (voir chapitre « Mise en œuvre de la communication globale de votre Smartphone et de votre ordinateur de bureau »).

Cliquez sur le menu de gauche sur l'option « Copier à partir d'un CD ».

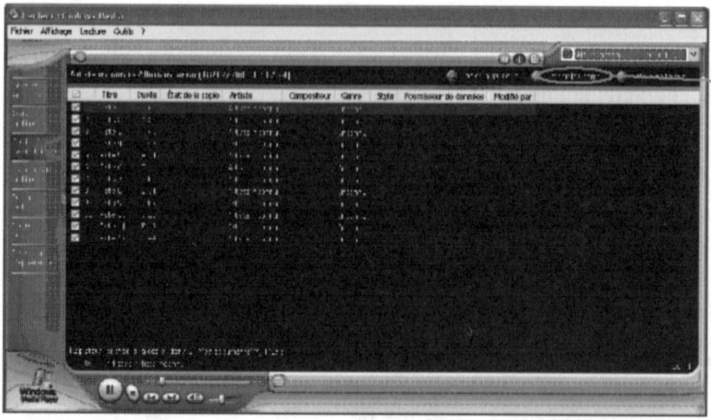

Aller chercher les titres sur internet

Les morceaux de musique de votre CD apparaissent sur votre écran. Cliquez sur le bouton « Obtenir les noms ».

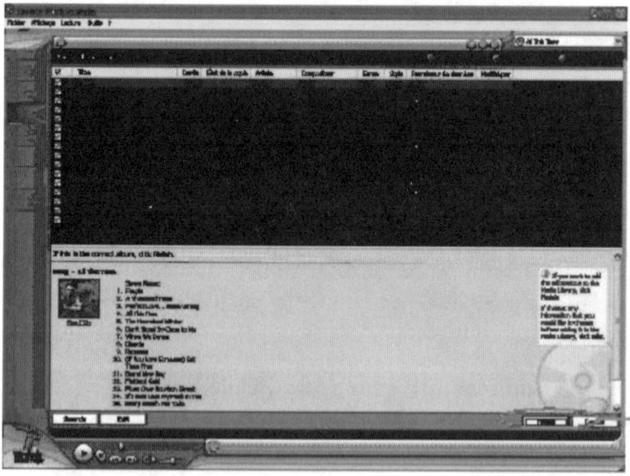

Rapatrier sur votre ordinateur les informations du disque

Votre CD apparaît en bas de l'écran avec la pochette de disque et tous les titres. Cliquez sur « Finish » pour rapatrier ces informations sur votre PC. Vous avez maintenant toutes les informations de votre disque, avec sa pochette de disque associée.

Vous pouvez maintenant l'enregistrer en MP3 sur le disque dur de votre machine.

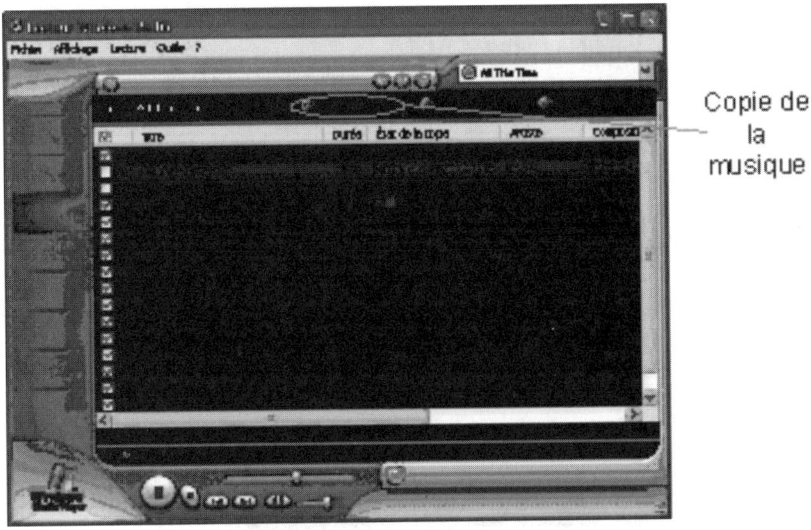

Cliquez sur le bouton « Copier de la musique ». Votre disque est maintenant en cours d'enregistrement sur votre PC. Vous pourrez l'utiliser ainsi systématiquement par la suite. Comme vous pourrez le constater, lorsque vous écoutez votre disque enregistré en MP3 sur votre ordinateur, la pochette du disque apparaît.

Transférez vos morceaux de musique sur votre Smartphone pour le transformer en baladeur MP3

Vous avez suivi la procédure décrite pour convertir un CD audio « standard » en MP3 ou vous avez été chercher (télécharger) de la musique sur Internet avec votre browser MP3. Il vous suffit maintenant de la transférer sur votre Smartphone préféré.

Je vous recommande avant de réaliser cette action de lire le chapitre sur la structure de gestion des fichiers sur votre Smartphone afin que dès le début l'organisation de vos répertoires et fichiers ne soient pas « anarchique ». (Voir chapitre « Je gère mon Smartphone »).

Cliquez sur l'option « Copier sur… » à gauche de votre écran.

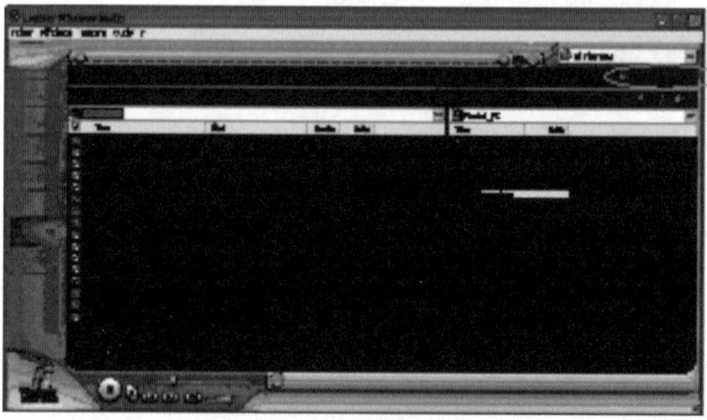

Copier la musique

Vous voyez apparaître à gauche la liste des morceaux de votre album et sur la droite la structure de fichier de votre Smartphone. Choisissez l'endroit sur lequel vous désirez que soient copiés vos morceaux de musique et cliquez sur le bouton « Copier la musique » en haut à droite de votre écran

Après quelques instants votre musique est transférée, votre baladeur MP3 est prêt à être utilisé.

Ecouter de la musique

Au lancement de Windows Media, l'écran suivant apparaît :

Il vous présente tous les fichiers vidéo ou son au format MP3 ou Windows media qui se trouve sur votre Smartphone.

Pour démarrer la lecture, sélectionnez le morceau de musique que vous désirez écouter et appuyez sur le bouton « Lecture ».

Vous accédez à l'écran Windows Media.

Comment se compose et s'utilise votre écran :

- Le bandeau du haut vous présente le nom du morceau de musique.
- Le bandeau du bas vous présente l'action en cours (ici lecture), et à quel endroit du morceau vous êtes positionné.
- Au milieu de l'écran vous voyez les éléments suivants :
    - Au centre, l'indication de ce qui se passerait si vous appuyiez sur la touche action de votre joypad. Ici le carré stylise l'arrêt de la lecture.

- En haut et en bas, des petits haut-parleurs sont dessinés. Avec la partie haute du joypad, vous augmentez le volume, avec la partie basse, vous baissez le volume.
- Les symboles à gauche et à droite sont actionnés par la partie droite et gauche de votre joypad et permettent d'aller au morceau précédent ou suivant.

Lorsque la lecture est arrêtée, l'écran apparaît comme ceci :

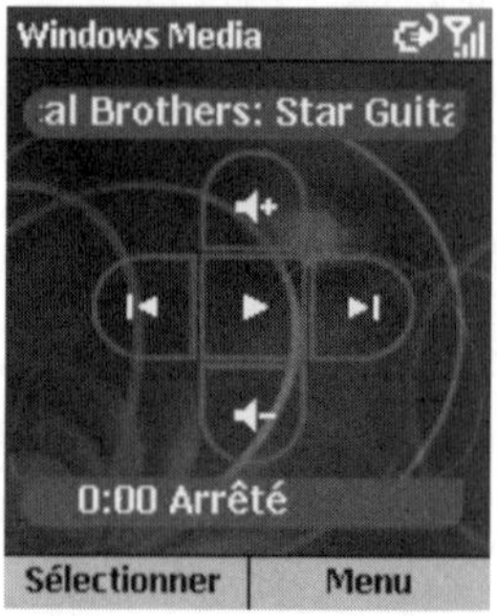

Pour sélectionner un autre morceau de musique utilisez le bouton « Sélectionner ».

Vous pouvez réaliser aussi les actions du joypad avec le « Menu ».

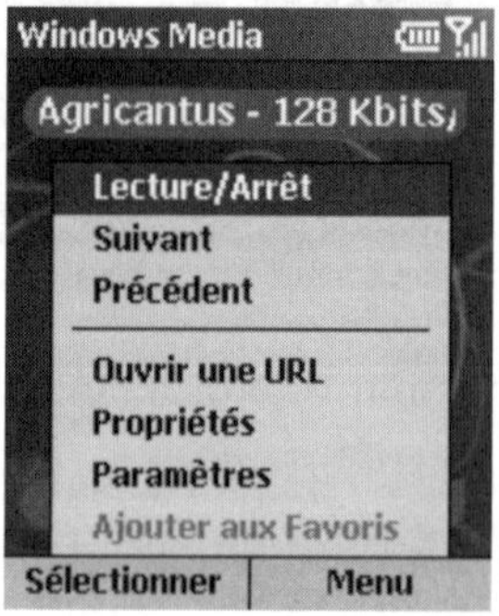

Les options de Windows Media

En dépliant le « Menu », vous pourrez voir différentes options :

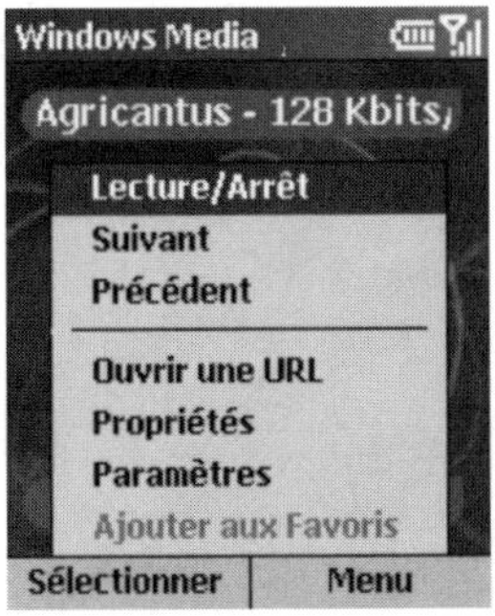

- Ouvrir une URL vous permet de saisir l'adresse Internet d'un fichier musical que vous souhaitez regarder ou écouter.
- « Propriétés » vous donne le détail du fichier musical que vous écoutez.

- « Paramètres » vous permet de customiser votre écoute.

Vous pourrez choisir de répéter le morceau que vous écoutez, et de demander d'effectuer une lecture aléatoire des fichiers musicaux.

Chapitre 9

Les fonctions de communication de votre téléphone mobile

— La communication avec fil ou sans fil : en Infrarouge ou en Bluetooth

La communication avec fil ou sans fil : en Infrarouge ou en Bluetooth

Votre téléphone mobile, aussi étrange que cela puisse paraître est un ordinateur. Il est doté de tous ses composants, microprocesseur, mémoire et un système d'exploitation. De ce fait, il est aussi doté de moyens de communication avec l'extérieur. Les plus utilisés sont évidemment l'écran et le clavier. Mais il est aussi doté de ports de communication série. Dans ce domaine, on retrouve la prise série, qui permet une liaison avec un autre ordinateur avec un câble, le port infrarouge qui permet de communiquer avec un ordinateur, un PDA ou un autre téléphone mobile, et plus récemment il s'est vu doté d'un moyen de communication réseau, le Bluetooth qui permet d'établir des pico réseaux pour connecter en réseau les équipements d'une personne. Bienvenue dans les télécommunications du troisième millénaire.

A quoi cela peut-il bien servir ? Tout d'abord, dans le domaine ludique, cela permet d'échanger des sonneries entre mobiles, des logos, des images, de synchroniser votre téléphone mobile avec votre PC et sa base Outlook. Mais aussi, votre téléphone mobile peut servir de modem GPRS pour votre ordinateur ou votre PDA et ainsi accéder à Internet à bonne vitesse, envoyer et recevoir des e-mails, des MMS, des fax. Si vous possédez un ordinateur portable ou un PDA, le concept de mobilité prendra toute son ampleur avec ce type de mise en œuvre. Nous allons aborder avec vous ces différentes fonctions de connexion.

Connexion par câble série ou USB

Pourquoi une liaison par câble pour relier votre téléphone mobile avec votre PC. Pour plusieurs raisons :

- Votre téléphone ne possède pas de port infrarouge ni de liaison Bluetooth.
- Avec un PC qui n'est pas portable, c'est souvent la solution la plus économique, puisque votre PC de bureau n'en possède pas.
- Pour utiliser le modem de votre mobile et accéder à Internet.
- Pour synchroniser votre téléphone mobile avec votre base de données Outlook.

Vous trouvez maintenant deux types de liaisons par fils pour votre Portable. Jusqu'à fin 2003 vous ne trouviez que des câbles de synchronisation qui fonctionnaient en mode « série », et que vous branchiez sur le port Série de votre PC. Aujourd'hui, les Smartphones Windows sont livrés et équipés afin d'être un symbiote de votre PC. Ils sont livrés de base avec une station d'accueil qui se connecte au PC via une liaison USB.

La mise en œuvre est simple, vous connectez votre téléphone mobile au câble de liaison, vous faites de même avec votre PC, et vous êtes prêt à communiquer. Pour la partie logicielle de cette liaison, nous vous présentons les logiciels de synchronisation au chapitre Synchroniser son Téléphone mobile avec son PC et sa base de données Outlook.

Voici à quoi ressemble un câble série.

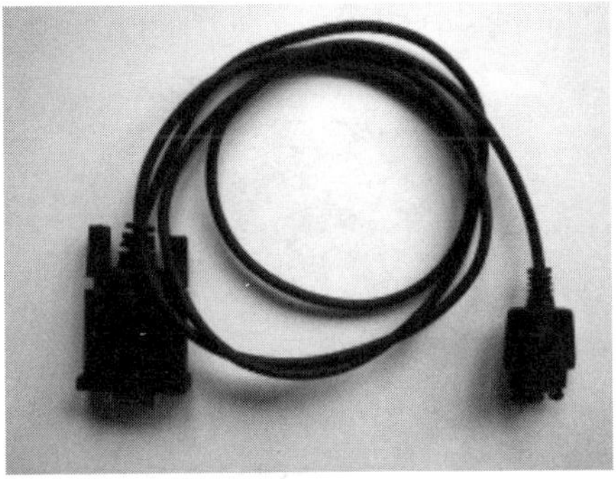

Relié à un téléphone mobile.

Une station d'accueil USB

Positionné sur sa station d'accueil.

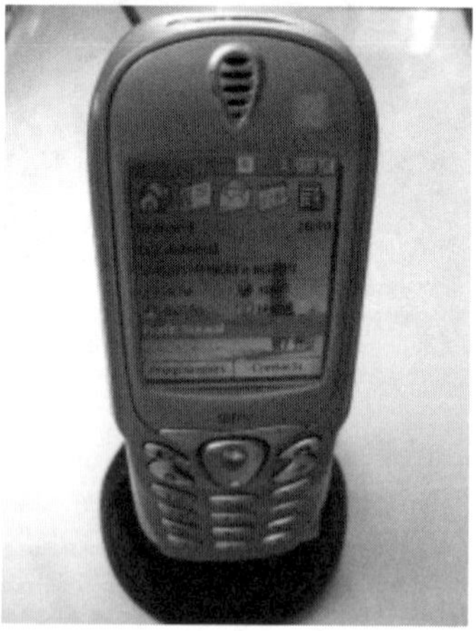

Il est à noter qu'avec la station d'accueil, le téléphone mobile se recharge en même temps qu'il se synchronise.

Connexion par infrarouge

La connexion infrarouge est une méthode simple pour faire communiquer votre téléphone avec votre PC.

Tous les ordinateurs portables sont dotés de ce moyen de communication. Les PC de bureau n'en sont pas dotés à l'origine. Mais vous pouvez acquérir pour un coût modique un port infrarouge que vous aurez juste à brancher sur le port USB de votre ordinateur.

Pourquoi utiliser un port infrarouge ?

- Il est simple à mettre en œuvre.
- Il n'y a rien à brancher.
- Pour utiliser le modem de votre mobile et accéder à Internet.
- Pour synchroniser votre téléphone mobile avec votre base de données Outlook.

Voici un exemple de port infrarouge que vous pouvez rajouter à votre PC de bureau avec un mobile.

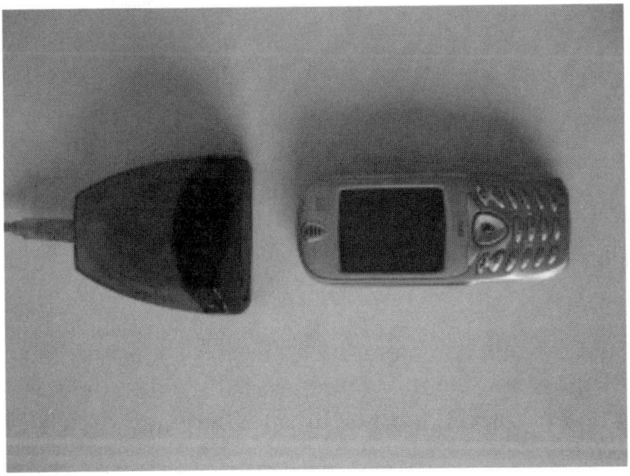

Pour établir la communication, vous mettez en marche le port infrarouge de votre téléphone mobile, qui est toujours par défaut inactivé. En effet, le défaut de ce mode de communication est sa consommation en énergie. Si vous laissez votre port infrarouge en permanence en fonction, vous réduirez l'autonomie de votre téléphone. Pour l'activer, vous vous déplacez dans la fonction communication de votre téléphone et choisissez « infrarouge ».

En général, le port s'éteint de lui-même après quelques minutes d'utilisation. Mais vous pourrez choisir de l'activer en permanence.

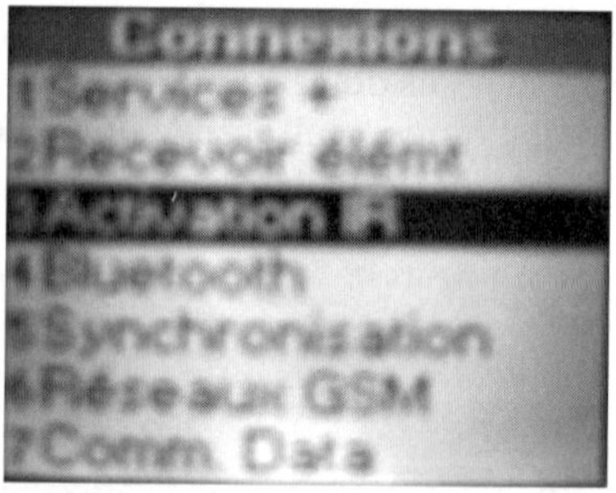

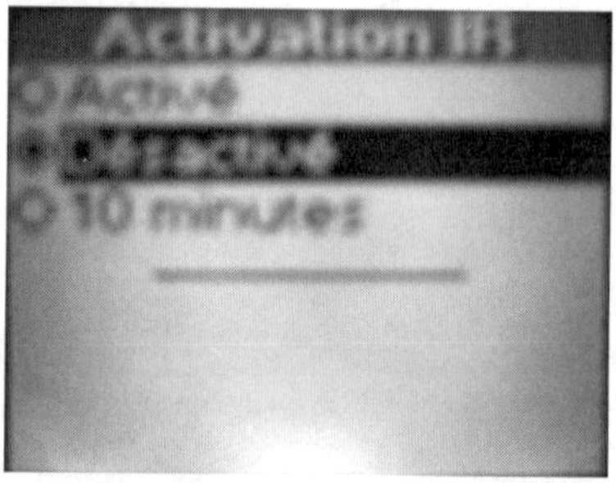

Une fois ces deux ports positionnés, la liaison est établie immédiatement. Il ne vous reste plus qu'à utiliser le logiciel de votre choix. Nous vous en présentons au chapitre 10 : Synchroniser son Téléphone mobile avec son PC.

Pour finir sur ce mode de communication, il est sensible au soleil, plus il y en a et plus la liaison est lente, voire impossible. Vous devrez avoir les deux appareils, l'un en face de l'autre. Il fonctionne aussi bien avec votre PC qu'avec votre PDA.

Connexion en Bluetooth

Voici la Rolls de la communication pour les appareils mobiles. Les précédents modes de communication pour les téléphones mobiles étaient des communications série ou USB, avec pour obligation de connecter l'appareil avec fil ou en infrarouge. Avec Bluetooth, vous établissez un véritable réseau sans fil comme avec un réseau Ethernet. Parmi les grands avantages, nous retrouvons :

- Etablissement d'une connexion avec le périphérique une fois pour toutes. Vous pourrez ensuite l'utiliser sans faire de manipulations supplémentaires.
- Bluetooth établit un réseau sans fil, et les périphériques peuvent être distants de 10 mètres.
- Vous pourrez laisser votre téléphone dans votre poche et téléphoner avec votre oreillette, surfer sur Internet, recevoir vos e-mails.
- Il fonctionne aussi bien avec votre PC qu'avec votre PDA.

La mise en œuvre est assez simple. Nous allons vous la présenter avec un PC et un Pocket PC (PDA).

Vous avez la solution de coupler votre téléphone à partir de votre ordinateur, ou à partir de votre téléphone. Dans les deux cas, cela fonctionnera, à vous de choisir. Nous allons vous le présenter à partir d'un téléphone mobile.

Rendez-vous dans la rubrique communication de votre mobile.

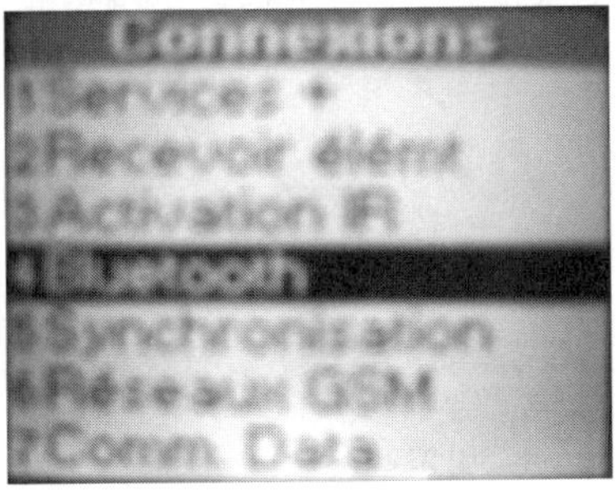

Choisissez l'option Bluetooth.

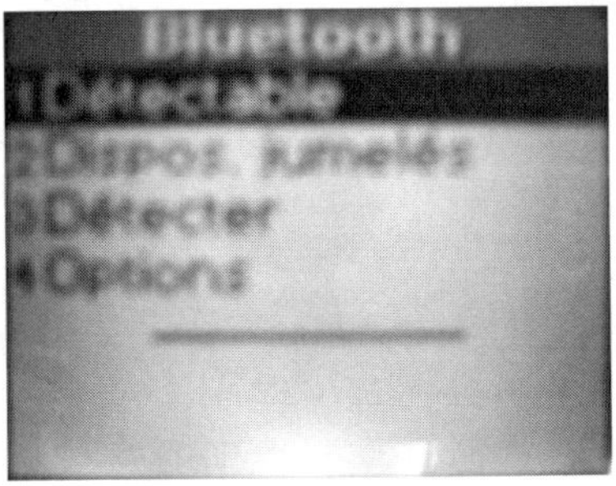

Puis activez l'option « détecter ».

Votre mobile se lance dans la recherche des périphériques Bluetooth disponibles.

Il vous présente les périphériques disponibles. Vous le sélectionnez.

Vous choisissez « Nouveau jumelage ».

Une clé pour le cryptage vous est demandée. Prenez n'importe quel nombre à 4 chiffres. Sur votre Pocket PC ou votre PC, il vous sera demandé de saisir la même clé à 4 chiffres.

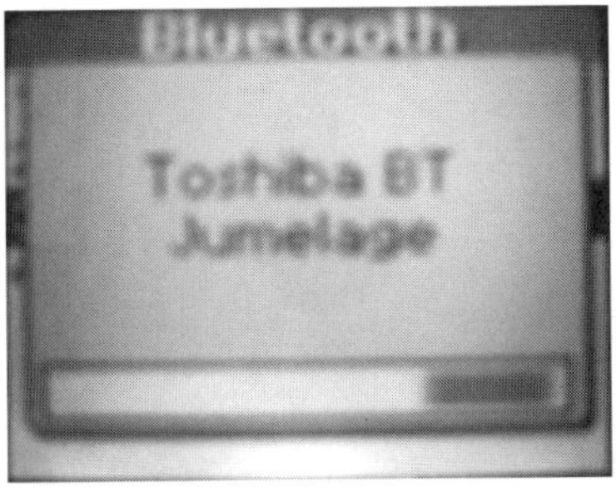

Cet écran apparaît tant que vous n'avez pas saisi la même clé à 4 chiffres sur l'autre périphérique.

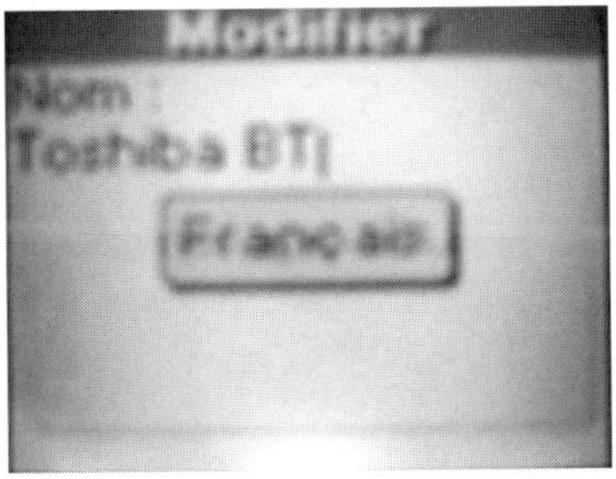

Le jumelage est réalisé, il vous suffit de donner un nom à votre périphérique.

Chapitre 10

Synchroniser son Téléphone mobile avec son PC et sa base de données Outlook

- Le PC et téléphone mobile, les inséparables
- Les logiciels de synchronisation entre votre PC et votre mobile

Le PC et téléphone mobile, les inséparables

Nous avons vu comment connecter un téléphone mobile à un PC au chapitre 9 : Les fonctions de communication de votre téléphone mobile. Nous allons maintenant aborder un sujet important, la synchronisation de Outlook sur votre PC avec votre téléphone mobile et réciproquement.

Avec cette fonction, votre téléphone mobile prend toute son ampleur et cela vous apportera un confort d'utilisation que vous n'aviez pas imaginé jusqu'alors.

Voici ce que vous pourrez synchroniser :

- les e-mails ;
- les SMS ;
- les contacts ;
- les tâches ;
- les notes et mémos ;
- l'agenda.

Comment réaliser cela ? Pour commencer en raccordant votre téléphone mobile avec votre PC comme indiqué dans ce livre.

Une fois cela effectué, vous avez plusieurs solutions qui s'offrent à vous :

- Votre téléphone est livré avec une suite logicielle vous permettant de réaliser cette synchronisation. Vous devrez l'installer et le mettre en œuvre. C'est le cas par exemple des téléphones Nokia, des Smartphones Windows, ou des téléphones Sony Ericsson qui sont livrés avec une suite logicielle tierce.
- Votre téléphone ne possède pas de suite logicielle, vous pourrez utiliser un logiciel du marché comme Mobile PhoneTools de la société BVRP.

Nous vous proposons de faire un grand tour de ces solutions de synchronisation avec les produits suivants :

- ActivSync de Microsoft qui fonctionne avec les Smartphones Windows.
- XTND qui est un logiciel de synchronisation livré avec les téléphones Sony Ericsson, mais qui fonctionne aussi avec de nombreux autres.

- Mobile PhoneTools qui est en plus un outil de management des téléphones mobiles.

Les logiciels de synchronisation entre votre PC et votre mobile

ActiveSync pour Smartphone Windows / La synchronisation entre votre PC et votre Smartphone

Microsoft ActiveSync vous permet de créer une liaison symbiotique entre votre Smartphone et votre PC de bureau.

Après avoir créé le partenariat, vous pouvez synchroniser vos données.

Vous pouvez utiliser ActiveSync pour disposer des mêmes informations sur les deux ordinateurs. Si vous effectuez une modification sur l'un des deux ordinateurs, cette modification est également apportée aux données correspondantes sur l'autre ordinateur. Quel que soit l'ordinateur à partir duquel vous affichez les données, vous êtes certain qu'elles sont à jour. Ceci prend toute son ampleur quand votre PC est lui-même raccordé au système d'information de votre entreprise. Les utilisateurs d'Exchange avec Outlook vont être comblés, ils pourront avoir en permanence leurs données de messagerie, de rendez-vous, l'annuaire de l'entreprise, partout avec eux et bien sûr préparer des mails ou programmer des réunions, ceci de n'importe où, dans le métro, chez un client, etc.

L'objectif de ce chapitre est de vous expliquer le fonctionnement de la synchronisation entre votre PC et votre Smartphone ainsi que de vous en expliquer l'utilisation globale.

Description du logiciel

La fenêtre principale d'ActiveSync se présente comme suit. Vous pouvez l'ouvrir à partir de la petite icône ronde et verte dans la barre des tâches.

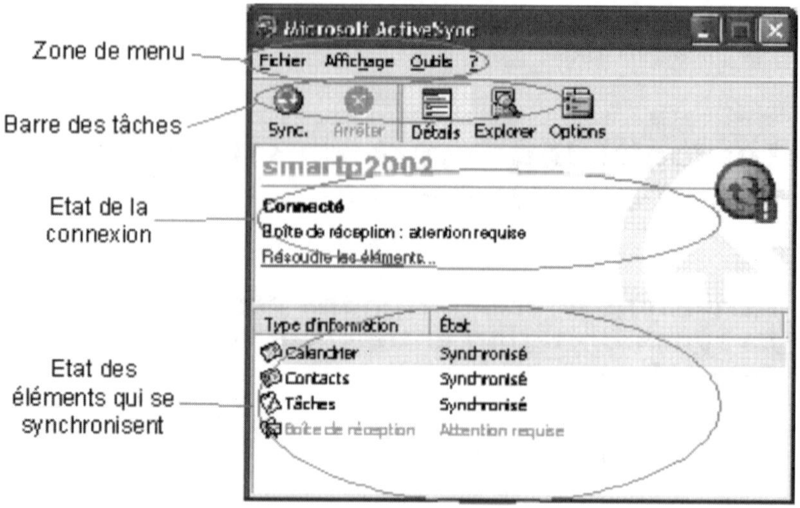

Zone de menu. Quatre menus vous sont proposés :

- Menu Fichiers

  Il vous permet :

  - De déclencher une synchronisation entre vos deux machines (Synchroniser).
  - D'arrêter la synchronisation (Arrêter), de sélectionner un Smartphone parmi ceux susceptibles de se connecter à votre PC (Appareil mobile).
  - De manipuler les fichiers de votre Smartphone avec l'explorer de votre PC comme s'il était une disquette ou un disque dur de votre PC de bureau (Explorer).
  - D'établir la communication entre vos deux machines.
  - De paramétrer la connexion entre votre PC et votre Smartphone (Paramètres de la connexion).
  - De fermer la fenêtre ActiveSync (Fermer). Cela n'arrête pas ActiveSync, cela ferme juste la fenêtre principale. Pour rouvrir cette fenêtre, cliquez sur l'icône ActiveSyns dans la barre des tâches.

- Menu affichage

  Il vous permet :

  - De modifier la taille des icônes de l'écran (Barre d'outil)

- Et de masquer les détails (Détails).

Ceci fait apparaître votre fenêtre comme ceci :

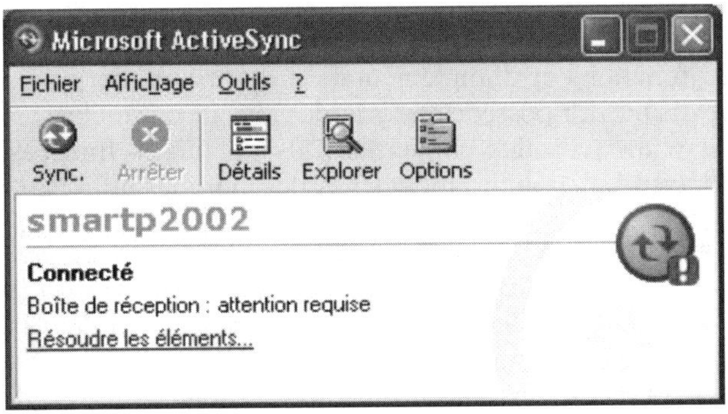

- Menu Outils

  Il vous permet de :

  - Définir les options de synchronisation, de définir le mode de synchronisation et les règles de résolution de conflits entre vos deux machines (Options).
  - Résoudre les conflits de synchronisation entre vos deux machines (Résoudre les éléments).
  - Installer et désinstaller des programmes supplémentaires sur votre PC (Ajouter / supprimer des programmes).

- Aide

Rubrique d'aide standard Microsoft.

Le partenariat entre votre Smartphone et votre PC de bureau ou la mise en symbiose de vos deux machines

Lors de son installation, votre Smartphone s'est synchronisé avec votre PC de bureau. Votre Smartphone utilise ActivSync, comme un Pocket PC, mais il n'y a pas de notion de partenariat. En conséquence, si vous connectez votre Smartphone avec un PC qui n'est pas le vôtre, l'intégralité de vos données seront recopiées dans L'Outlook du PC sur lequel vous vous êtes connecté. ET inversement. Donc, faites très attention où vous connectez votre Smartphone !

Synchroniser les éléments entre votre Smartphone et votre PC de bureau

Préambule

Les fichiers que vous manipulez sur votre PC de bureau sont très riches en termes de fonctions et d'implémentation d'attributs de présentation. De plus votre disque dur possède une grande capacité de stockage sur votre PC alors que vous avez des capacités plus ou moins limitées sur votre Smartphone en fonction des modèles et des marques utilisés.

Ceci est vrai pour tous les fichiers que vous pourrez copier vers votre Smartphone. Aujourd'hui, votre Smartphone n'est pas livré en standard avec un lecteur de fichiers Excel, Word, Outlook, ou Access. Mais des freeware ou des shareware commencent déjà à être écrits par des éditeurs de logiciels. Et même si vous n'utilisez pas ces logiciels, les règles de transfert que nous allons évoquer restent toujours vraies.

Les fichiers bureautiques « standard » Microsoft (Word, Excel, etc.) seront transformés en un format plus compact et plus restreint. Rassurez-vous, le processus de conversion ne vous demandera aucun effort, c'est directement ActiveSync qui gérera cela à votre place.

Le transfert s'effectue dans les deux directions, et en permanence entre les deux machines : toute action effectuée sur votre Smartphone sera répercutée sur votre PC de bureau.

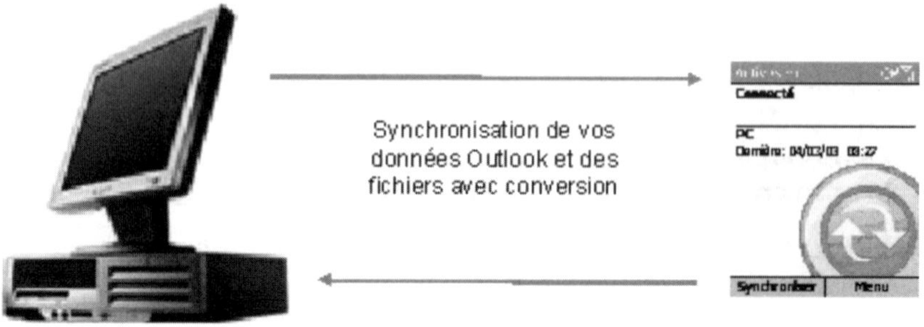

En standard, les données stockées sur votre appareil sont synchronisées en permanence avec celles de votre ordinateur de bureau. Vous pouvez changer de mode de synchronisation en choisissant d'effectuer la synchronisation uniquement lors de la première connexion ou uniquement lorsque vous procédez à une synchronisation manuelle.

Même si la synchronisation est un mode d'utilisation recommandé, vous pouvez aussi partager les données en copiant ou en déplaçant un fichier. D'ailleurs, ce mode de transfert est le seul à pouvoir être utilisé si vous êtes connecté en tant qu'invité.

En tout état de cause, la synchronisation permet de transférer vos données d'une machine à l'autre. N'oubliez pas cependant de faire des sauvegardes de votre Smartphone pour le réinstaller à l'identique en cas de panne de batterie. Car la synchronisation ne permet pas de sauvegarder les programmes installés en plus de ceux livrés avec Microsoft Smartphone 2002 ni leurs paramétrages.

Concernant le partage de vos fichiers bureautiques entre vos deux machines, la meilleure solution consiste à faire une « copie » de votre fichier format PC vers le mobile (par copier/coller par exemple) et non un déplacement de votre fichier (par couper/coller par exemple).

La conversion de fichiers

Différents types de fichiers vont être convertis quand ils seront transférés de votre Smartphone vers votre PC et inversement.

C'est notamment le cas des fichiers :

- Word,
- Excel,
- Powerpoint,
- Access.

Active sync se charge de cette opération qui devient ainsi transparente pour vous, et ceci, quelle que soit la méthode utilisée pour réaliser ce transfert (via explorer, via la synchronisation, etc.). Les pièces jointes à vos e-mails le seront aussi.

Les fichiers convertis subiront des modifications, même si ceux-ci conservent les attributs de mise en forme. Quelquefois les transformations peuvent impliquer des modifications importantes de vos fichiers et impliquer ceci :

- Les attributs peuvent apparaître sur l'appareil tout en restant inchangés dans les fichiers d'origine au format PC.
- Les attributs peuvent être modifiés lors de la conversion des fichiers PC au format de l'appareil et ne pas être restaurés dans leur état d'origine lors de la conversion des fichiers de l'appareil au format PC.
- Les attributs peuvent ne pas apparaître sur l'appareil et être restaurés dans leur état d'origine lors de la conversion des fichiers de l'appareil au format PC.
- Les attributs peuvent être supprimés lors de la conversion des fichiers de l'appareil et ne pas être restaurés lors de la conversion des fichiers de l'appareil au format PC.

Gardez toujours une copie de vos fichiers bureautiques sur votre PC de bureau et vous n'aurez aucun problème. L'inverse, par contre ne pose aucun problème. Un fichier créé sur votre Smartphone sera parfaitement compatible avec votre PC de bureau.

Voici dans le détail les contraintes et restrictions d'utilisation liées aux transferts entre les deux machine et donc aux conversions de fichiers.

XTND Une suite de communication entre PC et téléphone mobile

Les téléphones mobiles de marque Sony Ericsson sont livrés avec une suite de communication développée par une société tierce, XTND. Il est possible d'acquérir ce produit pour de nombreux autres appareils mobiles. Son utilisation est extrêmement simple. Une fois le logiciel installé, vous verrez dans votre Outlook préféré un menu en plus, le menu « Synchroniser ».

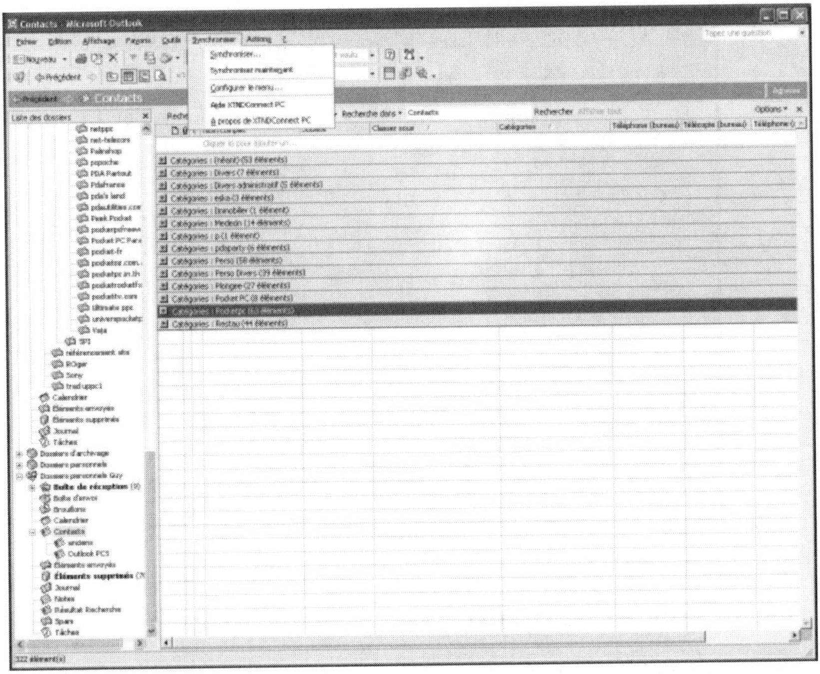

Vous pourrez choisir de synchroniser immédiatement, auquel cas, un écran de synchronisation apparaîtra.

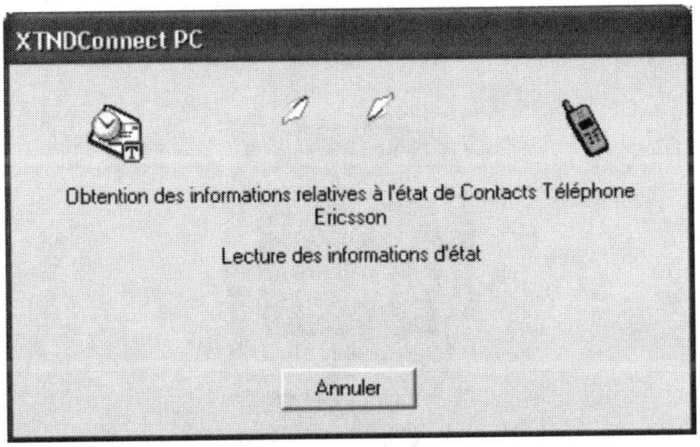

Ou vouloir paramétrer la synchronisation à travers les menus du logiciel.

Tout ceci ne prend que quelques instants. Si un conflit entre les deux appareils est détecté, une fenêtre de confirmation d'action apparaît immédiatement pour que vous puissiez prendre une décision.

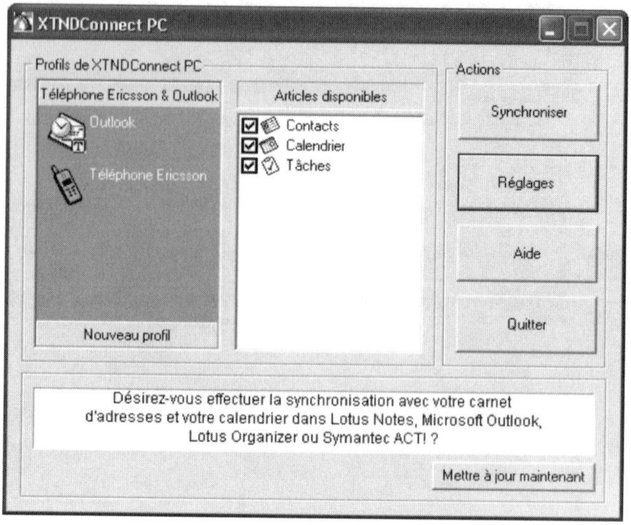

Gérer son téléphone avec Mobile PhoneTools

Une autre solution pour gérer son mobile et synchroniser ses informations, est le logiciel Mobile PhoneTools. Ce logiciel vous permet de synchroniser votre base de contacts, de gérer vos logos, d'envoyer et de recevoir des fax, de surfer sur le net en utilisant votre mobile, d'écrire et d'envoyer des SMS, des e-mails. Au lancement de ce logiciel, vous voyez apparaître un mobile sur votre écran.

Pour synchroniser, il suffit de se positionner sur l'annuaire.

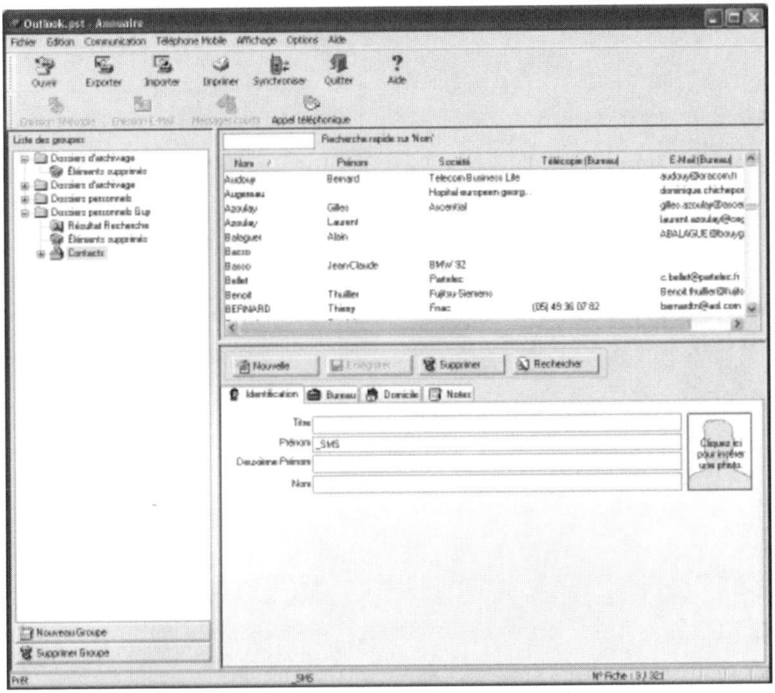

Et de cliquer sur le bouton « Synchroniser ».

Chapitre 11

Toute la communication Internet mobile pour votre téléphone, votre PC ou votre Pocket PC

Introduction

Vous pénétrez ici dans le domaine de la mobilité ! Ce mode de vie jusqu'à maintenant très peu accessible a pris son essor depuis l'année 2002 à travers le monde et en France.

Qu'est-ce que l'univers de la mobilité ? C'est l'accès à l'information et pouvoir communiquer en permanence.

Cela se décline de la façon suivante, que ce soit avec votre téléphone mobile, votre Pocket PC ou votre PC en utilisant la connexion GSM Data ou GPRS de votre téléphone mobile.

La liaison entre votre Pocket PC ou votre PC pourra se réaliser avec une liaison infrarouge ou Bluetooth.

Voici ce que vous pourrez faire avec vos machines ultra- communicantes.

Avec votre téléphone mobile :

- Surfer sur Internet avec le Wap et / ou l'I-mode (l'Internet du téléphone mobile) et/ou les sites au format Pocket PC et Smartphone.
- Envoyer et recevoir vos e-mails avec Internet (quelles que soient vos boîtes aux lettres sur Internet).
- Chatter avec MSN Messenger.
- Envoyer des SMS et des MMS.

Avec votre Pocket PC en utilisant votre téléphone mobile :

- Surfer sur Internet.
- Envoyer et recevoir vos e-mails.
- Chatter avec MSN Messenger.
- Envoyer et recevoir des SMS et des MMS.

Avec votre PC en utilisant votre téléphone mobile :

- Surfer sur Internet
- Envoyer et recevoir vos e-mails.
- Chatter avec MSN Messenger.
- Envoyer et recevoir des SMS.

Nous allons découvrir cela ensemble, le mettre en œuvre et l'utiliser. Bienvenue dans les télécommunications du troisième millénaire !

Voici les étapes que nous allons suivre :

Découvrir et mettre en œuvre les accès Internet des opérateurs de téléphonie mobile.

Paramétrer son téléphone mobile pour mettre en œuvre le Wap, l'I-mode, Internet et les mails.

Paramétrer une liaison Bluetooth ou Infrarouge entre votre téléphone mobile et votre Pocket PC.

Paramétrer une liaison Bluetooth ou Infrarouge entre votre téléphone mobile et votre PC.

Mettre en œuvre une liaison GSM Data et GPRS avec votre Pocket PC.

Mettre en œuvre une Liaison GSM Data et GPRS avec votre PC.

Les opérateurs de téléphonie mobile et Internet

Internet, téléphone mobile, Pocket PC et PC

L'habitude dans ce type de littérature est de vous indiquer qu'il faut vous connecter à Internet. Charge à vous d'improviser et de découvrir comment faire.

Nous allons faire l'inverse et vous aider de bout en bout dans ce processus, vous n'aurez même pas à sortir de chez vous.

Dans le cadre de ce livre nous allons vous présenter l'accès Internet fourni avec votre téléphone mobile. Que ce soit en mode GSM Data ou en GPRS.

Et pour vous présenter comment utiliser la boîte e-mails que vous avez souscrite avec votre Internet Provider (fournisseur d'accès Internet), nous allons aussi vous présenter comment le réaliser.

Pour suivre les exemples de ce livre, vous devrez avoir les éléments suivants :

- Un PC qui fonctionne avec Windows (nous vous présentons les exemples de ce livre avec Windows XP).
- Un abonnement au téléphone mobile avec les options GSM DATA et GPRS. Attention ces options sont obligatoires. Vous devez appeler votre opérateur en téléphonie mobile pour savoir si cette option est intégrée en standard dans votre forfait. Ceci varie en fonction des offres commerciales liées à votre forfait.
- Un téléphone mobile GSM ET GPRS doté des fonctions de communication Infrarouge et/ou Bluetooth.
- Un Pocket PC doté des fonctions de communication Infrarouge et/ou Bluetooth.

Voici globalement comment se présente votre connexion Internet avec votre téléphone mobile, votre fournisseur d'accès Internet Mobile et votre fournisseur d'accès Internet « classique » que vous utilisez avec votre PC.

Partons à la découverte de ce nouvel eldorado !

Les services Internet de votre opérateur

Vous possédez un téléphone mobile, un abonnement. Tous les mois vous versez une certaine somme à votre opérateur, et en échange, celui-ci vous fournit des services. Dans le cadre de ce chapitre, ce sont les services liés à Internet qui nous préoccupent.

Que vous propose votre opérateur ?

- Une liaison GSM qui permet de transporter des données. Ce mode de connexion est très lent (9,6 kb/s) mais il vous permet de faire du Wap par exemple. Aujourd'hui, il sert de solution alternative pour les zones qui ne sont pas encore équipées de GPRS.
- Un abonnement qui vous permet d'accéder à Internet via le GSM Data.
- Une liaison GPRS qui vous permet de vous connecter directement sur le réseau Internet, votre téléphone étant un ordinateur connecté sur Internet.
- Un abonnement vous permettant d'accéder à Internet en mode GPRS.
- Un site Web vous permettant de découvrir les services de l'opérateur, de télécharger des sonneries, logiciels, etc.
- Un espace personnel qui vous permet d'avoir plusieurs boîtes aux lettres e-mails.
- Avec les liaisons GSM Data et GPRS vous avez en plus les options vous permettant de surfer sur le Wap (Internet pour mobile), l'I-mode, les MMS, les SMS, etc.

Fort de ce propos, ou avant-propos assez généraliste, nous vous proposons de mettre tout cela en œuvre par la pratique.

Le site Web de votre opérateur

Comme exemple, nous allons prendre le site Web de l'opérateur européen Orange.

Pour y accéder, pas de grande difficulté, il vous suffit de vous connecter sur Internet avec votre PC. Mais vous le découvrirez un petit peu plus loin dans ce livre, vous pourrez y accéder avec votre téléphone mobile.

L'adresse d'Orange est la suivante : `http://www.orange.fr`

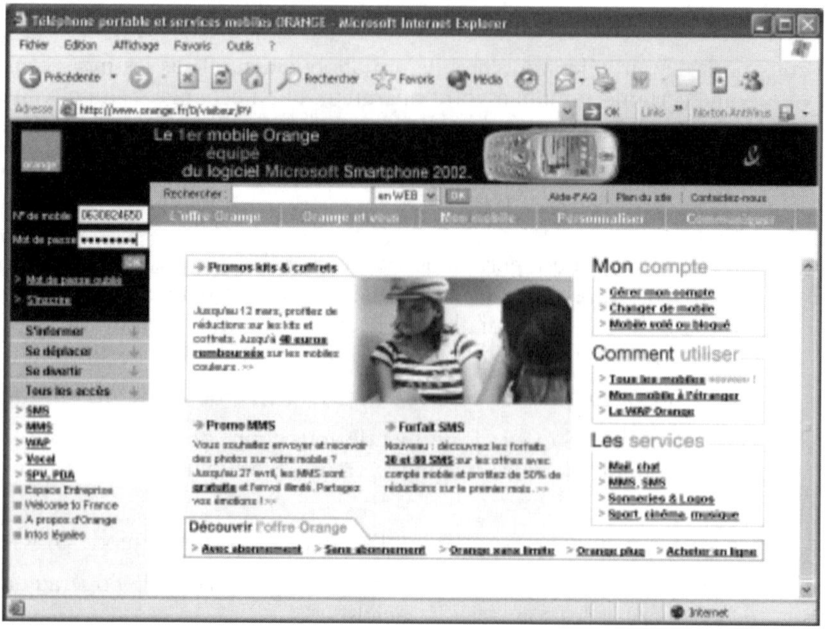

Chez tous les opérateurs, vous pouvez accéder à votre espace personnel, et ainsi accéder à vos services personnalisés.

Dans les services très intéressants, vous pouvez suivre votre consommation, pour vos forfaits voix, mais aussi data.

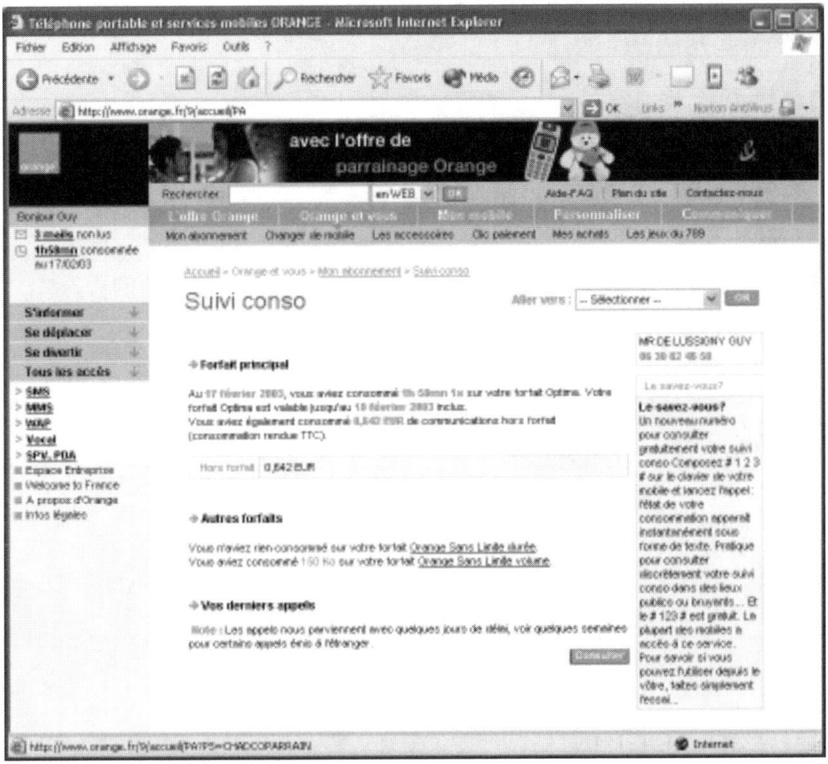

Et vous pouvez surtout accéder à vos e-mails, et créer d'autres boîtes e-mails. Vous pourrez y voir vos e-mails envoyés, mais non lus. Une chose intéressante, si votre téléphone mobile n'est pas capable de recevoir des MMS, vous pourrez les consulter sur votre boîte e-mail.

Vos boîtes e-mails opérateur

Votre opérateur de téléphonie mobile vous permet d'avoir vos propres boîtes e-mails. La mise en œuvre est extrêmement simple.

Par défaut, votre opérateur a créé une boîte aux lettres qui se décline sous le mode suivant : <votre numéro de téléphone>@<votre opérateur>.fr, ce qui vous donnera : `0101010101@orange.fr`.

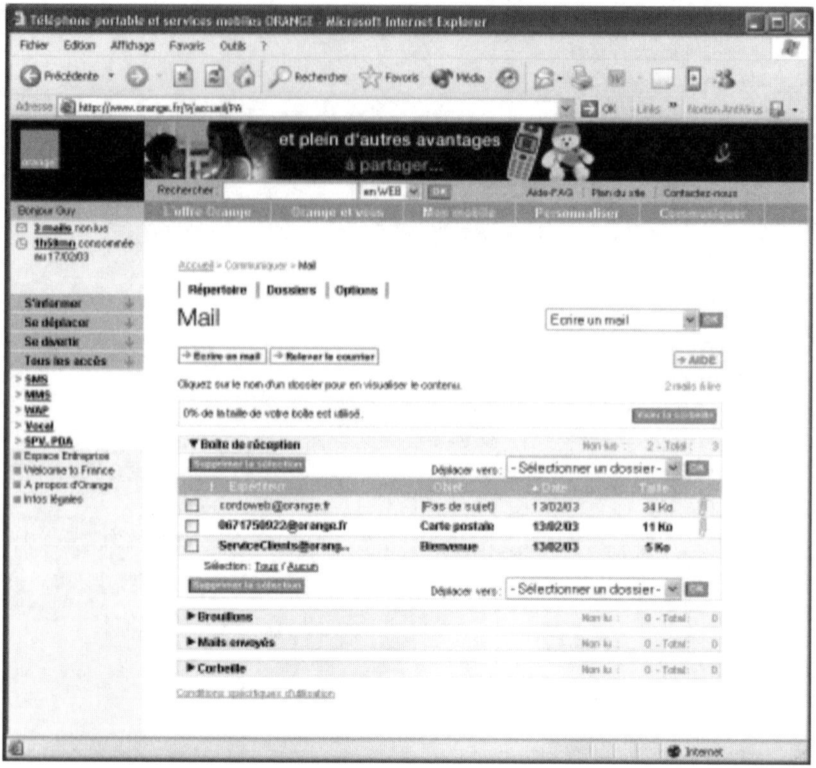

Avec cette boîte aux lettres, vous pourrez envoyer et recevoir vos mails. Mais, vous ne désirerez pas forcément envoyer votre numéro de téléphone partout, à travers le monde, dès que vous enverrez un e-mail… Dans ce cas, vous pourrez créer d'autres boîtes e-mails.

Pour ce livre, nous allons en créer une. Un conseil, saisir une adresse e-mail avec un téléphone mobile est fastidieux, alors créez un nom de boîte aux lettres court. Nous allons créer ensemble la boîte aux lettres `gdlgsm@orange.fr`.

Pour cela, rien de plus simple, vous allez dans l'option Création de boîtes e-mails.

Puis vous saisissez votre nom de boîte aux lettres.

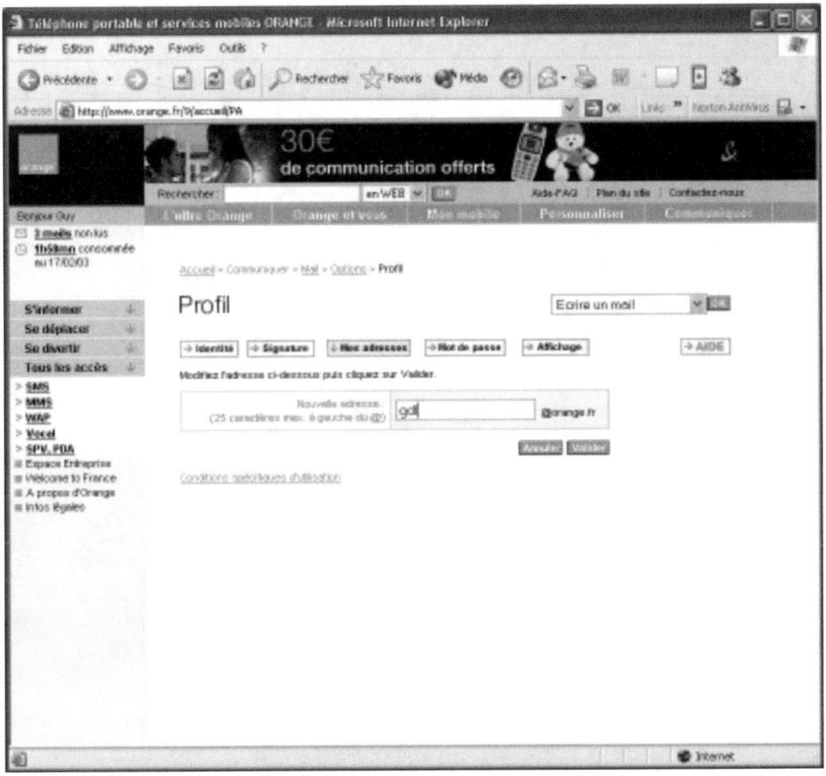

Vous validez et votre boîte est créée.

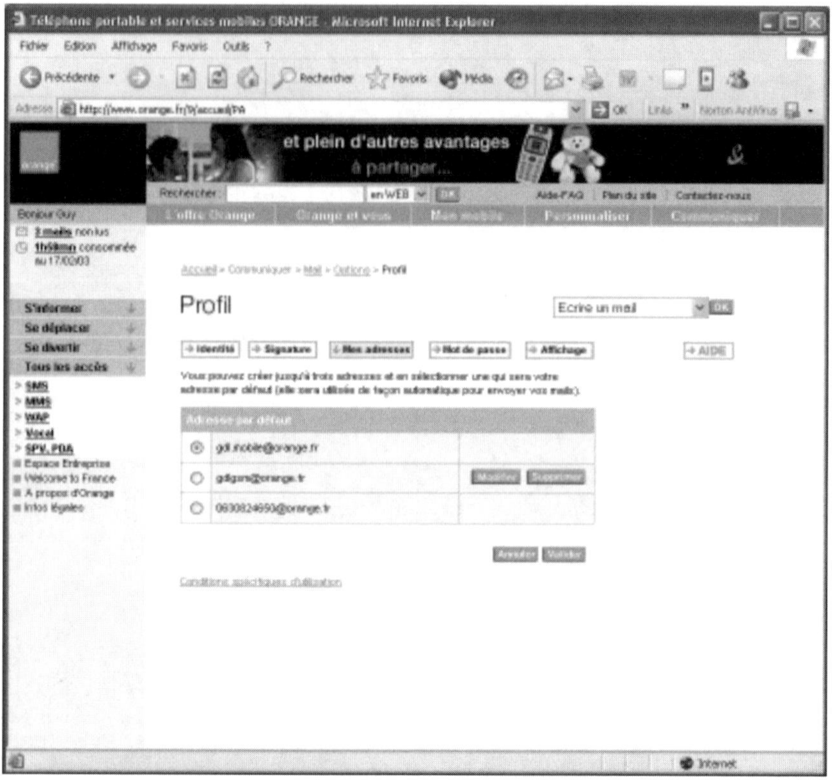

Votre boîte aux lettres est créée, il ne vous reste plus qu'à l'utiliser. C'est cette boîte aux lettres que nous allons utiliser comme exemple pour ce livre.

Vos boîtes e-mails sur Internet

Vous êtes satisfait de voir que votre opérateur de téléphonie mobile met à votre disposition des boîtes e-mails, MAIS, vous en possédez déjà d'autres, et utiliser les boîtes aux lettres de votre opérateur ne vous apporte pas tout ce que vous souhaitez.

Rassurez-vous, vous pouvez AUSSI utiliser vos boîtes e-mails propres. Par exemple, un des deux auteurs de ce livre est aussi le créateur des sites Web « L'Univers du Pocket PC » (`www.universpocketpc.com`) et « L'Univers des Smartphones » (`www.universmartphone.com`). Dans les deux cas, sont utilisés des « noms de domaine différents, et l'adresse e-mail reprend le nom de domaine. Par exemple l'adresse e-mail du webmaster est :

postmaster@universpocketpc.com, et celui de « l'Univers des Smartphones » : postmaster@universmartphone.com.

Mais vous, vous avez peut-être vos e-mails chez free, wanadoo, hotmail, msn, ...

Nous allons vous présenter comment paramétrer et utiliser cela avec votre téléphone mobile.

Internet avec votre téléphone mobile

Avant toute chose, paramétrer son téléphone mobile.

Nous ne pouvons pas à travers ce livre vous présenter tous les téléphones mobiles, et comment tous les paramétrer. Nous avons fait le choix de vous présenter ceci avec deux types de téléphones mobiles de conception à la fois différente et similaire.

Le premier est le SPV, qui est le premier téléphone mobile fonctionnant avec le nouveau système d'exploitation de Microsoft, le Smartphone 2002.

Le deuxième est le Nokia 7650 qui est équipé du nouveau système d'exploitation pour téléphones mobiles Nokia, le Symbian.

Pourquoi ces deux choix ? Simplement parce que pour tous les téléphones mobiles utilisant Smartphone Windows, vous pourrez suivre les explications de ce livre. Il en est de même pour Nokia qui généralise Symbian sur tous ses téléphones. Les analystes indiquent que ces deux « systèmes d'exploitation » pour téléphone intégreront la majorité des téléphones mobiles vendus.

Ceci permet au plus grand nombre de suivre ces explications. Ce livre est associé avec deux sites Internet traitant du domaine : www.universpocketpc.com et www.universmartphone.com. Vous pourrez poser toutes vos questions sur les forums de ces sites. Les auteurs de ce livre répondront à toutes vos questions.

Surfer sur Internet

La première chose que vous pouvez faire avec votre mobile, c'est d'aller chercher des informations à travers le Wap, ou l'I-mode qui est aussi le même format que celui utilisé par le Pocket PC, le Smartphone. Ceci est extrêmement simple et maintenant rapide grâce au GPRS. Petite nouveauté dans le monde des téléphones, ce n'est plus la liaison Internet qui est lente, mais parfois votre téléphone. En effet, celui-ci est maintenant un ordinateur à part entière, vous pouvez rajouter des programmes, surfer sur Internet, gérer vos mails, etc. Quand vous surfez sur Internet, c'est le microprocesseur de votre téléphone qui gère la liaison Internet et qui va décoder les pages Internet pour vous les afficher en format lisible pour un être humain. Ce qui fait que si votre téléphone n'est pas très puissant, l'affichage est lent ! Vous pourrez avoir une liaison GPRS rapide, mais une certaine lenteur dans l'affichage des pages ! C'est cela le progrès. A quand le changement de carte mère de votre téléphone mobile ?

La première chose à faire est de paramétrer votre téléphone mobile pour surfer sur Internet. Dans le cadre de notre exemple, nous allons utiliser nos téléphones mobiles avec le réseau de l'opérateur Orange.

Paramétrage de votre mobile

Votre téléphone mobile peut utiliser deux types de connexions :

- La connexion GSM Data.
- La connexion GPRS.

Si vous n'avez pas souscrit à l'option GPRS, vous devrez utiliser la partie GSM. Si vous avez souscrit l'option GPRS, alors, paramétrez les deux types de connexions. La liaison GSM sera utilisée par votre téléphone lorsque vous serez en un lieu qui n'a pas été équipé en GPRS.

Commençons par le GSM. Pour des raisons didactiques, nous allons vous proposer un paramétrage avec le Smartphone Windows (avec le téléphone SPC par exemple) et avec Symbian, qui équipe tous les téléphones Nokia de dernière génération.

Paramétrage Smartphone Windows (SPV et autres)

Trois étapes pour y parvenir :

- Paramétrez l'accès Wap via le GSM Data.
- Paramétrez l'accès Wap via le GPRS.
- Paramétrez vos accès aux serveurs Internet de votre choix dans vos « Favoris ».

Paramétrage GSM

Vous devez pour paramétrer votre liaison, paramétrer la « connexion de données » de votre téléphone. Pour cela, allez dans le menu « Programmes », puis « Paramètres » de votre téléphone. Choisissez « Connexion de données ».

Sur cet écran, vous appuyez sur le bouton « Menu ». Dans le menu, choisissez « Modifiez les connexions ».

Positionnez-vous sur « Orange GSM ».

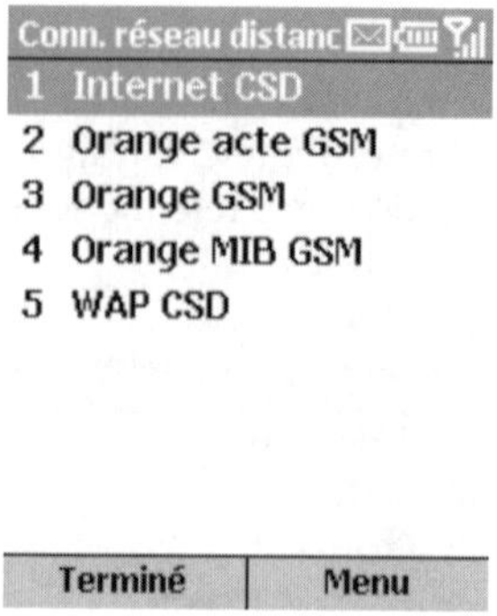

Sélectionnez cette option avec la touche «Action ».

Saisissez les options suivantes :

- Se connecte à : Positionnez à « Internet ».
- Code Pays : 33.
- Indicatif régional : 6.
- Numéro de téléphone : 74501200.

Faites défiler l'écran vers le bas et saisissez les informations suivantes :

- Nom d'utilisateur : Orange
- Mot de passe : Orange

Puis,

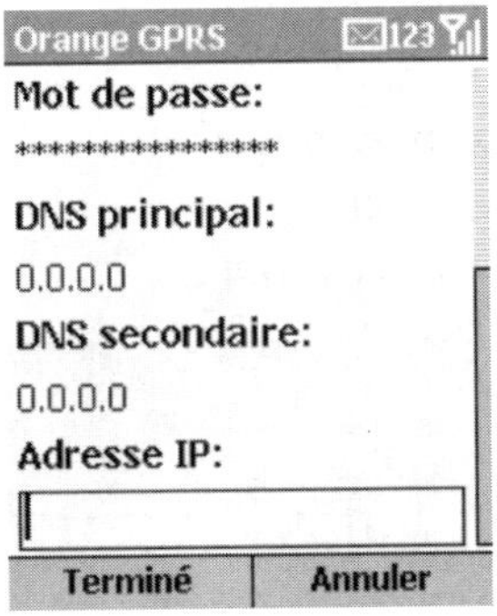

Laissez en blanc les informations de cette dernière partie d'écran.

Paramétrage GPRS

Vous avez terminé le paramétrage de la partie GPS, passons à la partie GPRS.

Vous devez, pour paramétrer votre liaison, paramétrer la « Connexion de données » de votre téléphone. Pour cela, allez dans le menu « Programmes », puis « Paramètres » de votre téléphone. Choisissez « Connexion de données ».

Sur cet écran, vous appuyez sur le bouton « Menu ». Dans le menu, choisissez « Modifiez les connexions ».

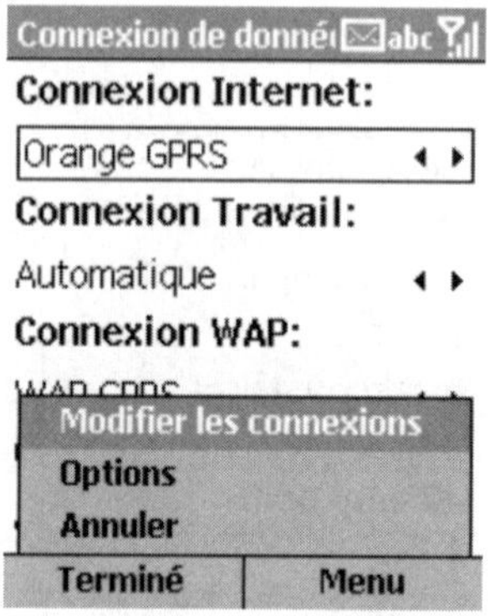

Positionnez-vous sur « Wap GPRS ».

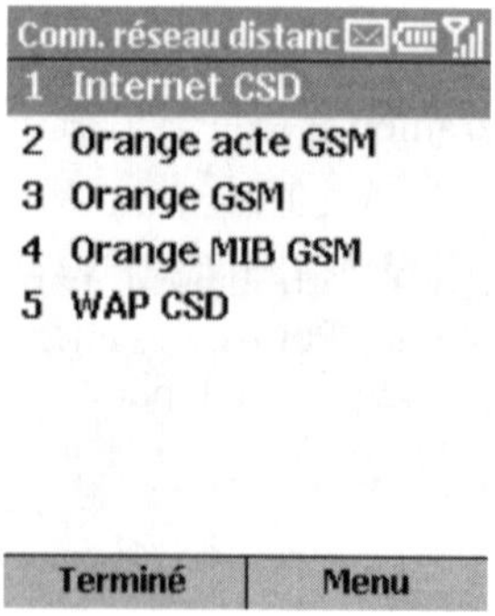

Saisissez les éléments suivants :

- Se connecte à : Internet
- Point d'accès : wap.orange.fr

C'est tout ce qu'il faut paramétrer. Appuyez sur « Terminer ».

Créer ses Favoris pour surfer sur le Wap

Allez ensuite sur le menu « Programmes ».

Choisissez « Internet Explorer ».

Appuyez sur la touche « Menu ».

Choisissez l'option « Ajouter un Favori ».

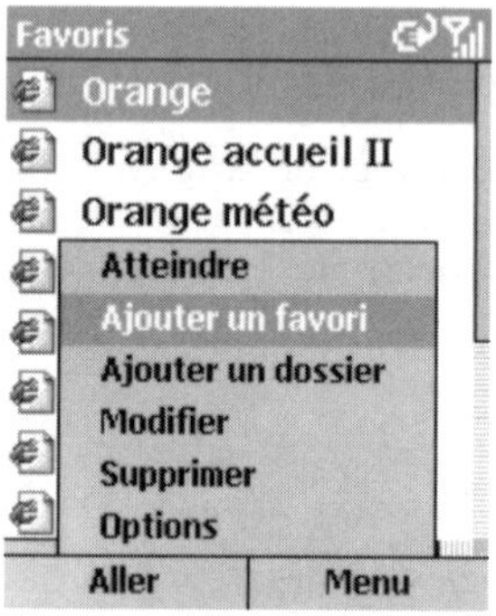

Pour l'accueil du Wap Orange, saisissez les informations suivantes :

Nom : Orange accueil

Adresse (URL) : `http://www.orange.fr`

Dossier : Favorites

Appuyez sur la touche « Terminer ».

Vous obtenez le résultat suivant :

Vous êtes maintenant prêt à surfer sur Internet. Vous pouvez passer au paragraphe « Surfer sur Internet ».

Paramétrage Wap Symbian (Nokia)

Les téléphones Nokia étant livrés avec le système d'exploitation Nokia Symbian, vous pouvez suivre les explications qui suivent. Les exemples ont été réalisés avec un Nokia 7650.

Trois étapes pour y parvenir :

- Paramétrez l'accès Wap via le GSM Data
- Paramétrez l'accès Wap via le GPRS
- Paramétrez vos accès aux serveurs Internet de vos favoris avec les « Signets ».

Paramétrage GSM

Allez sur le menu de votre téléphone Nokia.

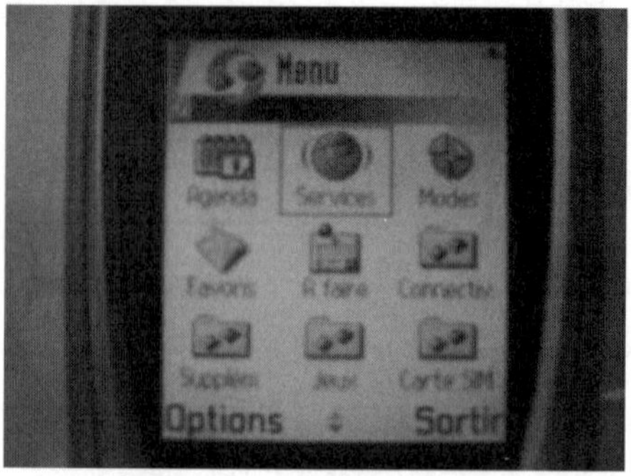

Sélectionnez l'option Services.

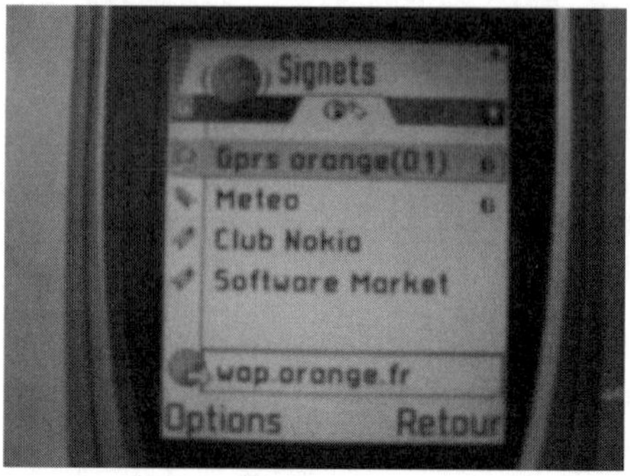

Le principe diffère de ce que l'on peut faire avec des produits comme Internet Explorer. Dans le cas de ce browser Wap, vous définissez des signets (noms de vos favoris) auxquels vous associez une adresse Wap (url).

Mais, c'est aussi à partir de cet écran, que vous allez définir les paramètres de vos connexions GPRS et GSM.

Pour y parvenir, appuyez sur le menu « Options ». Choisissez « Paramètres ».

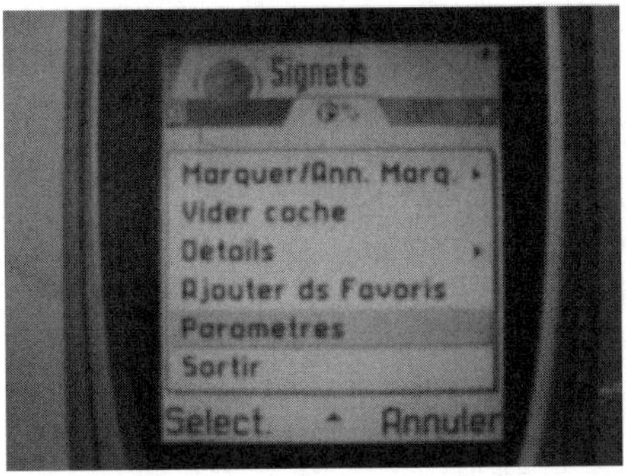

Vous voyez le point d'accès par défaut qui a été créé précédemment. Dans le cadre de notre exemple, nous allons créer deux nouvelles connexions qui porteront le nom de : « GSM » et de « GPRS ».

Vous appuyez sur le joystick, et vous parvenez à l'écran qui suit :

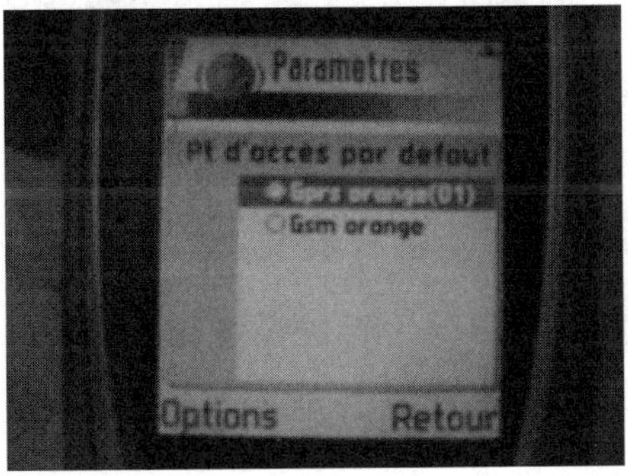

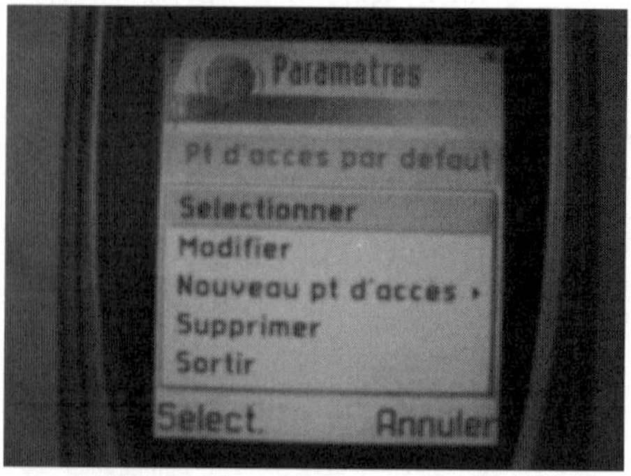

Vous sélectionnez « Nouveau pt d'accès ».

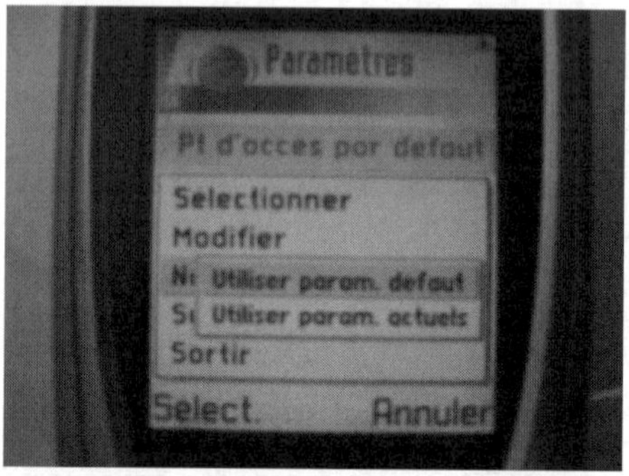

Choisissez « Utiliser param. Defaut ». Vous arrivez sur cet écran de création, il ne vous reste plus qu'à paramétrer.

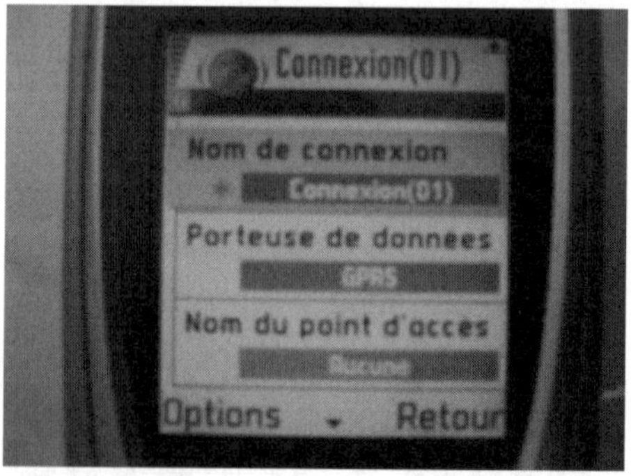

Appuyez sur le joystick, saisissez le nom « GSM » à la place de Connexion (01) qui est affiché.

Passez au point suivant (porteuse de données) et sélectionnez « GSM ». Et dans le numéro de connexion GSM data de votre opérateur mobile, dans le cas d'Orange, vous devrez saisir +33674501100.

Déplacez-vous sur l'écran avec votre joypad.

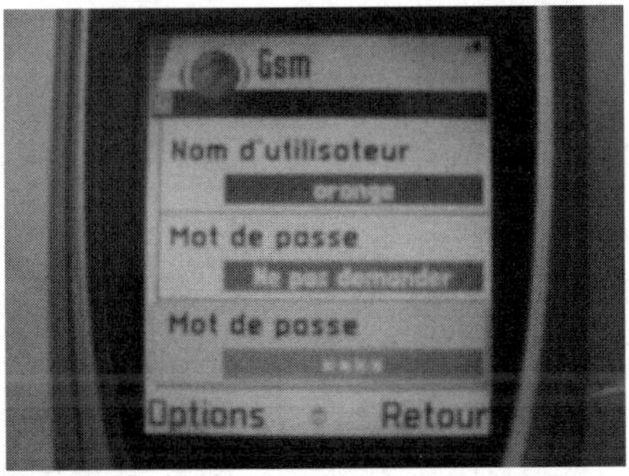

Saisissez le nom de l'utilisateur. Dans le cadre d'Orange, il est générique, saisissez dont « orange ». Positionnez l'option Mot de passe à « Ne pas demander », cela évitera qu'il vous demande de saisir votre mot de passe à chaque connexion.

Comme mot de passe, saisissez le mot de passe que vous a donné votre opérateur. Dans le cas d'Orange, saisissez « orange ».

Passez à l'écran suivant avec votre joystick.

En termes d'authentification, choisissez le mode « Normal ».

Saisissez l'adresse IP de la passerelle. Pour Orange 192.168.10.100.

Et la page de démarrage par défaut que vous souhaitez : http://wap.orange.fr.

Passez à la page suivante :

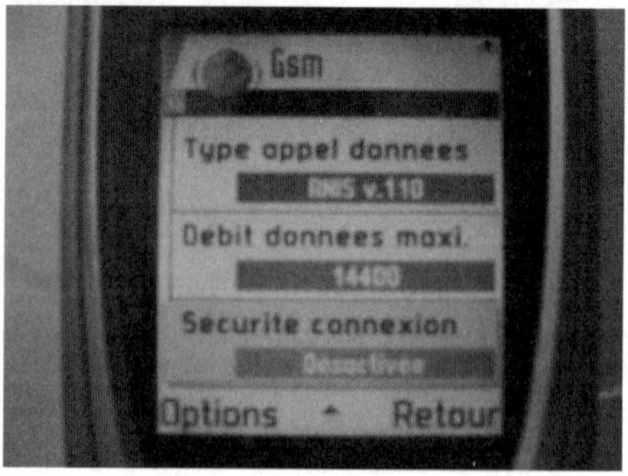

Pour le type appel de données, choisissez RNIS v110

Le débit maximum, 14 400

Désactivez la sécurité de connexion.

Vous avez paramétré la partie GSM.

Passons à la partie GPRS.

Paramétrage GPRS

Pour la partie GPRS, même principe que pour le GSM.

Allez sur le menu de votre téléphone Nokia.

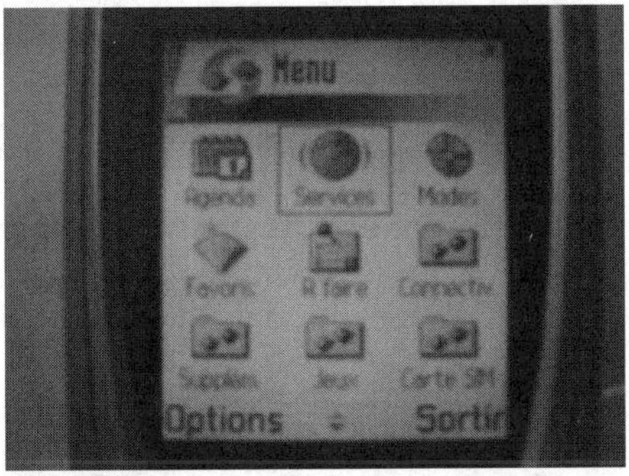

Sélectionnez l'option Services.

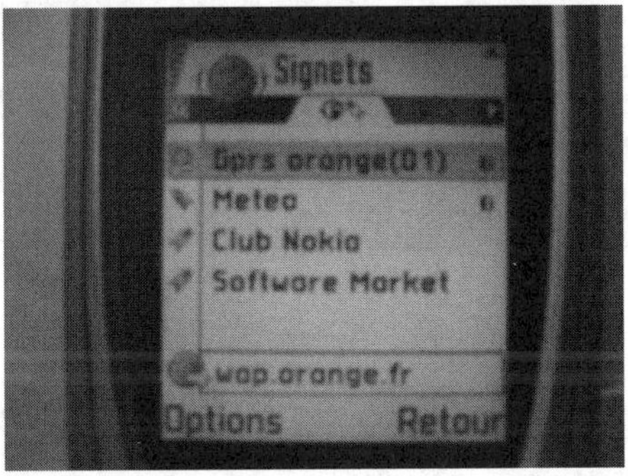

Le principe diffère de ce que l'on peut faire avec des produits comme Internet Explorer. Dans le cas de ce browser Wap, vous définissez des signets (noms de vos favoris) auxquels vous associez une adresse Wap (url).

Mais, c'est aussi à partir de cet écran, que vous allez définir les paramètres de vos connexions GPRS et GSM.

Pour y parvenir, appuyez sur le menu « Options ». Choisissez « paramètres ».

Vous voyez le point d'accès par défaut qui a été créé précédemment. Dans le cadre de notre exemple, nous allons créer deux nouvelles connexions qui porteront le nom de : « GSM » et de « GPRS ».

Vous appuyez sur le joystick, et vous parvenez à l'écran qui suit :

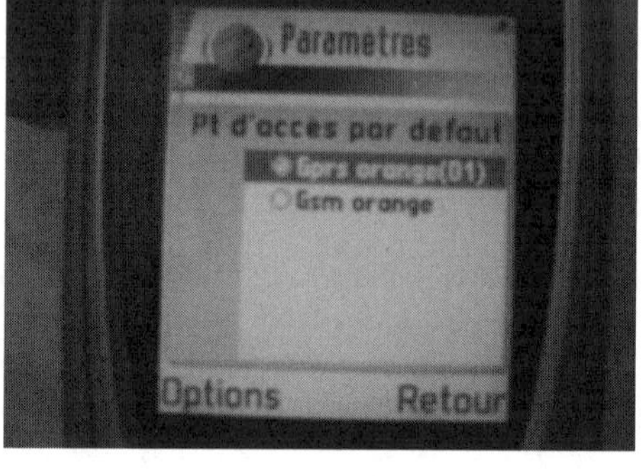

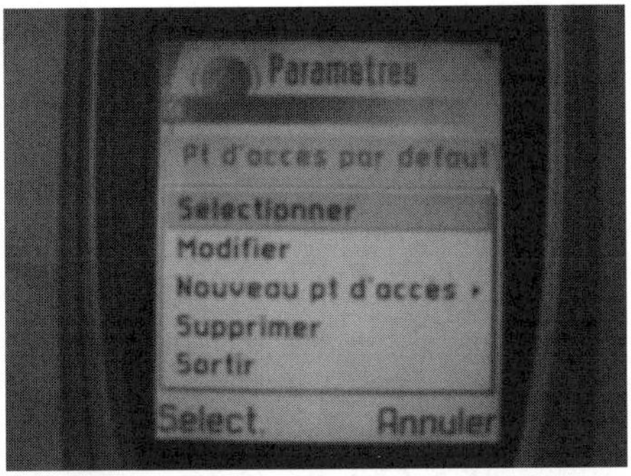

Vous sélectionnez « Nouveau pt d'accès ».

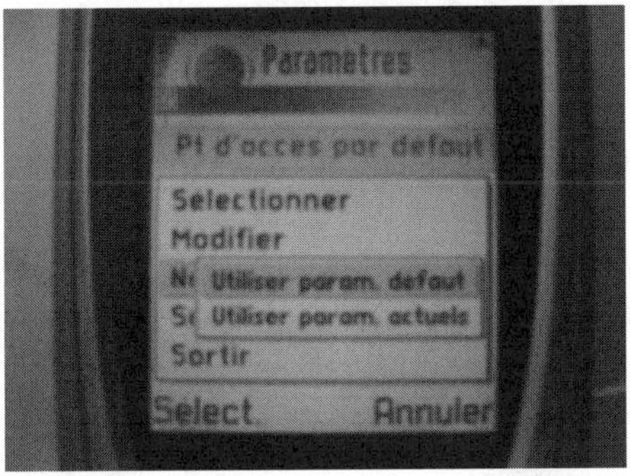

Choisissez « Utiliser param. Defaut ». Vous arrivez sur cet écran de création, il ne vous reste plus qu'à paramétrer.

Appuyez sur le joystick, saisissez le nom « GPRS » à la place de Connexion (01) qui est affiché.

Choisissez GPRS comme porteuse de données.

Saisissez le nom du point d'accès, dans le cadre de notre exemple, orange.

Passer à la page suivante avec votre joypad.

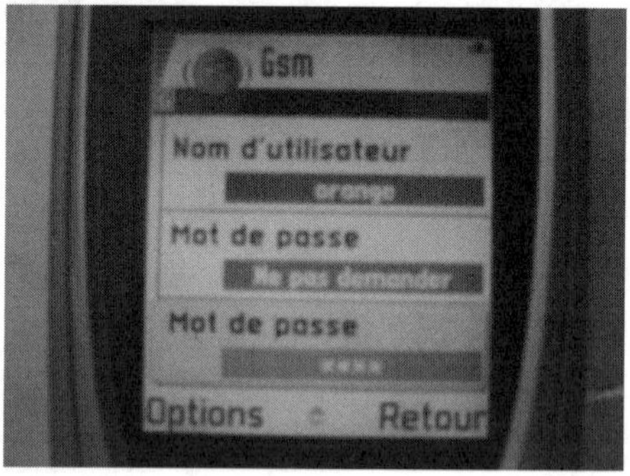

Saisissez le nom de l'utilisateur. Dans le cadre d'Orange, il est générique, saisissez dont « orange ». Positionnez l'option Mot de passe à « Ne pas demander », cela évitera qu'il vous demande de saisir votre mot de passe à chaque connexion.

Comme mot de passe, saisissez le mot de passe que vous a donné votre opérateur. Dans le cas d'Orange, saisissez « orange ».

Passez à l'écran suivant avec votre joystick.

En termes d'authentification, choisissez le mode « Normal ».

Saisissez l'adresse IP de la passerelle. Pour Orange 192.168.10.100.

Et la page de démarrage par défaut que vous souhaitez : `http://wap.orange.fr`.

Votre GPRS est paramétré. Vous pouvez maintenant surfer sur le Wap.

Surfer sur Internet

Vous avez paramétré votre téléphone mobile pour surfer sur le net, mais ce sera finalement pour le WAP. Car vous ne pourrez surfer que sur le Wap, votre navigateur n'acceptant pas les pages HTML qu'utilise le navigateur Internet de votre PC. Un navigateur Wap utilise un autre type de page Internet, le C-HTML.

Ce qu'il faut savoir aussi, c'est qu'en fonction de votre téléphone mobile (le type et la marque), vous n'aurez pas le même résultat, en termes de rendu, voire vous n'aurez pas accès aux mêmes pages, chez le même opérateur, aussi bizarre que cela puisse paraître. Par contre, vous pourrez comme sur votre PC, choisir les serveurs Internet Wap sur lesquels vous désirez naviguer.

La philosophie de navigation et de surf sur le Wap varie en fonction des constructeurs de téléphones mobiles.

Voici ce que cela va vous donner. Nous avons pu noter que le Smartphone Windows permettait un surf sur Internet plus approchant qu'avec Symbian, mais ceci est après tout uniquement une question de goût. Nous allons commencer avec le Smartphone Windows.

Smartphone Windows

Comme toujours avec Microsoft, l'utilisation est homogène avec ce que vous connaissez. C'est bien sûr Internet Explorer qui est utilisé.

Votre Smartphone se connecte de deux façons à Internet :

- Via le GSM data, connexion lente mais qui fonctionne (9,6 kb/s).
- Et en GPRs avec un débit similaire à celui du modem de votre PC.

Si vous avez pris l'option GPRS, votre Smartphone choisira le GPRS de préférence ; si vous êtes hors zone de couverture GPRS, il utilisera le GSM Data.

Vous accédez à Internet Explorer à partir du menu « Programmes » et une liste de « favoris » vous est présentée.

Vous pouvez ajouter des adresses de site Web ou Wap sur votre liste de favoris. Pour cela, dépliez le « Menu ».

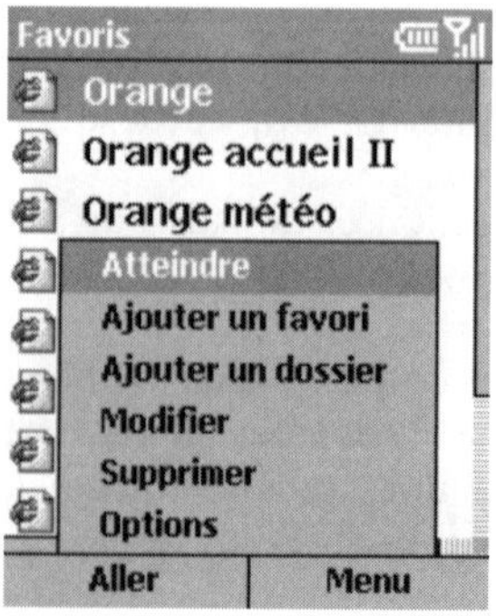

Choisissez « Ajouter un favori ». L'écran suivant apparaît.

Pour l'utiliser, il vous suffit de choisir ce favori et de cliquer dessus avec la touche action. Après quelques secondes (en GPRS), vous accédez à la page de votre choix. En vous déplaçant avec le joypad, vous pourrez vous déplacez d'un lien vers un autre, et en appuyant sur le bouton « action », vous pourrez vous déplacer sur le lien.

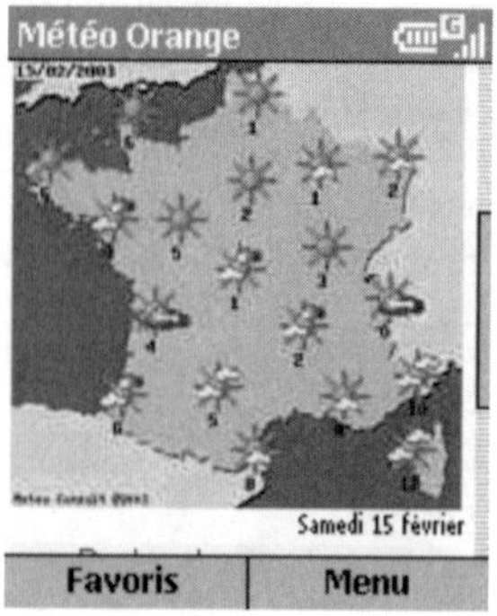

Bien sûr si vous cliquez sur une vidéo ou un fichier son, ils seront lus par Windows Media en direct.

Symbian Nokia

Ici, philosophie différente du surf, mais toujours le même principe. Vous vous déplacez sur les liens et vous pointez avec le joypad sur le lien pour y accéder.

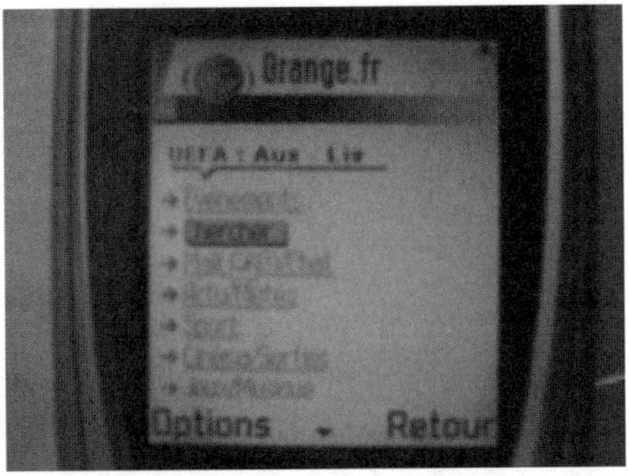
Orange.fr
Options
Retour

France
Boulogne-bi.
Options
Retour

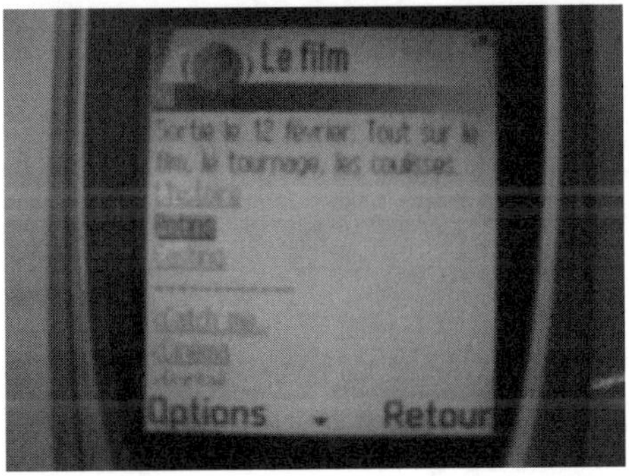
Le film
Options
Retour

Envoyer et recevoir ses mails, ses SMS, ses MMS

Introduction

Votre téléphone, s'il est récent, utilise une seule fonction pour gérer les SMS (Short Message System), les MMS (Multimedia Mobile System) et les e-mails. Vous serez toujours notifié de la réception d'un de ces éléments dans la boîte de réception.

Voici le rêve du nomade enfin réalisé. Envoyer et recevoir ses e-mails directement avec son téléphone mobile. En lisant ces premières lignes, vous semblez incrédule, et pensez que ceci est un gadget. Loin s'en faut. Avec le GPRS, vous recevrez vos e-mails rapidement, sans contrainte, vous pouvez même programmer votre téléphone pour qu'il aille relever vos e-mails à la période et à la fréquence que vous aurez choisies.

Vous pourrez aussi envoyer et recevoir vos messages textes, via la messagerie SMS et envoyer des messages multimédia via la messagerie MMS.

La lisibilité est très bonne, ce qui fait de votre téléphone mobile un excellent réceptacle à mails. Par contre répondre avec le clavier du téléphone est plus difficile, mais cela permet de répondre brièvement. Les mails sont « dupliqués » sur votre téléphone mobile et restent dans votre boîte à lettres.

Nous allons vous présenter ces fonctions avec un Smartphone Windows. Nous vous avons présenté comment accéder à Internet grâce à votre mobile, maintenant, nous allons vous présenter comment paramétrer vos boîtes à messages. Ces paramètres peuvent s'appliquer à tous les mobiles.

Paramétrage de votre boîte de réception

Gestion des e-mails

Nous allons vous présenter cette partie avec un Smartphone Windows.

Rendez-vous dans la « boîte de réception » à partir du menu « Programme ».

Dépliez le « Menu ».

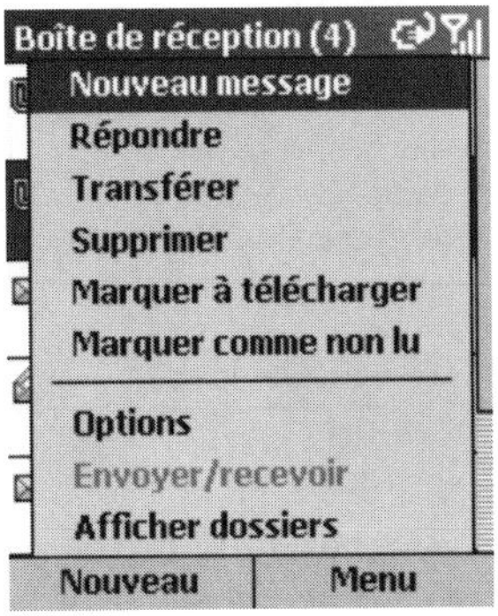

Choisissez « Options ».

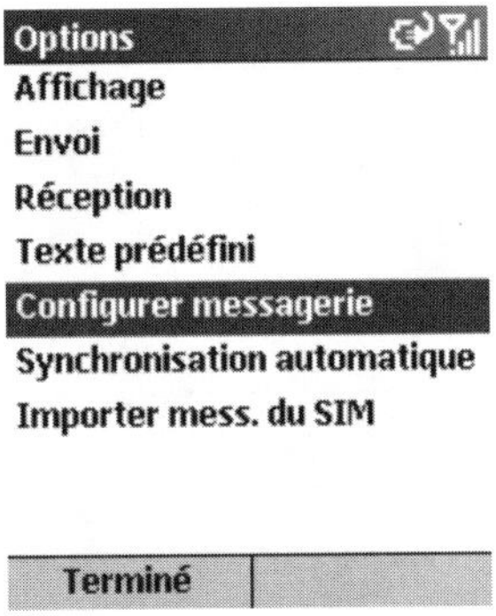

Puis choisissez « Configurer messagerie ». Attention, vous ne pourrez accéder à ce menu que si votre Smartphone n'est pas sur sa station d'accueil.

Si vous avez au préalable choisi d'utiliser le mode ActivSync, vous verrez apparaître ce message. Sélectionnez le bouton « Oui ».

Vous verrez apparaître cet écran d'information.

Puis vous commencez à rentrer dans le vif du sujet :

Vous devrez saisir votre nom, comme vous souhaitez le voir apparaître dans vos e-mails.

Puis votre adresse de messagerie complète.

Puis le type de serveur que vous utilisez. Dans le cadre de vos boîtes de réception sur Internet, c'est la plupart du temps POP3. Cela sert pour vous à recevoir vos messages.

Appuyez maintenant sur « Suivant ».

Vous devrez entrer le nom de votre serveur de courrier entrant, c'est-à-dire l'adresse de l'élément qui vous permet de recevoir vos messages.

Puis le serveur de courrier sortant.

Attention, il y a ici une petite finesse Internet. En effet, la plupart des fournisseurs d'accès Internet - et votre opérateur de téléphonie mobile est dans ce cas - vous permettent de recevoir vos e-mails via une boîte aux lettres qui peut être n'importe où sur Internet **mais** pas de les envoyer à partir de n'importe où. Pour vous cela ne change rien, mais si vous n'y prenez pas garde, cela ne fonctionnera pas.

Donc, vous devrez choisir le SMTP de votre fournisseur d'accès au réseau mobile. Dans le cadre de notre exemple, nous utilisons Orange, donc, smtp.orange.fr.

Le réseau est bien sur Internet.

Appuyez sur « Suivant ».

Le nom d'utilisateur est en général votre adresse e-mail complète.

Saisissez votre mot de passe.

La petite case « enregistrer le mot de passe » permet d'éviter d'avoir à ressaisir le mot de passe à chaque fois que vous allez chercher vos messages.

Appuyez sur « Suivant ».

Si vous étiez auparavant en mode de réception et d'envoi via ActivSync, vous voyez apparaître ce message.

Attention, il supprime TOUS les messages dans la boîte de réception, même les SMS et les MMS.

Vous êtes prêt pour envoyer et recevoir vos e-mails.

Gestion des SMS

Pour envoyer et recevoir des SMS, il vous faut paramétrer au préalable le numéro de téléphone de votre « centre de gestion SMS ». Normalement, il est paramétré en standard sur la carte SIM de votre téléphone. Mais nous vous présentons quand même comment le paramétrer.

Dans le menu « Programmes » choisissez « Paramètres ».

Choisissez l'option « Téléphonie ».

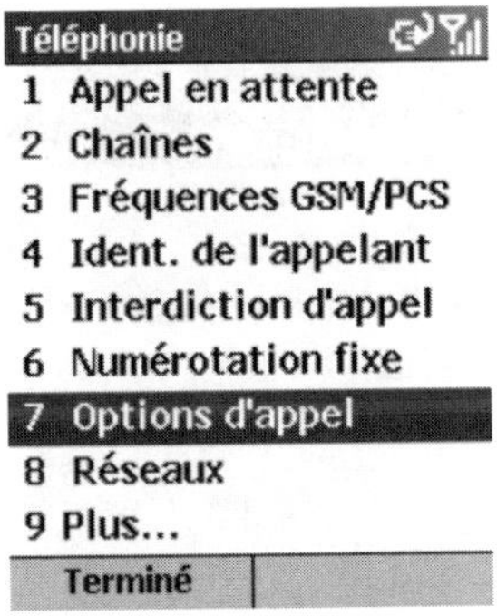

Une fois sur cet écran, faites-le défiler vers le bas à l'aide de votre joypad jusqu'à l'option « Centre de service SMS ».

Entrez le numéro de téléphone. Vous pourrez l'obtenir auprès de votre opérateur si vous n'avez pas acquis un « Pack » comprenant le téléphone.

Gestion des MMS

Pour envoyer et recevoir des MMS, il faut que vous ayez paramétré les paramètres Internet nécessaires à la gestion des MMS, car ceux-ci transitent par Internet.

Pour réaliser cela, choisissez l'option « Accessoires » à partir du menu « Programmes ».

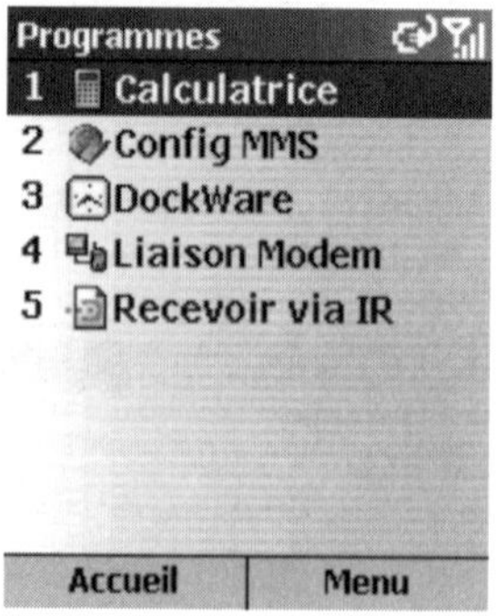

Puis choisissez « Config MMS ».

Vous pouvez rentrer les paramètres que vous a donnés votre fournisseur d'accès MMS, en général votre opérateur téléphonique.

Par exemple pour l'opérateur Orange, vous allez réaliser les actions suivantes. Les connexions DATA ont été paramétrées au début de ce chapitre.

Sur la première ligne, sélectionnez Orange acte GPRS

Saisissez 192.168.10.200 sur la ligne IP.

Saisissez 9201 sur la ligne Port.

Saisissez `http://mms.orange.fr` sur la ligne Adresse MMSC.

Note : pour obtenir un /, appuyez quelques secondes sur la touche #.

Sélectionnez Max parmi les délais d'expiration.

Décochez les cases Avis de transmission, Avis de lecture et Masquer l'expéditeur à moins que ces choix ne vous conviennent pas.

Sélectionnez Automatique pour le chargement MMS.

Revenez sur la première ligne et sélectionnez Orange acte GSM.

Confirmez l'enregistrement des paramètres liés à la connexion Orange acte GPRS en appuyant sur OK.

Saisissez 192.168.10.200 sur la ligne IP.

Saisissez 9201 sur la ligne Port.

Saisissez `http://mms.orange.fr` sur la ligne Adresse MMSC.

Sélectionnez Max parmi les délais d'expiration.

Décochez les cases Avis de transmission, Avis de lecture et Masquer l'expéditeur à moins que ces choix ne vous conviennent pas.

Sélectionnez Automatique pour le chargement MMS.

Cliquez sur Terminé.

Confirmez l'enregistrement des paramètres liés à la connexion Orange acte GSM en appuyant sur OK.

Vous êtes maintenant prêt à envoyer et recevoir des MMS.

Utilisation de votre boîte de réception

Utilisation globale et lecture des messages

Vous voici dans votre boîte de réception qui se présente à vous comme ceci :

Vous voyez les mails qui vous ont été envoyés. Ceux en « gras » sont les mails que vous n'avez pas encore lus.

Quel que soit le type de message que vous recevez ou envoyez, le mode d'emploi est toujours le même ou quasiment.

La réception des MS et des MMS se réalise toute seule sans que vous n'ayez à faire quoi que ce soit. Par contre pour les e-mails, vous devrez demander de les envoyer ou de les recevoir, à moins que vous n'ayez programmé un mode d'envoi et de réception automatique. Nous reviendrons sur cette option.

Vous voyez en bas de votre écran deux boutons :

- Nouveau qui vous permettra de rédiger de nouveaux messages.
- Menu qui vous permettra de gérer vos messages.

Pour lire les messages, rien de plus simple, il vous suffit de vous déplacer avec le joypad sur le message que vous désirez lire, et d'appuyer sur le bouton « action » du joypad.

Vous pourrez choisir de répondre à ce message avec le bouton « Répondre », mais aussi de réaliser les actions qui suivent avec le bouton « Menu ».

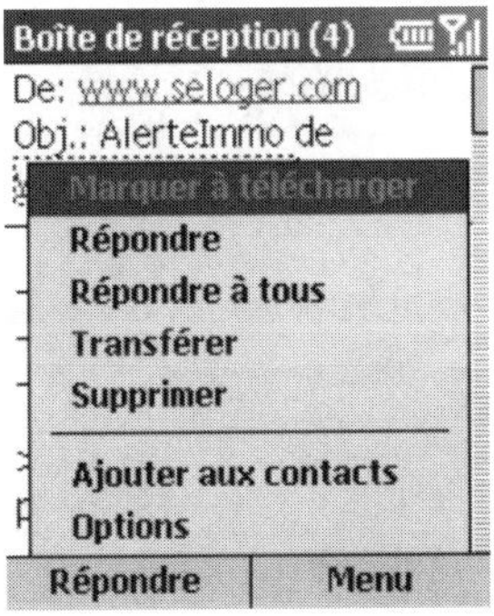

Si vous n'aviez sélectionné que l'option « Réception d'en-tête », vous pouvez marquer ce message pour qu'il soit téléchargé complètement.

Vous pouvez choisir l'option répondre, ou répondre à toutes les personnes émettrices et destinataires du message.

Vous pouvez transférer le message à un autre correspondant.

Vous pouvez supprimer le message.

Vous pouvez aussi ajouter l'émetteur du message dans votre base de contacts.

La partie option ne permet que de choisir la langue du message. Dans tous les cas, laissez cette option à « automatique ».

Les SMS et les e-mails

LE SMS, ce nouveau mode de communication apparu sur terre vers les années 1997 a vu son essor se développer de façon phénoménale sur notre petite planète. L'e-mail est plus ancien mais a subi lui aussi un développement incroyable.

Une subtilité de votre Smartphone est que vous utiliserez la même méthode pour rédiger un SMS qu'un e-mail.

La rédaction est simplissime.

A partir de la liste de vos messages, choisissez l'option « Nouveau ».

Puis choisissez « Message ».

Pour le destinataire, vous pouvez, soit saisir le numéro de téléphone directement, soit aller le chercher dans votre répertoire.

Pour cela utilisez la touche « Menu ».

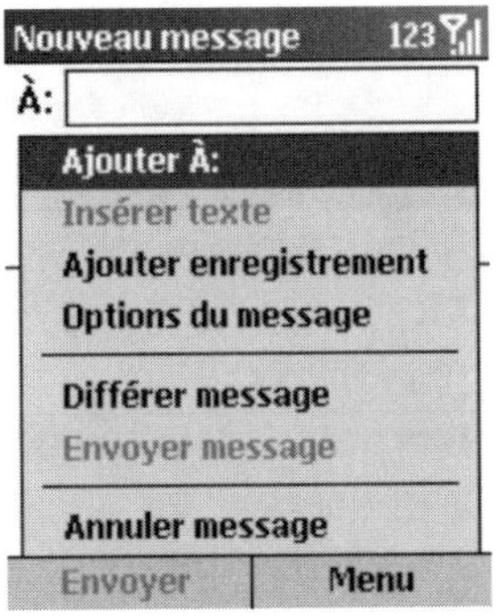

Choisissez « Ajouter A ».

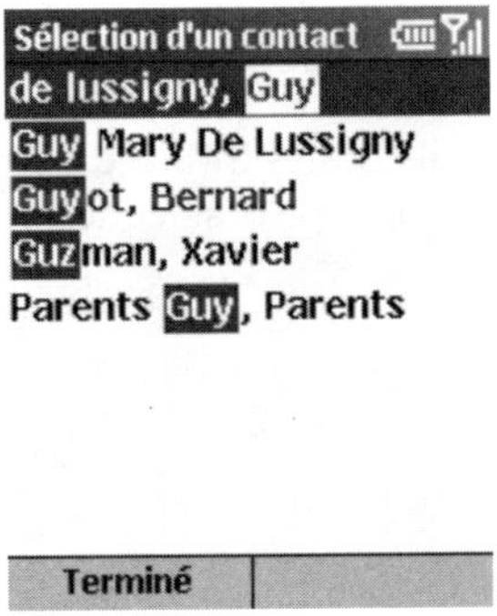

Attention c'est ici qu'intervient une petite finesse. En effet, si dans votre base de contacts, vous avez le numéro de téléphone ET l'adresse e-mail, il vous sera proposé de faire un choix.

Si vous choisissez l'adresse e-mail, votre message sera envoyé en mail ; si vous choisissez le numéro de téléphone, ce sera un SMS.

Il ne vous reste plus qu'à appuyer sur le bouton « Envoyer ».

Que ce soit pour les e-mails ou les SMS, le bouton « Menu » vous permet les actions suivantes, outre le fait de sélectionner un correspondant :

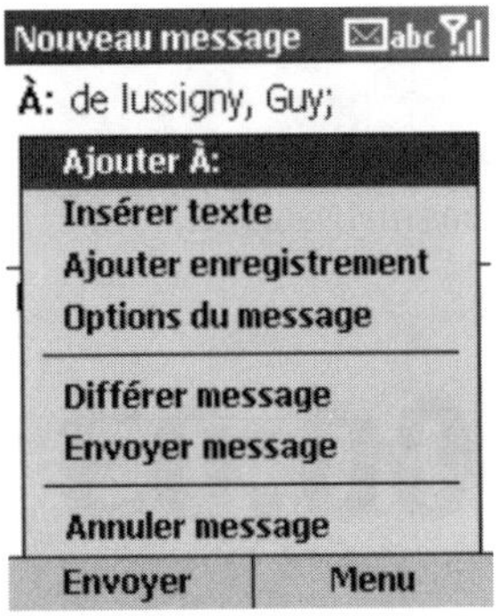

Insérer texte : Vous pouvez insérer un texte prédéfini. Choisissez l'option et sélectionnez le message à insérer.

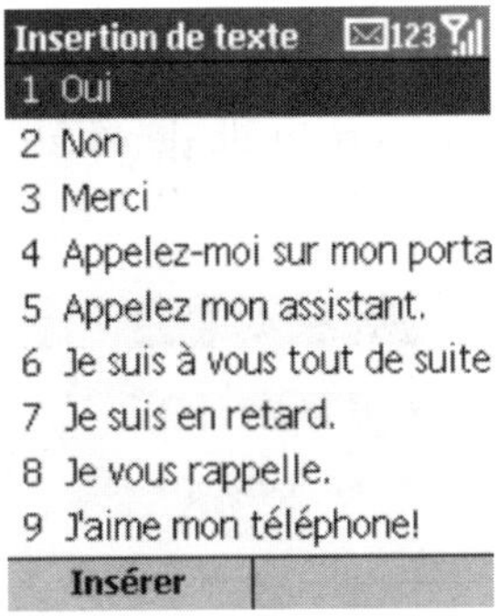

Ajouter enregistrement. Dans le cas d'un e-mail, vous pourrez ajouter un enregistrement vocal, qui n'est rien d'autre qu'une note vocale. Le message suivant apparaît :

Appuyez sur le bouton « enregistrer ».

Parlez, et à la fin de l'enregistrement, le message vocal sera associé à votre e-mail.

« Option du message » vous permet de demander une notification de l'envoi effectif du message à travers le réseau.

« Différer le message » permet de l'envoyer dans la zone « brouillon » et de revenir dessus plus tard.

« Envoyer le message » permet de l'envoyer immédiatement.

Les MMS

Les MMS, la dernière nouveauté pour communiquer avec vos contemporains. Une évolution des SMS, ni plus ni moins, mais une évolution amusante. En effet, vous pourrez envoyer des messages textes agrémentés de petites images animées et de sons, autrement dit, des messages multimédia !

Un grand plus de votre Smartphone, c'est que celui-ci est entièrement ouvert. C'est-à-dire que vous pourrez aller chercher des images fixes ou animées, ainsi que des sons, et les installer dans votre Smart phone, puis les envoyer avec vos MMS.

Le répertoire où installer les images est « My document / My pictures » et le répertoire où installer les sons est « My document / My sounds ».

Pour les images animées, le format consacré est « Gifs animés » ou « animate gif ». Il vous suffit de faire une recherche sur Internet pour en trouver à foison. Les images fixes sont au format gif.

Pour les sons, vous devrez cherchez des sons au format « Wav », le format de son standard Windows.

Maintenant que vous en savez autant que l'auteur de ce livre, je vous propose de réaliser et d'envoyer votre premier MMS.

Revenons à l'écran d'accueil de votre boîte de réception.

Dépliez le menu « Nouveau » et choisissez « MMS ».

Vous arrivez devant cet écran qui est de premier abord peu sibyllin.

Voici ce qu'il vous faut savoir pour composer votre MMS. Un MMS peut être composé de plusieurs pages. Les pages que vous composez apparaîtront à votre destinataire dans l'ordre où vous les aurez composées.

Chaque page peut être composée d'un texte, d'une image et d'un son.

Vous pourrez aussi décider de l'enchaînement, en précisant la durée d'apparition des éléments ou des pages.

Nous allons pour notre exemple créer un MMS d'une page avec du texte, du son et une image animés.

Pour commencer, dépliez le menu « Editer ».

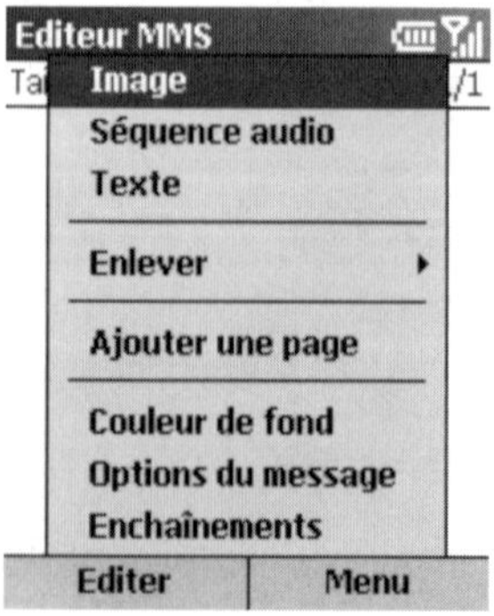

Choisissez l'option « Image ».

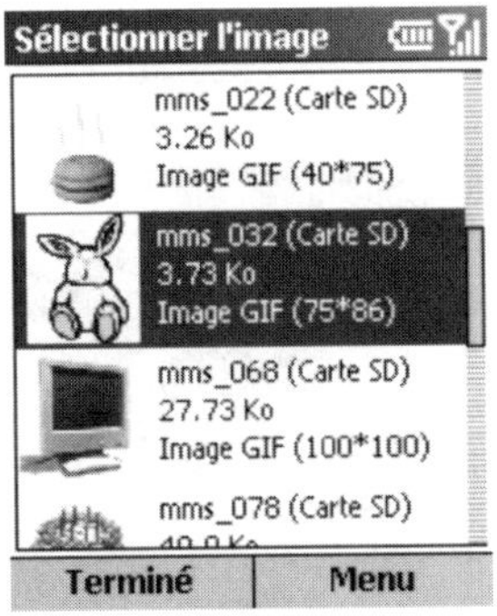

Vous pouvez aussi décider de créer votre propre image en choisissant l'option « Editer » avec le bouton « Menu ». Vous aurez alors un éditeur d'image complet à votre disposition.

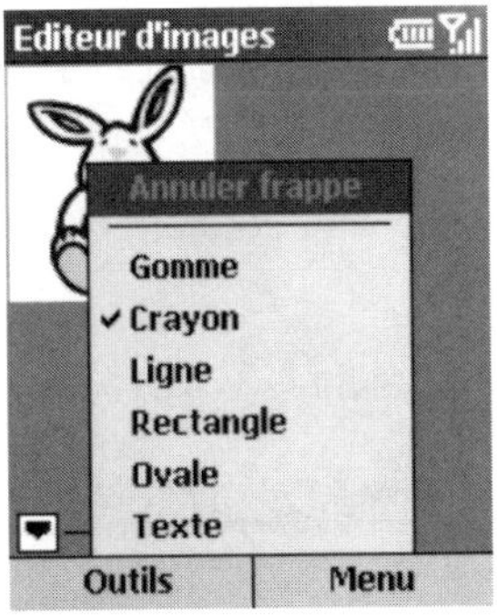

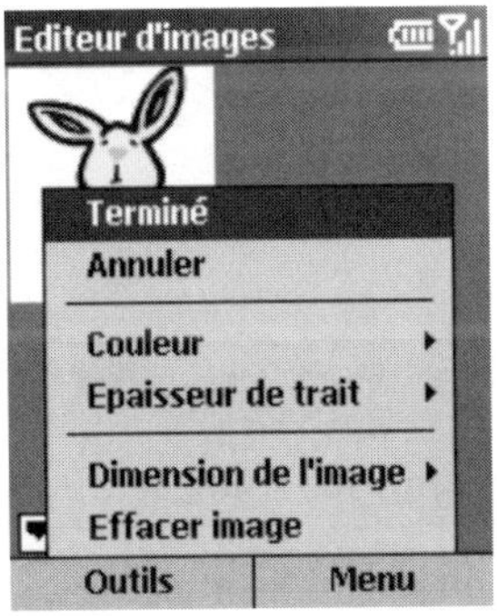

Choisissez une image et appuyez sur « Terminer » pour la rapatrier dans votre MMS.

Maintenant ajoutons du son à notre MMS. Pour cela dans le menu « Editer », sélectionnez l'option « Séquence audio ».

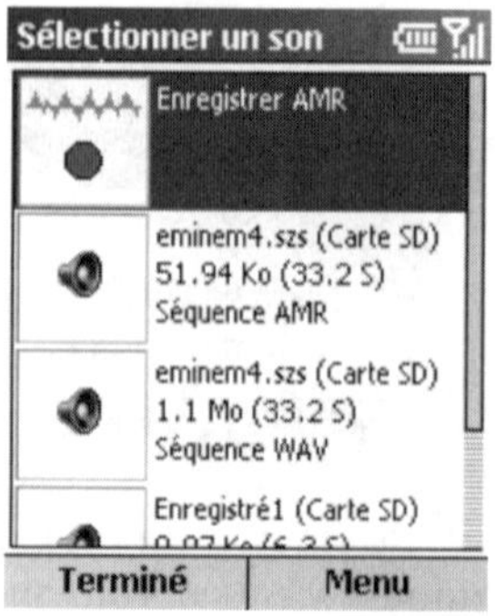

Vous pouvez choisir une séquence présente dans votre Smartphone en en sélectionnant une et en la rapatriant ou créer votre propre enregistrement en choisissant l'option « Enregistrement AMR ». Vous aurez le droit à quelques secondes d'enregistrement.

Choisissez le fichier son que vous souhaitez joindre et appuyer sur « Terminer ».

Maintenant, revenez sur le menu « Editer » et choisissez « Texte ».

Saisissez votre Texte, et appuyez sur « Terminer ».

Votre MMS vous apparaît maintenant comme ceci :

Avec l'option « Enlever » du menu « Editer », vous pouvez retirer un des éléments que vous avez insérés, ajouter une page, choisir la couleur du fond.

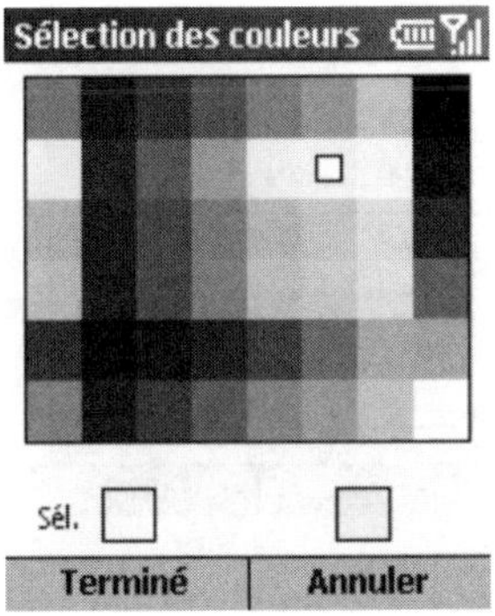

Vous pouvez aussi sélectionner les « options du message ».

Ces options sont les suivantes :

Expiration : délai après lequel votre message ne sera pas transmis à votre correspondant si celui-ci n'était pas en situation de le recevoir.

Avoir un accusé de réception.

Avoir un avis de lecture de votre MS par votre correspondant.

Masquer l'expéditeur, c'est-à-dire vous-même.

Choisir une catégorie et un niveau de priorité.

Et pour finir, vous pourrez définir les paramètres d'enchaînement de la présentation que vous venez de réaliser.

Il ne vous reste plus qu'à l'envoyer.

Pour cela vous dépliez le « Menu », et choisissez « Envoyer le message ».

Vous aurez à choisir vos destinataires.

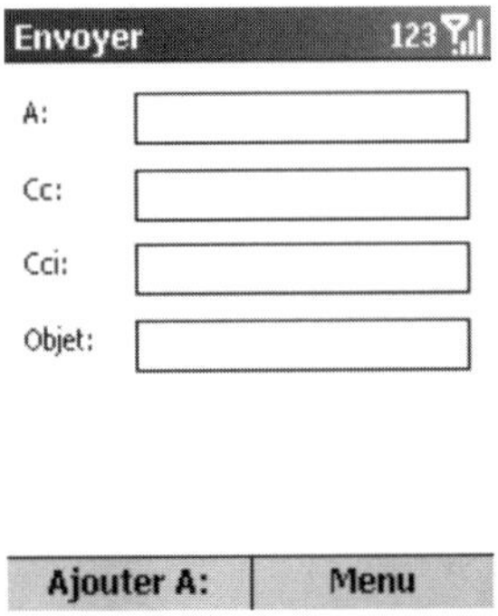

Vous vous positionnez sur une des options (A : destinataires principaux, cc : destinataires en copie, CCi, destinataires en copie, mais cachés), et utilisez le bouton « action » de votre joypad.

Sélectionnez votre destinataire en appuyant sur « Terminer ».

Saisissez l'objet de votre MMS et sélectionnez « Envoyer » dans le menu.

Votre message part, et ne devrait pas tarder à arriver.

Les options de votre boîte de réception

Vous pouvez paramétrer toutes les options d'utilisation de votre téléphone à partir du menu de votre boîte de réception, en choisissant « option ».

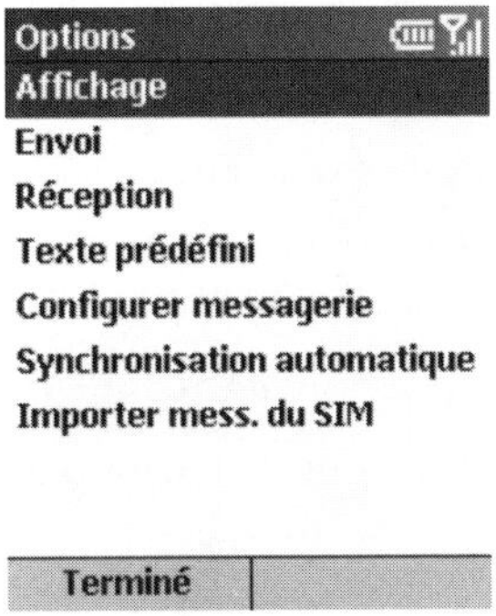

Affichage.

Vous pourrez ici décider d'afficher la date et l'heure dans la liste des messages, mais aussi par date de réception, expéditeur, etc.

Envoi .Vous pourrez ici paramétrer les options d'envoi de vos messages.

Vous pourrez :

- Décider d'inclure une copie du message envoyé auquel vous répondez.
- Garder une copie des messages envoyés.
- Utiliser UNICODe qui permettra à tout le monde de pouvoir lire votre message, quel que soit l'alphabet utilisé.
- Demander la saisie de mot de passe lors de l'envoi de MMS.

Réception. Paramétrer les options de réception.

Ceci permet de ne récupérer que l'en-tête du message ou la totalité. Si vous choisissez de ne recevoir que l'en-tête, vous aurez le choix de le télécharger en mode complet à la demande.

Texte prédéfini. Vous pouvez modifier ici les textes prédéfinis pour vos messages.

Configurer la messagerie (voir précédemment dans ce chapitre).

Synchronisation automatique. Vous avez la possibilité de demander à votre téléphone d'aller chercher automatiquement vos messages, toutes les deux heures, 4 heures, 1 jour, semaine, etc.

Importer mess. du SIM. Cette option vous permet de récupérer des messages qui seraient présents dans votre carte SIM. Ceci arrive en général quand vous passez d'un téléphone d'une ancienne génération vers le Smartphone qui lui les stocke dans sa propre mémoire.

Pénétrez dans le monde de la communication instantanée avec Messenger

Il était une fois un monde où la lenteur de communication dominait, toute action demandait du temps, de l'énergie, c'était il y a 30 ans. Tout passait par le courrier papier. Le moindre aller et retour de courrier prenait minimum une semaine. C'était aussi une époque où avoir une ligne téléphonique demandait deux ans...

Est apparue la télécopie, qui ne s'est généralisée que depuis 25 ans. Ce fut la capacité à envoyer un document papier instantanément à l'autre bout du monde. En parallèle, des gens ont commencé à s'envoyer des e-mails d'un ordinateur à un autre. Ils étaient motivés car cela était très rapide, mais par contre complexe d'utilisation, et d'une ergonomie déplorable.

Ces cinq dernières années ont vu l'explosion des communications. Elles ont changé notre mode de vie, dynamisé les échanges, simplifié notre vie.

Aujourd'hui, il faut 24 h pour avoir une ligne de téléphone fixe, l'ADSL, et l'obtention d'une ligne de téléphone mobile ou une boîte e-mail se réalise en quelques minutes. Le monde de l'écrit qui était déclaré fini et enterré il y a 10 ans revient en force à travers les e-mails et récemment les SMS (Short Message System).

Un nouveau mode de communication fait son apparition, le « chat » ou message instantané. C'est le moyen de communiquer instantanément par écrit entre deux personnes. Vous écrivez, le message apparaît immédiatement sur l'écran de votre correspondant, et il vous répond en direct.

La mise en œuvre de ce nouveau mode de communication ne prend que quelques instants. Vous devez utiliser pour cela un logiciel livré en standard sur votre PC de bureau fonctionnant sous Windows XP : « Messenger ». Il est aussi installé en standard sur votre Smartphone. La même adresse Messenger, qui correspond à une adresse e-mail, peut être utilisée indifféremment sur votre PC et sur votre Smartphone.

La version livrée avec Windows XP est plus riche que sur votre Smartphone. En effet, elle permet le « chat » avec un correspondant, mais aussi de communiquer par la voix, comme avec un téléphone, en vidéo avec une simple webcam, d'envoyer un fichier à votre correspondant, et de partager un fichier pour travailler à deux. Imaginez, vous pourrez dialoguer par écrit, par la voix, voir votre correspondant, tout en travaillant tous les deux sur un fichier Excel. L'espace est aboli, le monde est à portée de votre main.

Quant à la tarification, vous ne payez que le nombre d'octets qui vont transiter lors de votre conversation si vous êtes en connexion GPRS. En mode GSM, vous payerez à la durée de la connexion sur Internet.

Sur votre Smartphone, vous ne pourrez utiliser que le « chat », mais ceci est déjà beaucoup.

Pour la mise en œuvre, si vous l'utilisez sur votre PC de bureau, vous devrez être, soit relié au réseau de votre entreprise, soit posséder un modem et un abonnement Internet, soit avoir un abonnement ADSL. Pour un usage vocal et vidéo, vous devrez avoir obligatoirement un abonnement ADSL ou utiliser le réseau de votre entreprise.

Pour votre Smartphone, vous n'avez rien d'autre à faire que de paramétrer l'accès à Internet comme nous vous l'avons présenté précédemment.

Pour vous présenter cette fonction nous allons utiliser un PC relié à Internet par l'ADSL et un Smartphone et les faire communiquer tous les deux.

Pour finir, l'ensemble des moyens de type infrastructure permettant cette mise en relation est fourni par MSN, c'est-à-dire Microsoft. L'inscription est gratuite.

Vous savez maintenant comment mettre en œuvre Messenger, nous allons maintenant découvrir comment l'utiliser. Comme vous serez amené à l'utiliser sur PC et sur Smartphone, nous allons vous le présenter sur votre PC de bureau et sur votre Smartphone, sachant que nous ne vous présenterons que la partie commune aux deux appareils, à savoir le « chat ».

De même, vous ne pourrez vous inscrire à Messenger qu'à partir de votre PC. Une fois votre inscription validée avec votre PC, vous pourrez utiliser votre connexion à Messenger sur n'importe quelle machine utilisant Messenger, votre Smartphone, un Pocket PC, etc.

Inscription à Messenger et Passeport .net

Vous devez commencer sur votre PC par exécuter le programme Messenger. Vous le trouverez dans le « Menu démarrer » option « Tous les programmes ».

Vous devrez utiliser l'option « Fichier / Ouvrir une cession » pour vous connecter et créer votre compte utilisateur.

La fenêtre suivante apparaîtra. Elle vous proposera la liste de vos connexions possibles. Dans votre cas, elle sera vierge.

Vous cliquez en bas à gauche sur l'option « Obtenez un passeport ». Et vous arriverez sur l'écran suivant :

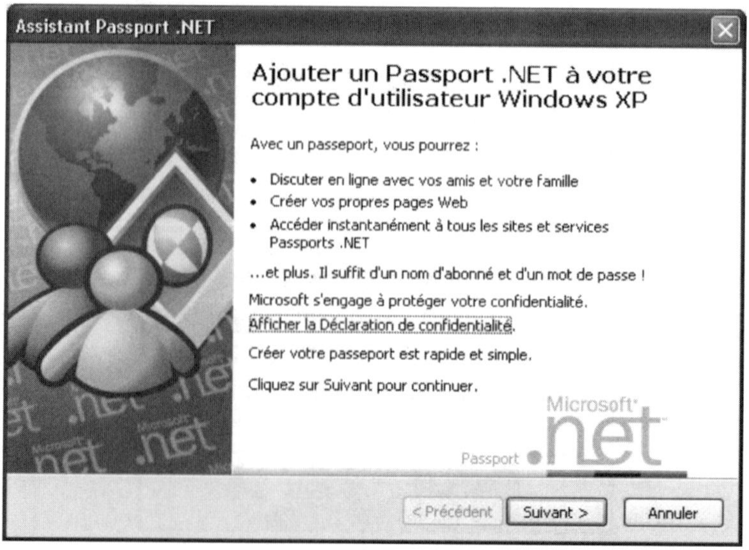

Après lecture, cliquez sur « Suivant ».

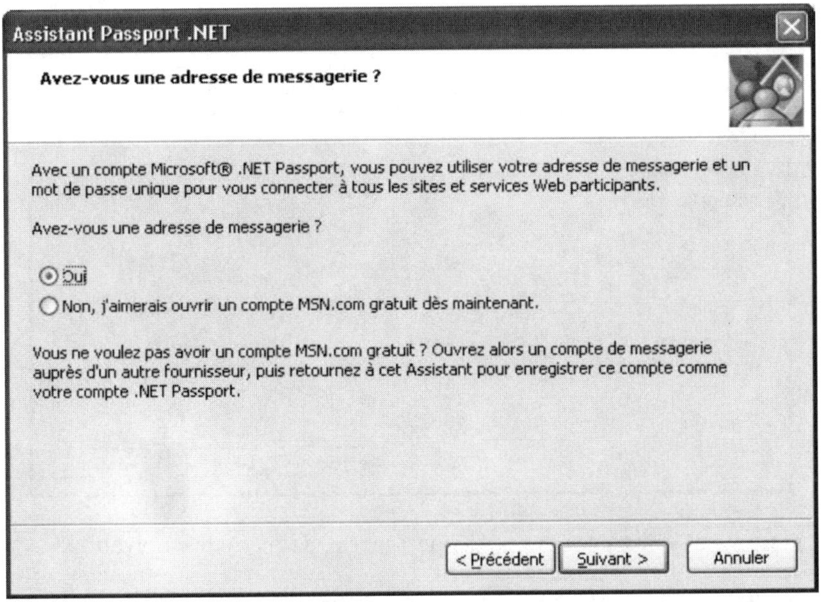

Si vous avez déjà une adresse de messagerie, cliquez sur « oui », sinon, cliquez sur « non ». Le processus reste le même dans les deux cas, nous allons choisir d'utiliser une adresse de messagerie existante.

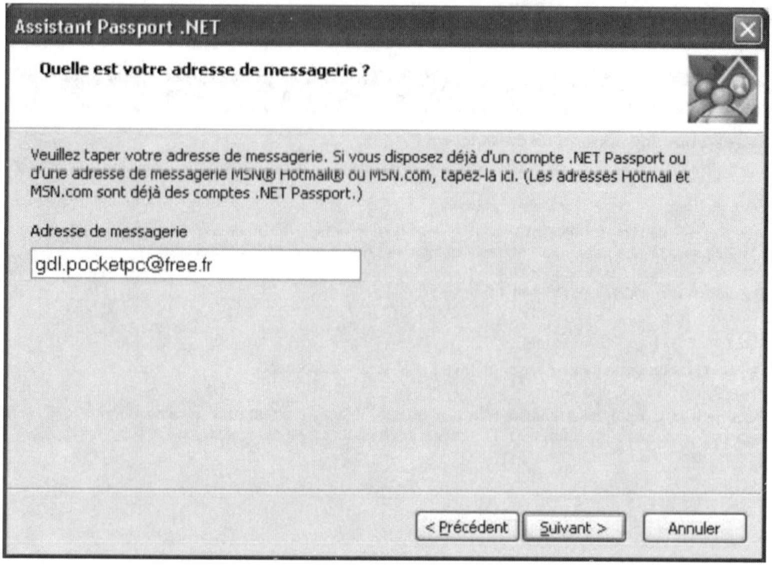

Vous avez saisi votre adresse de messagerie, cliquez sur « Suivant ».

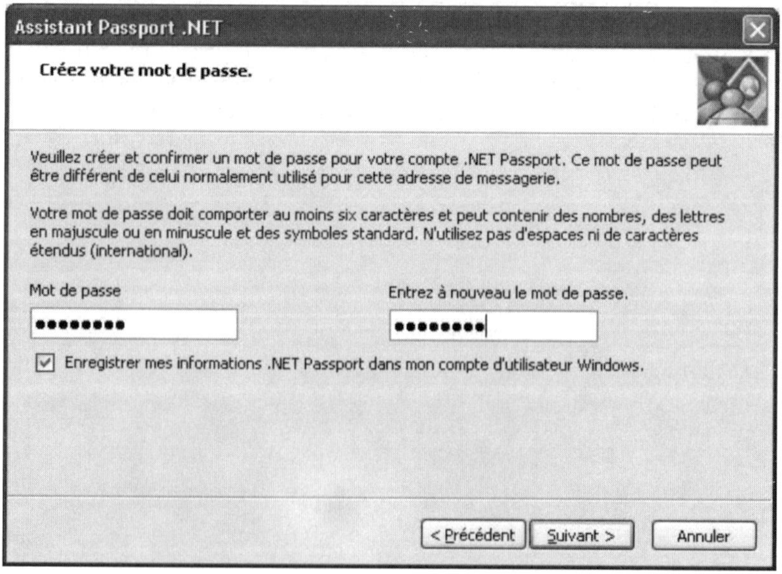

Vous saisissez votre mot de passe, et vous cliquez sur « Suivant ».

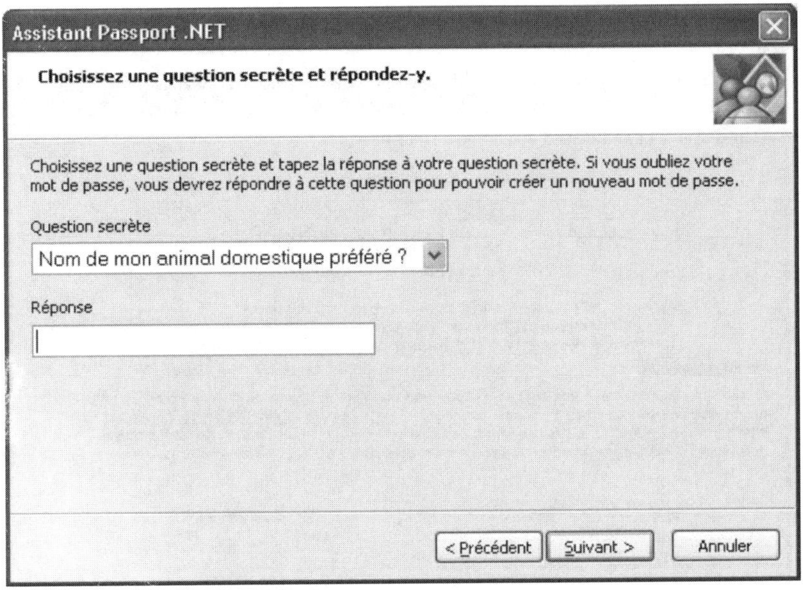

Vous saisissez les éléments permettant à Microsoft de vous renvoyer votre mot de passe si vous l'oubliez. Vous cliquez sur « Suivant ».

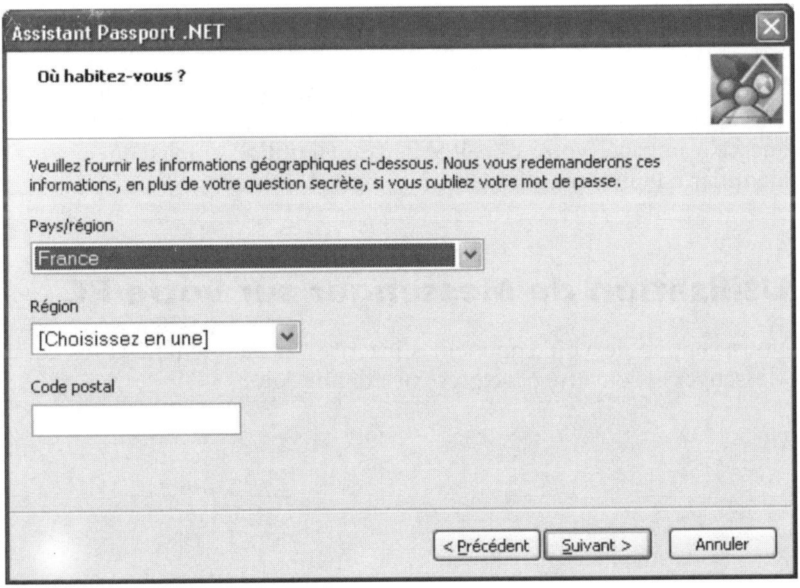

Vous rentrez les éléments relatifs à votre région.

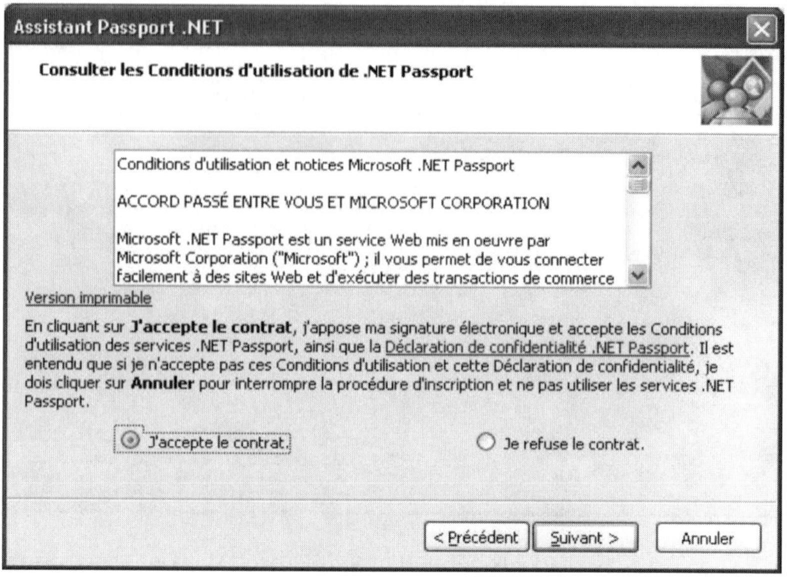

Vous acceptez les termes du contrat !

Vous avez terminé. Messenger va maintenant se connecter.

Vous l'aurez compris au travers de ce processus, votre identifiant Messenger est votre adresse de messagerie. Attention, ceci ne veut en aucun cas dire que cela impacte votre e-mail. Microsoft l'utilise simplement pour vous identifier en tant qu'utilisateur Messenger. C'est tout.

Utilisation de Messenger sur votre PC

Nous venons de voir comment s'inscrire, et maintenant votre cession Messenger est ouverte et se présente comme suit :

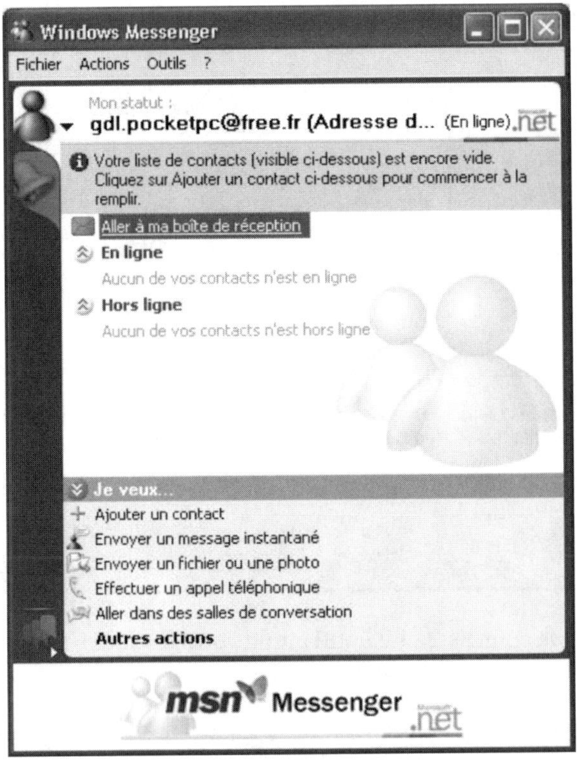

Ajoutez un contact à votre liste de contacts

La première action à réaliser est de contacter un correspondant pour pouvoir « chatter ». Pour cela vous devez l'ajouter à votre liste de contacts. Cliquez sur « Ajouter un contact ».

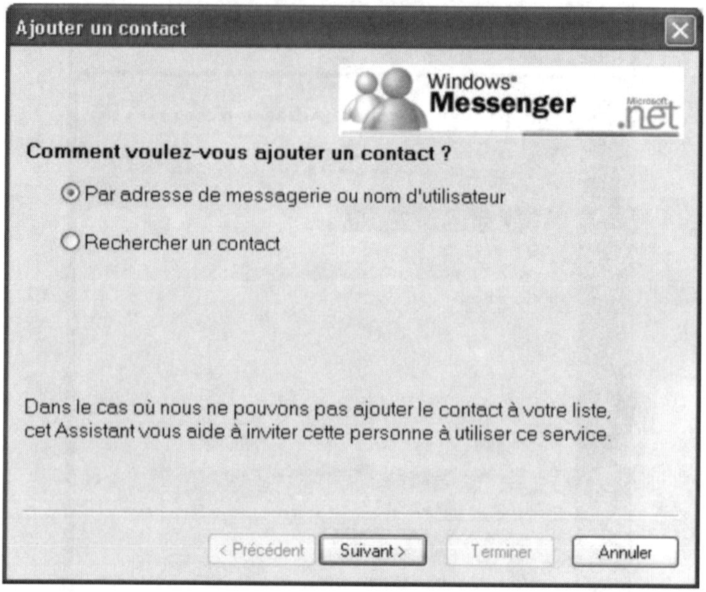

Comme vous connaissez l'identifiant de votre contact, vous allez choisir la première option « Par adresse… ».

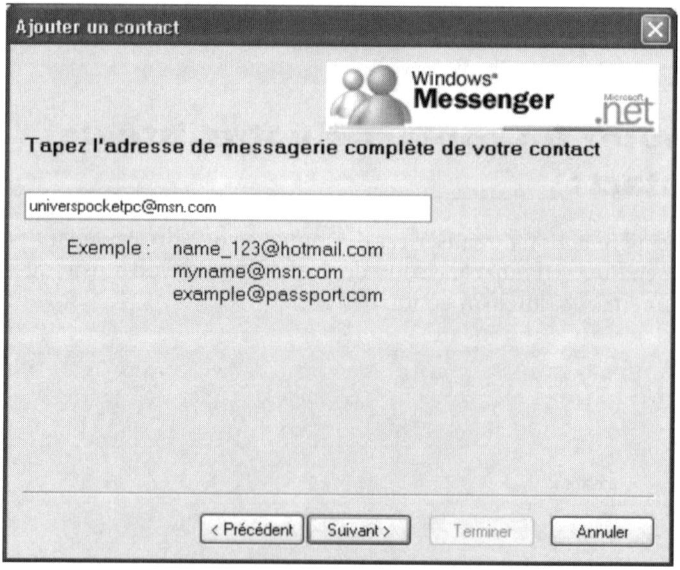

Vous saisissez l'adresse e-mail qui sert d'identifiant Messenger à votre contact.

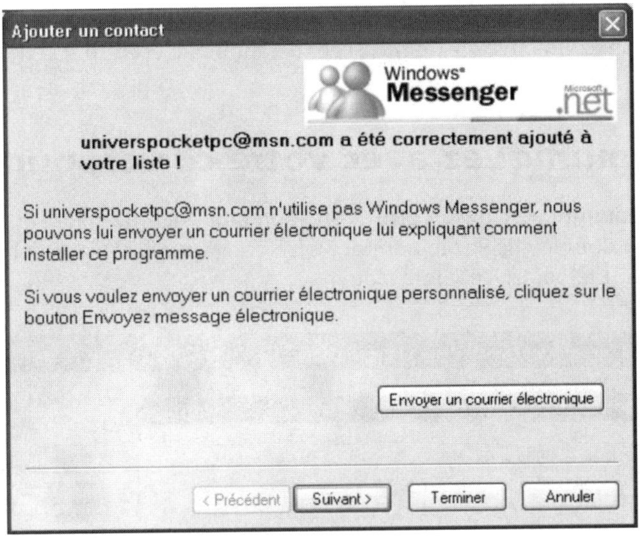

La magie de l'informatique a encore joué, votre correspondant a été ajouté à votre liste.

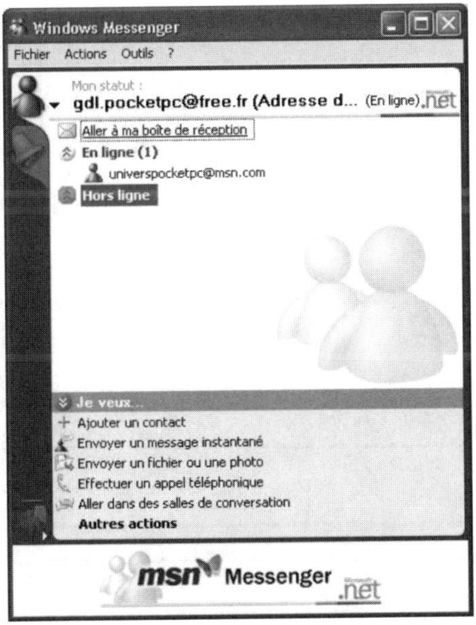

Vous ne pourrez savoir si votre correspondant est en ligne que si celui-ci a accepté que vous le rajoutiez dans votre liste de contacts. Une fois ceci réalisé, vous saurez toujours quand votre correspondant est en ligne, et si vous pouvez lui envoyer un message instantané, c'est-à-dire « chatter ».

Communiquez avec votre correspondant

Pour communiquer avec votre correspondant, rien de plus simple. Vous faites un double-clic sur le nom de votre correspondant dans votre liste de contacts. La fenêtre suivante s'ouvre :

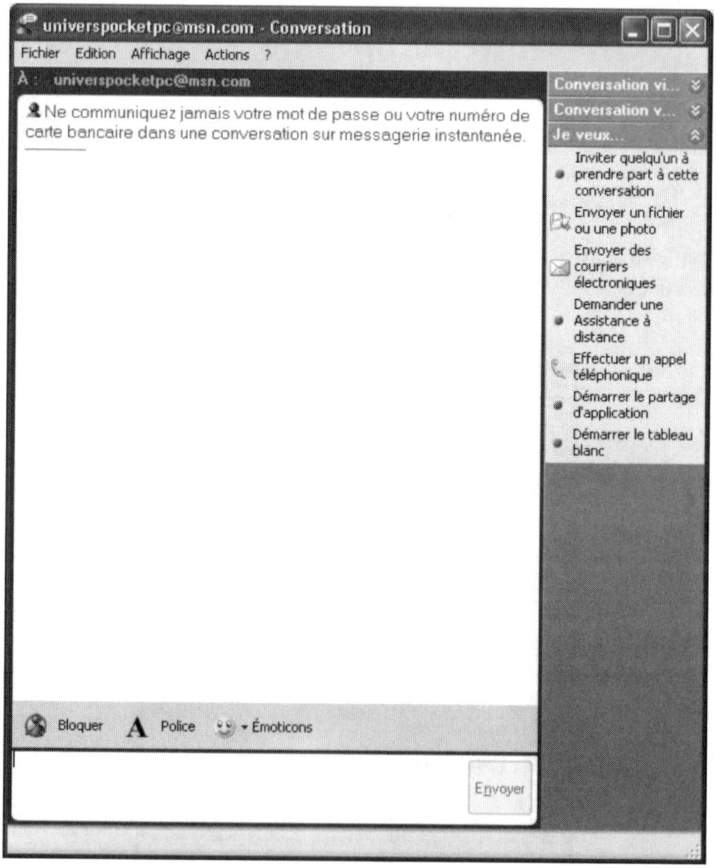

Il ne vous reste plus qu'à taper votre texte et attendre la réponse. Cela vous donne ceci :

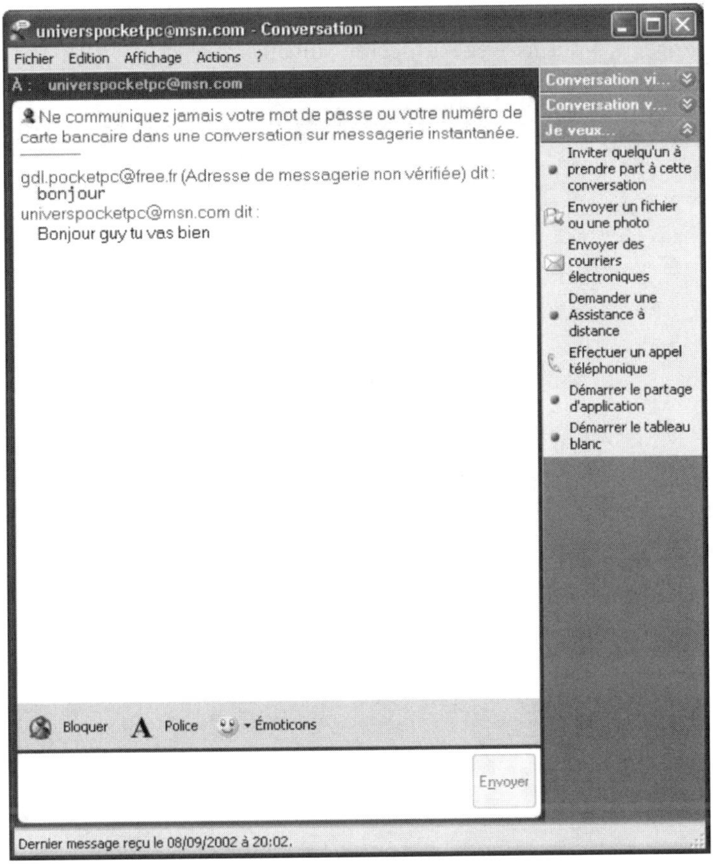

Utilisation de Messenger sur votre Smartphone

Utilisateurs de PC ou de Pocket PC, vous aurez peut-être pris l'habitude de communiquer en mode « chat » avec vos amis, collègues, correspondants, etc. Et bien, vous pourrez faire de même avec votre Smartphone Windows. Incroyable mais vrai !

Se connecter à Messenger

Il vous faut maintenant vous connecter à Messenger. Pour cela, rien de plus simple. Vous dépliez le menu « Programmes », et vous sélectionnez « MSN Messenger ». Vous arrivez sur l'écran suivant :

Il vous faut maintenant saisir vos paramètres de connexion. Pour cela, vous devez appuyer sur le bouton programme « Options ». L'écran suivant apparaît :

Choisissez « compte de Passeport ».

Vous devrez saisir le nom de votre compte de connexion, et votre mot de passe.

Le nom complet est le nom qui figurera sur l'écran de vos correspondants Messenger.

Vous pouvez aussi choisir de systématiquement lancer le programme Messenger et de vous connecter sur Messenger dès la connexion.

Votre connexion, si vous l'avez déjà utilisée, vous sera présentée. Choisissez « Se connecter ».

Vous êtes revenu à l'écran d'accueil Messenger, appuyez sur le bouton « Se connecter ».

Après quelques instants, vous êtes connecté, vous retrouvez la liste de vos correspondants, la même que sur votre PC ou votre Pocket PC, sans avoir rien fait, puisque ces informations sont gérées par le serveur Messenger.

Communiquer avec Messenger

Vous pouvez « chatter ». Vous sélectionnez un interlocuteur qui est « En ligne », c'est-à-dire qui est connecté avec Messenger, et vous utilisez le bouton « Envoyer ». Vous verrez apparaître l'écran suivant :

Vous saisissez le texte du message que vous désirez envoyer et vous appuyez sur le bouton « Envoyer ».

Votre interlocuteur vous voit connecté et aura sur son PC les éléments suivants :

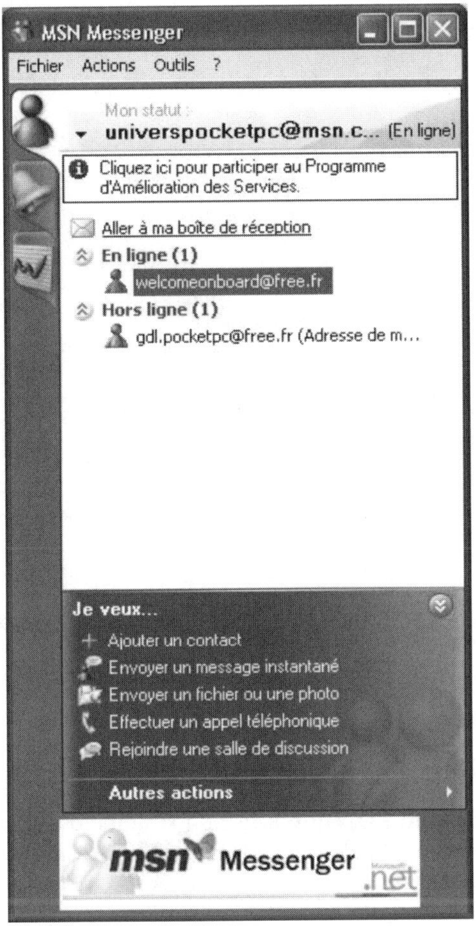

Et bien sûr il aura les éléments de dialogue sur son écran et communiquera avec vous. Incroyable mais vrai !

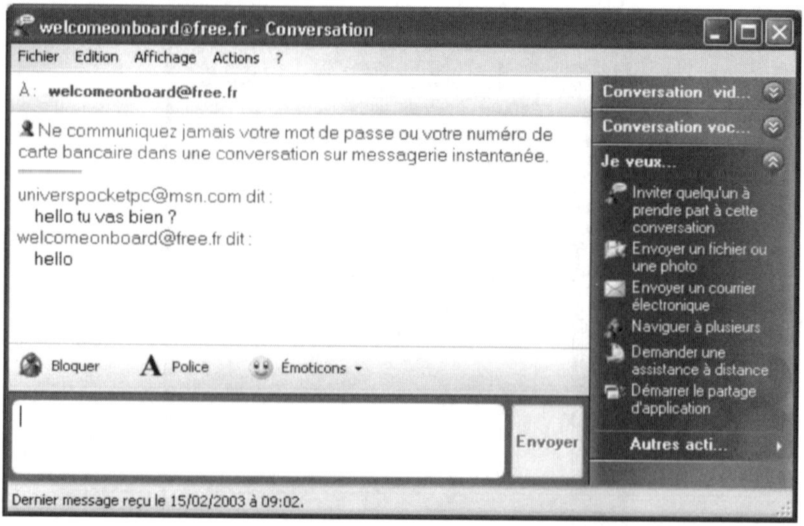

Avec un Pocket PC et un téléphone mobile

Introduction

Un Pocket PC est un PDA qui utilise un système d'exploitation Microsoft qui porte pour nom « Pocket PC 2002 ». Ce PDA vous permet de synchroniser votre PC de bureau avec votre Pocket PC, et surtout toutes les données de votre messagerie Outlook.

L'avènement des communications de type « data » (comprendre la transmission de données et non pas la voix) permet grâce au GPS option data ou au GPRS, d'utiliser des téléphones mobiles pour surfer sur Internet ou recevoir ses mails.

Un Pocket PC permet d'écrire directement sur l'écran, de pointer sur les liens pour la navigation et permet une écriture rapide et aisée.

Le Pocket PC par nature n'est pas un téléphone, et une des solutions est d'utiliser le téléphone mobile pour établir la liaison entre votre Pocket PC et Internet.

Avec les téléphones communicants, nous retrouvons tout ce qu'il nous faut pour réaliser cela.

En effet, les possibilités qui s'offrent à vous sont les suivantes :

- Utilisation d'un téléphone mobile GSM avec un port infrarouge et d'un modem avec votre Pocket PC qui est équipé d'un port infrarouge.
- Utilisation d'un téléphone mobile GSM et GPRS avec un port infrarouge et d'un modem avec votre Pocket PC qui est équipé d'un port infrarouge.
- Utilisation d'un téléphone mobile GSM et GPRS équipé de Bluetooth et d'un Pocket PC équipé de Bluetooth.

Pour mettre cela en œuvre, vous devrez avoir paramétré la connexion data de votre téléphone mobile, en GSM data ou GPRS ou les deux. Cette mise en œuvre est présentée au début de ce chapitre. Il faut avoir souscrit à un abonnement Internet si vous n'avez pas d'abonnement GPRS (c'est-à-dire que votre téléphone n'est pas GPRS ou que vous ne désirez pas souscrire un abonnement GPRS), dès lors vous utiliserez une liaison GSM data, directement avec votre opérateur. Si vous avez un abonnement GPRS, il n'est pas nécessaire de souscrire un abonnement Internet puisque le terme GPRS pour les opérateurs comprend l'accès à Internet ET l'abonnement Internet. Dans le cas du GPRS, vous n'aurez qu'à ouvrir une boîte e-mails gratuite sur Internet (chez « free » par exemple).

Il faut savoir qu'il existe des endroits en France qui ne sont pas équipés de GPRS, alors il faudra utiliser le GSM data.

Ensuite, vous devrez, soit utiliser la liaison infrarouge de vos deux appareils pour établir la communication vers Internet ou « coupler » en Bluetooth vos deux appareils.

Vous devrez paramétrer une connexion avec Internet en utilisant le GSM data ou/et le GPRS. Et enfin pour finir, paramétrer vos boîtes e-mails.

Vous pouvez bien sûr choisir de n'utiliser que le GSM ou que le GPRS, à vous de décider cela en fonction de votre équipement et de vos besoins. Si vous possédez un téléphone GPRS et que votre région est entièrement équipée en GPRS, il n'est pas nécessaire d'utiliser le GSM car la différence de vitesse est énorme. Le GSM permet une vitesse de 9,6 kbits/seconde alors que le GPRS autorise une vitesse de 115 kbits par seconde. Rien de comparable !

Découvrons ensemble comment réaliser simplement cela.

Paramétrage de votre Pocket PC

Paramétrage de la connexion Internet sur votre Pocket PC pour utiliser une liaison GSM en connexion infrarouge ou Bluetooth

Pour paramétrer cette liaison, dépliez le menu « Démarrer », choisissez l'option « Paramètres. Vous choisissez l'onglet « Connexions » au bas de votre écran et « Pointez » sur l'option « Connexion » dans les programmes qui vous sont présentés.

L'écran suivant se présente à vous :

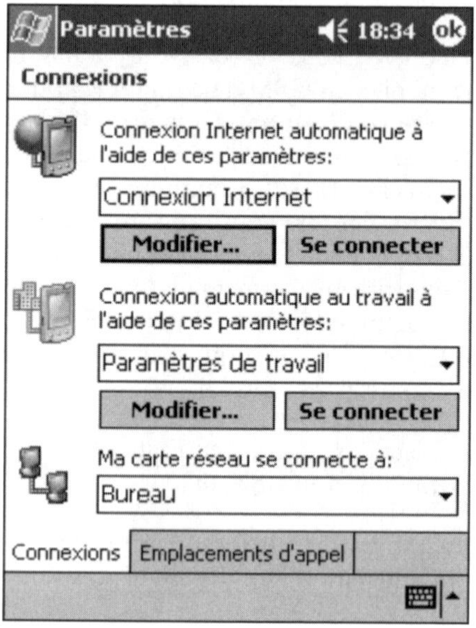

Vous devez au préalable modifier les paramètres de numérotation de votre Pocket PC en pointant sur l'onglet de bas de page « Emplacement d'appel».

Vous devez veiller à ce qu'aucun chiffre n'apparaisse dans les zones d'écran « Indicatif local » et « Indicatif pays ». Si vous en voyez apparaître par défaut sur l'écran, supprimez-les sans aucun remords. Puis pointez sur le bouton « Modes de numérotation… »

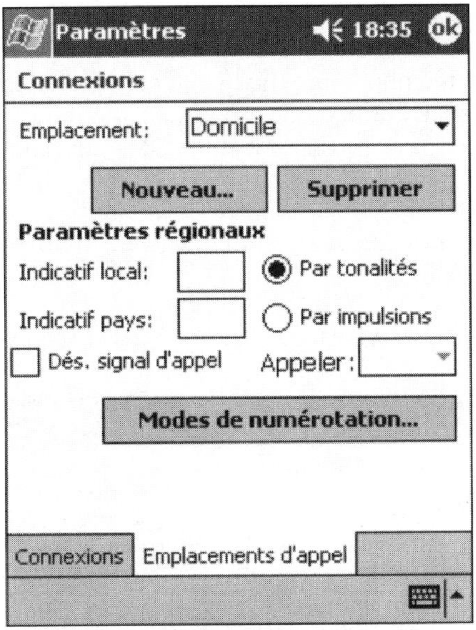
Paramètres
18:35
ok
Connexions
Emplacement:
Domicile
Nouveau...
Supprimer
Paramètres régionaux
Indicatif local:
Par tonalités
Indicatif pays:
Par impulsions
Dés. signal d'appel
Appeler :
Modes de numérotation...
Connexions
Emplacements d'appel

Paramètres
18:35
ok
Pour les appels à longue distance:
,G
,G
Édition

Dans les trois zones de saisie de l'écran, remplacez les chiffres et les lettres par une virgule et un « G » majuscule. Ceci indique à votre Pocket PC de ne transférer à votre téléphone mobile que le numéro de téléphone pour vous connecter à Internet, numéro de téléphone que vous indiquerez lorsque vous créerez la connexion. Pointez sur « OK » en haut à gauche de votre écran.

Vous revenez à l'écran précédent sur lequel vous pointez sur l'onglet de bas de page « Connexions ».

« Pointez » sur le bouton « Modifier… » de la « Connexion Internet ».

Vous « Pointez » sur « Nouveau… » dans la fenêtre qui vous est présentée. Pour le paramétrage de la connexion, nous vous recommandons d'utiliser le « Clavier Virtuel ».

Sur cet écran, vous rentrez le nom de la connexion que vous désirez établir. Ici, donc, vous tapez « Free ».

En termes de liaison, il faut sélectionner dans le menu déroulant « Sélectionnez un modem » l'option « Modem IrDA générique » si vous souhaitez utiliser une liaison par le port infrarouge ou « Bluetooth Dialup Modem » si vous désirez établir une connexion via une liaison radio Bluetooth.

Il faut régler le débit (la vitesse de transmission) de la liaison. Sélectionnez « 57600 » dans le menu déroulant « Débit en bauds ».

Ne cliquez pas maintenant sur le bouton « Suivant », mais « Pointez » sur le bouton « Avancés... ».

Sur cet écran vous devez modifier le « Contrôle de flux » de la liaison entre votre modem et votre point d'accès Internet. Il faut sélectionner « Logiciel » dans ce menu déroulant.

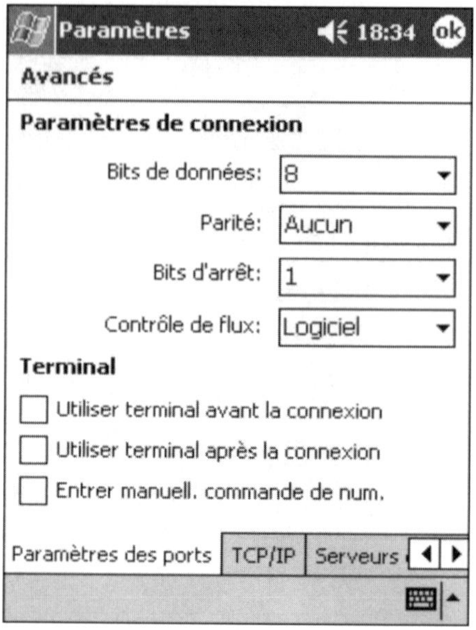

En cliquant sur l'onglet du bas d'écran « TCP/IP » vous verrez apparaître la page suivante.

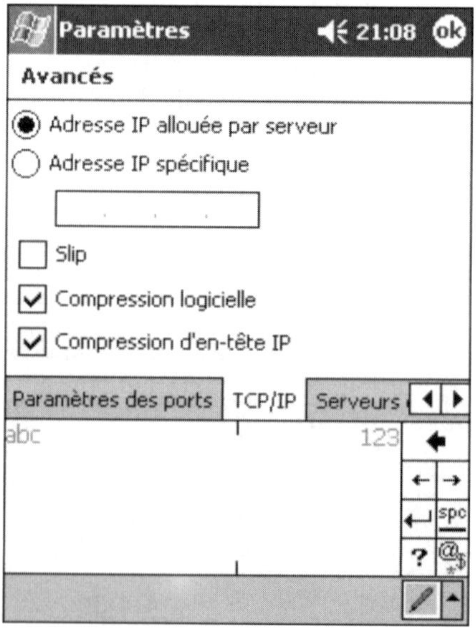

Ne touchez à rien sur cet écran, l'adresse IP est attribuée dynamiquement pas votre Access provider lors de la connexion. « Pointez » maintenant sur l'onglet « Serveurs ».

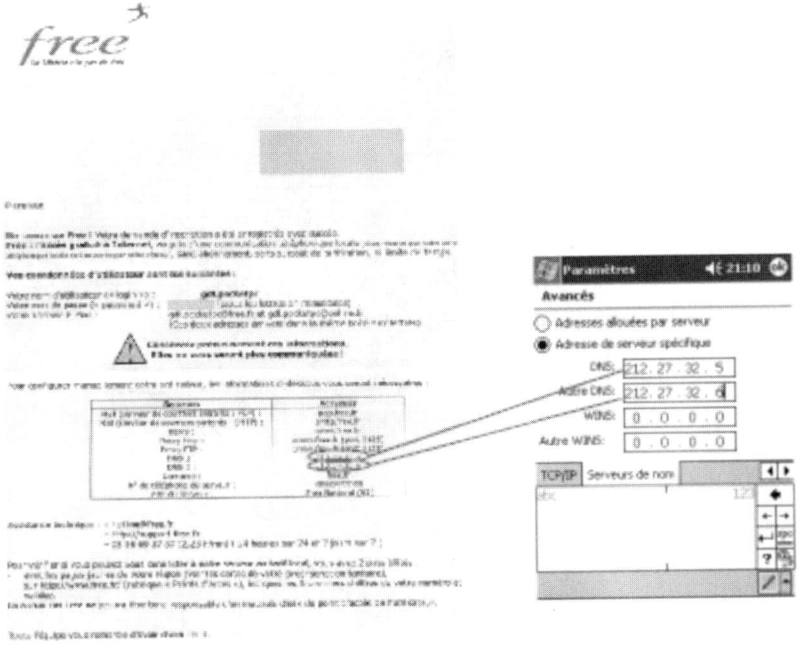

Il vous faut maintenant taper les paramètres DNS de votre liaison tels qu'ils sont décrits dans le document free. Vous devez entrer les chiffres référencés dans le tableau free sous la rubrique « DNS 1 » dans le tableau dans la zone de saisie « DNS » et les éléments de la rubrique « DNS 2 » dans la zone de saisie « Autre DNS ».

Pointez maintenant sur « OK » en haut à gauche de votre écran.

Vous revenez maintenant sur l'écran d'où nous sommes partis.

Pointez sur « Suivant ».

Dans l'écran suivant, vous devez rentrer le numéro de téléphone de votre opérateur Internet. Vous ne devez rien remplir dans la zone « indicatif pays » et « indicatif local ».

Comme le téléphone utilisé est un téléphone mobile, entrez-le directement en mode GSM et international. Cela nous donne le numéro de téléphone suivant : +33860922000. Attention ce numéro de téléphone n'est pas universel, c'est le numéro de téléphone du point d'accès local situé près de chez vous. Il variera en fonction de votre lieu d'habitation. Ne soyez donc pas étonné de le voir modifier si vous habitez à Montpellier par exemple.

Pointez sur « Suivant ».

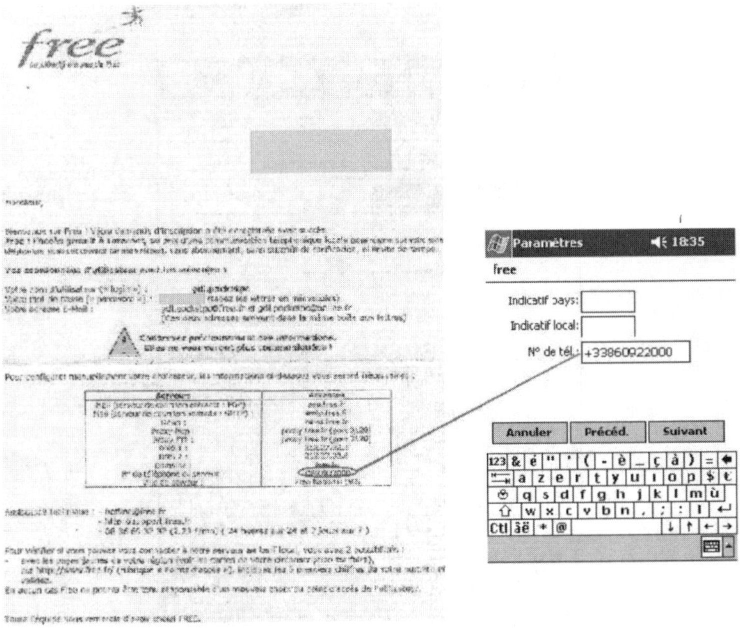

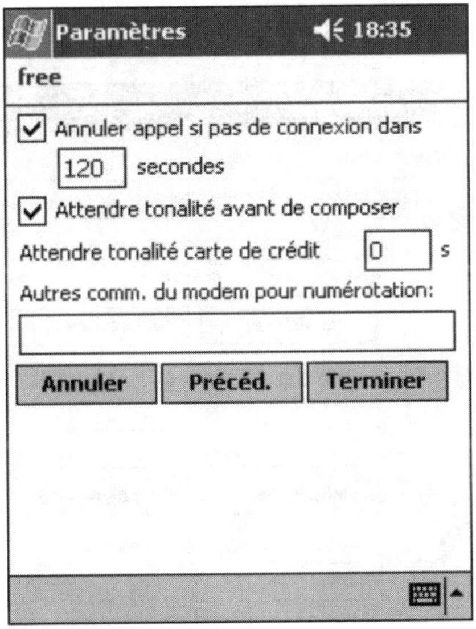

Dernier écran, pointez sur le bouton « Terminer ».

L'écran suivant apparaît :

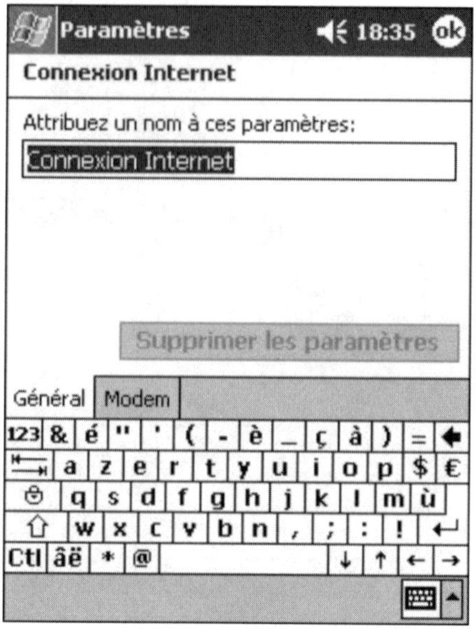

Pointez sur le bouton en haut à droite de l'écran. Vous revenez sur l'écran de départ.

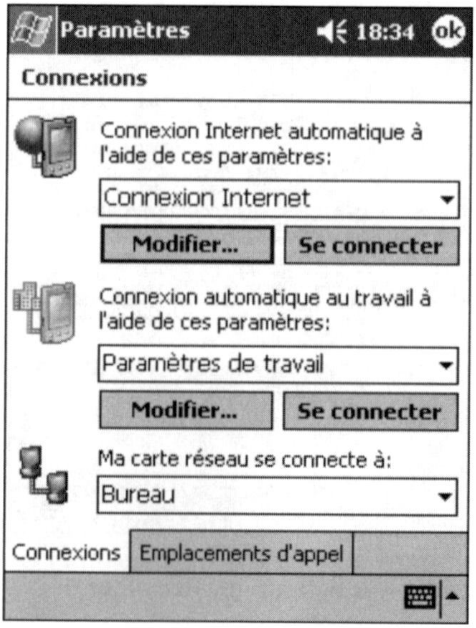

Bravo, vous avez terminé le paramétrage Vous pouvez vous connecter sur Internet. Maintenant, si vous souhaitez utiliser le GPRS, passez à l'étape du paramétrage d'une connexion GPRS. Sinon, passez à l'étape de paramétrage de votre boîte e-mail. Puis si votre téléphone et votre Pocket PC sont équipés de bluetooth, passez à l'étape du paramétrage de votre liaison Bluetooth.

Paramétrage de la connexion Internet sur votre Pocket PC pour utiliser une liaison GPRS

Vous devez avoir paramétré votre téléphone mobile pour le GPRS avant de mettre en œuvre ce paramétrage.

Deux étapes vont être nécessaires pour y parvenir :

- Si vous utilisez le Bluetooth, vous devrez établir une liaison Bluetooth entre votre Pocket PC et votre téléphone. Si vous utilisez l'infrarouge, vous devrez activer la liaison infrarouge de votre téléphone.
- Paramétrer une connexion GPRS sur votre Pocket PC.

En fonction de votre téléphone, les codes pour faire fonctionner le modem de votre téléphone mobile varient d'un téléphone à l'autre. Dans le détail, avant de rentrer dans le paramétrage, voici les informations à saisir dans les exemples qui suivent :

- Nom de connexion : <de votre choix>
- Modem : <COM4 Bluetooth> pour une liaison Bluetooth
- Modem : <IrDA générique> pour une liaison Infrarouge
- Débit en bauds : <57600>
- Indicatif pays : <ne rien mettre>
- N° de tél : <*99***X#>
- Autres comm. du modem pour numérotation : <+CGDCONT=X, "IP", "opérateur">

Ce qu'il faut savoir, c'est que le X dans les dernières valeurs sont les éléments qui vont changer d'un téléphone à un autre. Si vous ne connaissez pas la valeur du X, essayez de 1 à 10, vous finirez par rencontrer la bonne configuration.

Par exemple avec le t68i vous utiliserez le nombre 10 mais avec un Nokia 6310 vous utiliserez le chiffre 2, un Samsung SGH-Q200 vous utiliserez le chiffre 1.

Pour les trois opérateurs, les valeurs à remplir à la place de « opérateur » sont les suivantes :

- Bouygues Telecom : <ebouygtel.com>
- Orange : <orange.fr>
- SFR : <websfr>

Pour donner une synthèse par l'exemple, si nous avons un Sony Ericson t68i et un abonnement Orange, les valeurs à remplir sont les suivantes :

- Nom de connexion : <de votre choix>
- Modem : <COM4 Bluetooth> pour une liaison Bluetooth
- Modem : <IrDA générique> pour une liaison Infrarouge
- Débit en bauds : <57600>
- Indicatif pays : <ne rien mettre>
- N° de tél : <*99***10#>
- Autres comm. du modem pour numérotation : <+CGDCONT=10, "IP", "opérateur">

Cette configuration ne sert qu'à demander à votre téléphone de se connecter en GPRS sur le réseau de l'opérateur comme votre téléphone est configuré pour se connecter à votre opérateur.

Voici par l'exemple ce qu'il faut réaliser. Nous avons utilisé pour ceci un Pocket PC Toshiba e740 BT, un téléphone Sony Ericsson t68i et un abonnement Orange.

Il faut savoir, que les logiciels qui gèrent le Bluetooth sont spécifiques aux constructeurs de Pocket PC. Mais le principe reste en général le même pour tous les Pocket PC.

Pour paramétrer cette liaison, dépliez le menu « Démarrer », choisissez l'option « Paramètres ». Vous choisissez l'onglet « Connexions » au bas de votre écran et pointez sur l'option « Connexion » dans les programmes qui vous sont présentés. L'écran suivant se présente à vous :

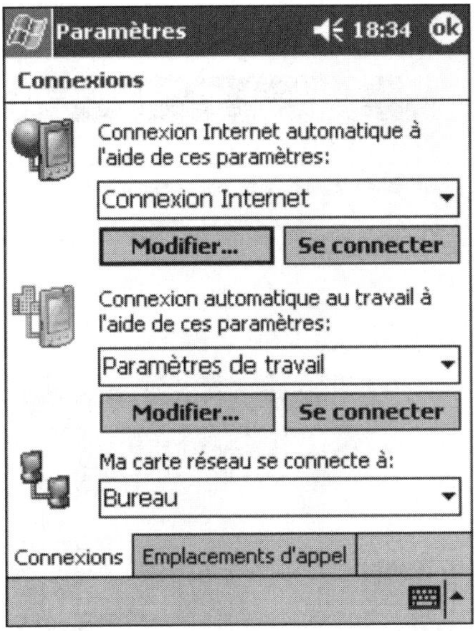

Dépliez le menu Connexion Internet automatique.

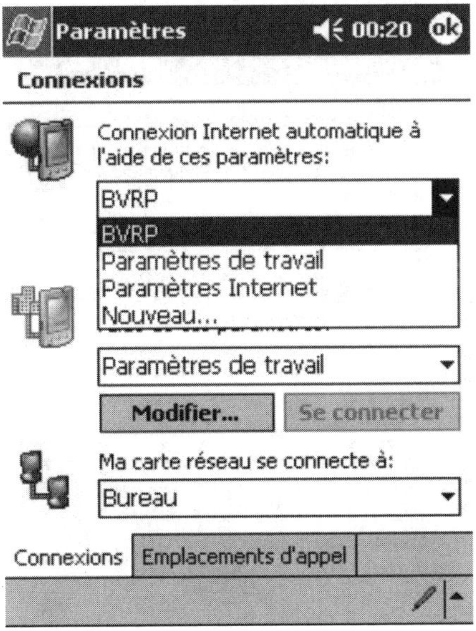

Sélectionnez « Nouveau » pour créer un groupe de connexion.

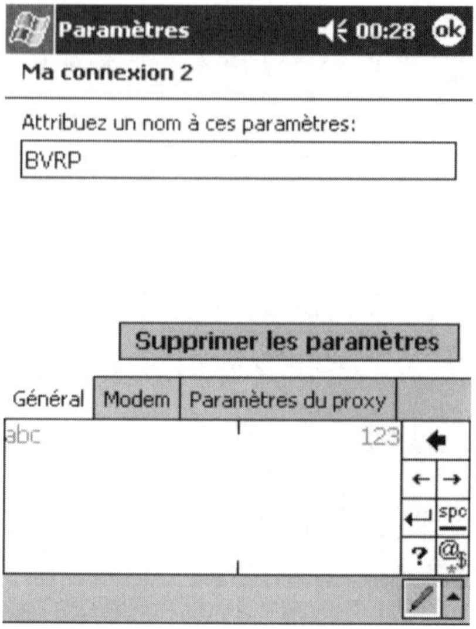

Pointez sur « ok » et sélectionnez ce nouveau groupe.

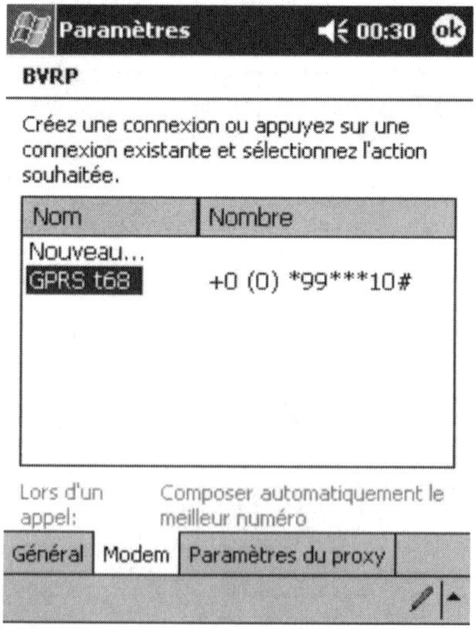

De la même façon, pointez sur « Nouveau ».

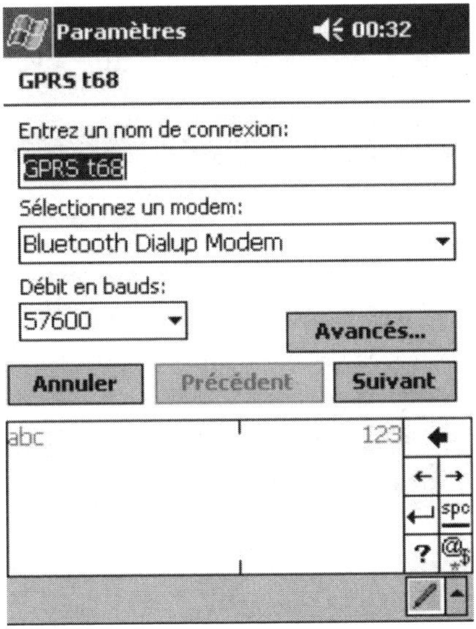

En termes de liaison, il faut sélectionner dans le menu déroulant « Sélectionnez un modem » l'option « Modem IrDA générique » si vous souhaitez utiliser une liaison par le port infrarouge ou « Bluetooth Dialup Modem » si vous désirez établir une connexion via une liaison radio Bluetooth. Pour cet exemple, nous allons choisir d'utiliser une liaison Bluetooth. Pointez sur « Suivant ».

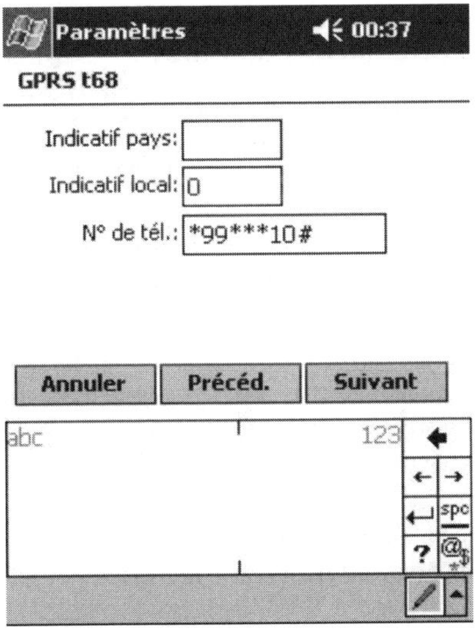

Saisissez la chaîne de caractères suivante dans la zone de saisie « N° de tél. : » qui permettra d'établir la connexion : « *99***10# ». Pointez sur « Suivant ».

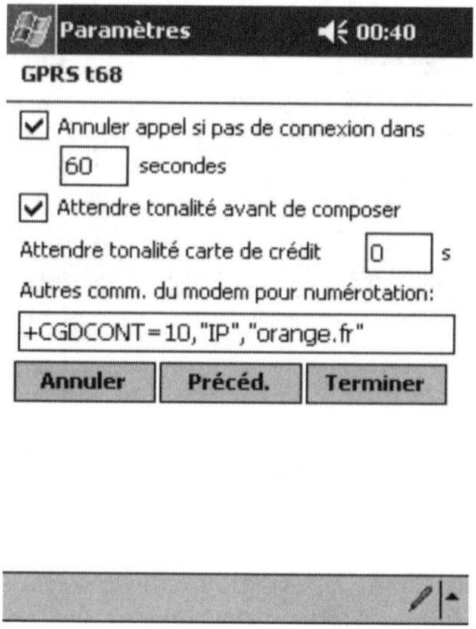

Vous devez saisir les éléments spécifiques de paramétrage lié à votre opérateur.

Puis vous pointez sur « Terminer ».

Paramétrage de votre liaison Bluetooth

Dans la grande terminologie du Bluetooth, relier deux appareils avec l'aide du Bluetooth se dit « jumeler » deux appareils. Comme vous avez pu le lire au début de ce livre, une liaison Bluetooth est une liaison radio. Le principe est le suivant :

Vous détectez le téléphone à partir de votre Pocket PC.

Vous demandez l'établissement d'une connexion avec le téléphone mobile, vous devez saisir une clé d'identification qui reliera les deux appareils dans un mode sécurisé (vous n'aimeriez pas que votre voisin de bureau utilise votre téléphone pour surfer sur Internet). Votre téléphone est jumelé, vous n'aurez plus à refaire cette manipulation. Elle est faite une fois pour toutes. Il ne nous reste plus qu'à mettre en pratique. Vous allez dans « Programme ». Pointez sur l'option « Installation de Bluetooth ».

Vous arrivez sur cet écran. Sélectionnez « Pér. Distant ».

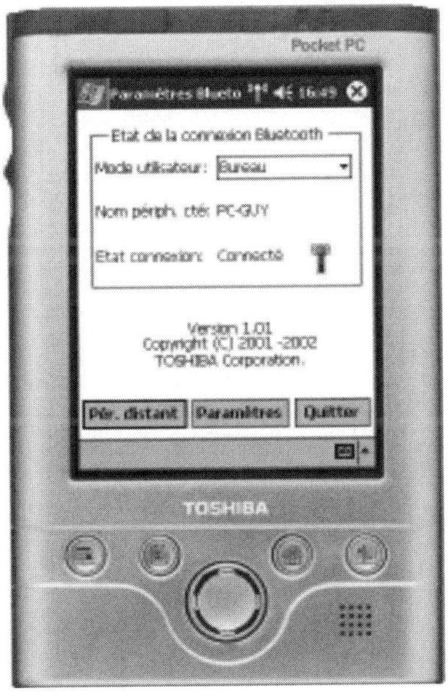

Vous arrivez sur cet écran :

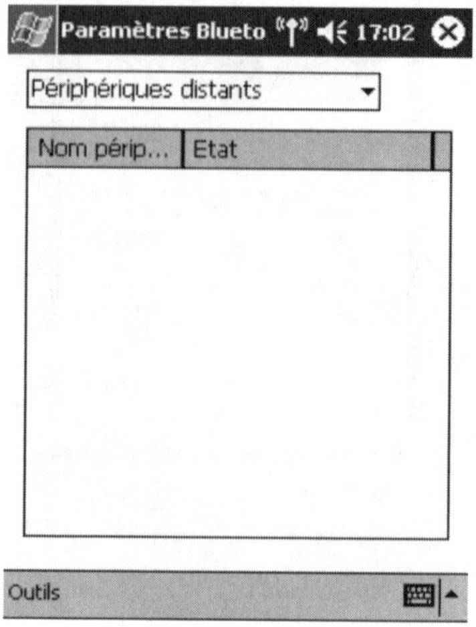

Dans le menu « Outils », choisissez la recherche de périphériques.

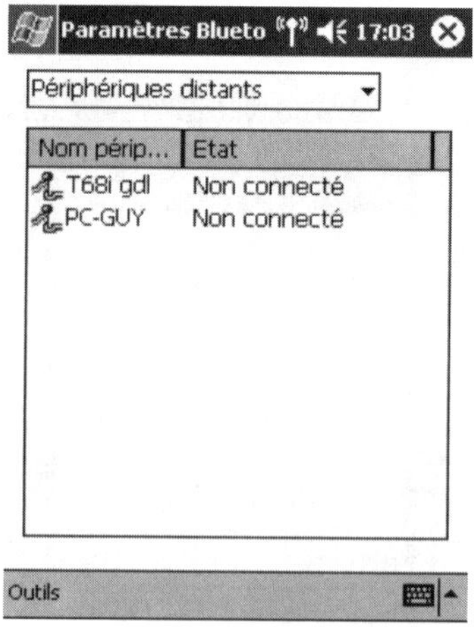

Les appareils disponibles Bluetooth apparaissent. Pointez sur le T68i.

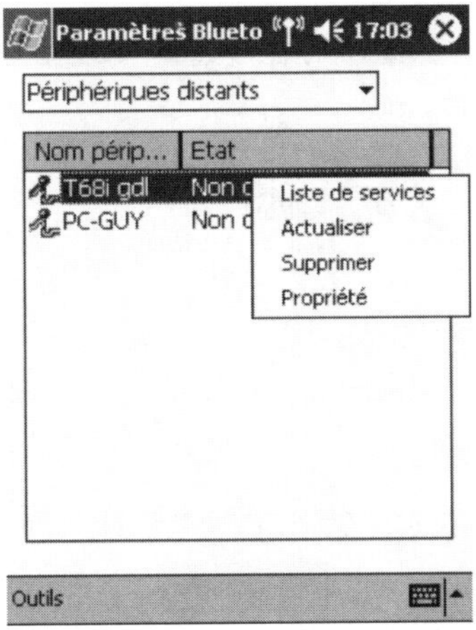

Choisissez l'option « Listes de services » du menu.

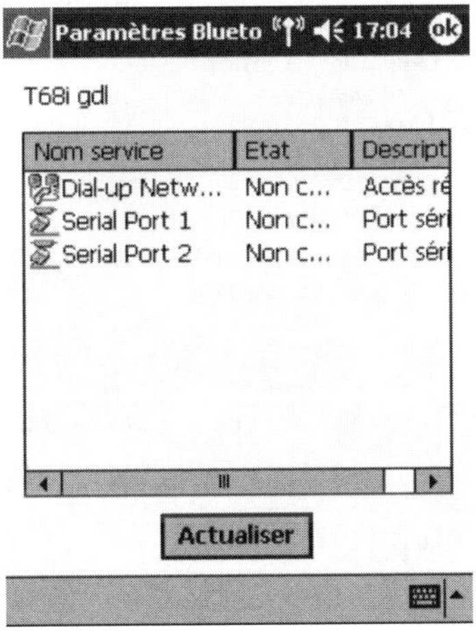

Vous voyez apparaître la liste de services disponibles avec votre téléphone. Celle qui nous intéresse est « Dial-up Network ». C'est le service Bluetooth qui permettra d'utiliser le modem GPRS de votre téléphone. Pointez sur ce service.

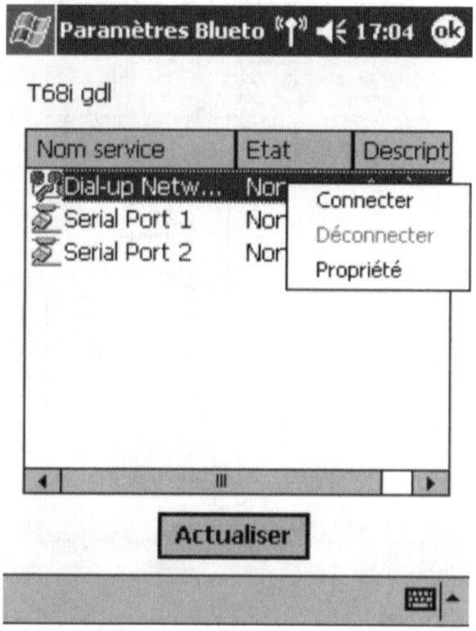

Saisissez un code numérique (9999 par exemple) pour établir la connexion. Et validez avec « ok ».

Sur l'écran de votre téléphone, s'ouvrira un petit écran demandant si vous voulez réaliser un jumelage.

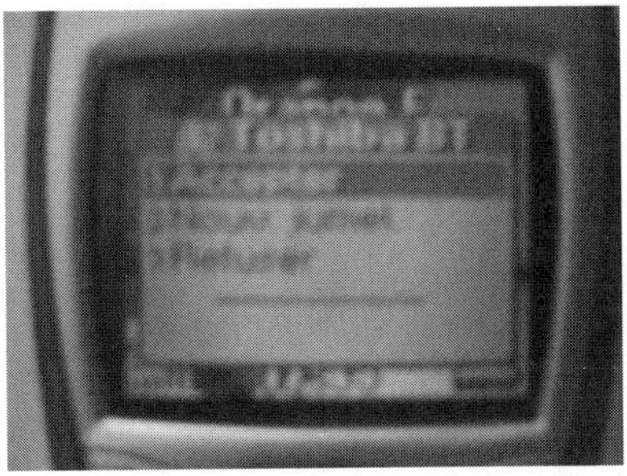

Il vous faut accepter, puis saisir le même code sur votre téléphone.

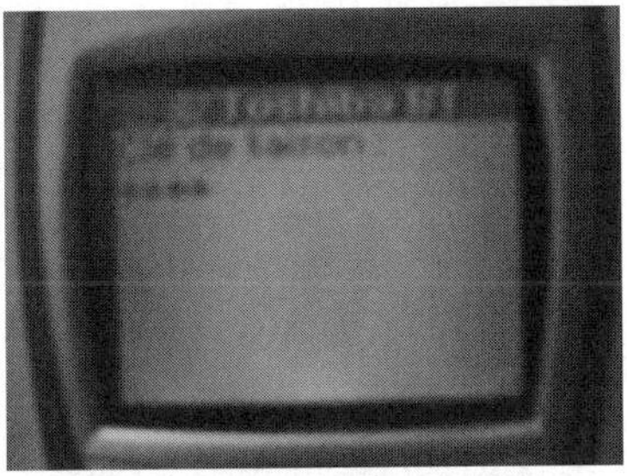

Validez sur votre téléphone. Durant cette phase d'authentification, l'écran suivant apparaît :

A l'issue du couplage, vous verrez que la liaison est effectuée.

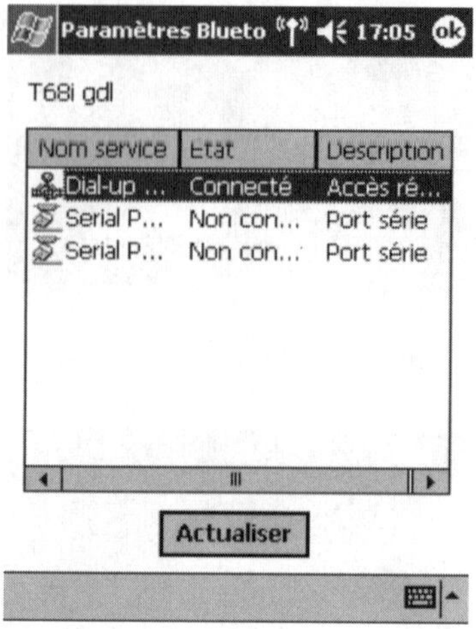

En cliquant sur « ok », vous reviendrez à l'écran principal.

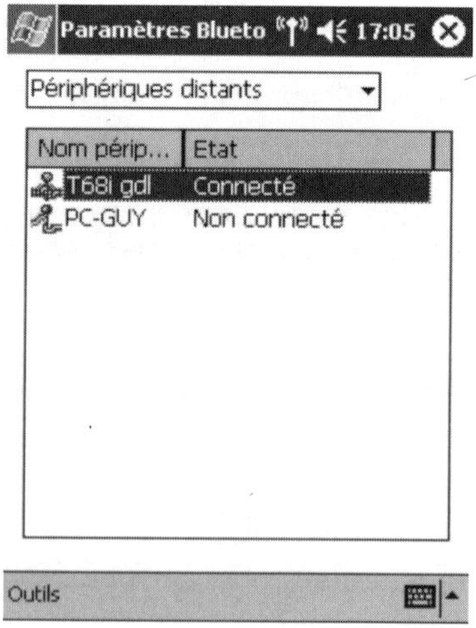

Sur votre téléphone, le logo Bluetooth et la matérialisation de la connexion Bluetooth établie apparaît sur la droite de l'écran.

Vous avez terminé. Rien de plus simple. Votre Pocket PC est jumelé avec votre téléphone mobile !

Cet exemple peut se généraliser avec tous les téléphones mobiles. Les questions posées sont à peu près les mêmes avec tous les téléphones.

Paramétrage de votre boîte e-mail

Nous allons paramétrer votre Pocket PC afin que celui-ci utilise la boîte aux lettres Internet qui a été créée par votre fournisseur d'accès Internet lors de votre demande d'abonnement.

Avec l'ouverture de votre abonnement Internet, une boîte aux lettres vous a été attribuée. Nous vous proposons de la paramétrer pour pouvoir l'utiliser. Dans le cas de nos exemples, la boîte aux lettres sera utilisée avec votre téléphone mobile.

Vous accédez à votre boîte de réception. Les mails que vous voyez sont ceux que vous avez reçus via votre PC qui lui-même s'est connecté sur ses boîtes aux lettres via son propre modem ou le réseau d'entreprise sur lequel il est connecté. Cette boîte à lettres est appelée «ActiveSync ».

Il vous faut savoir une chose indispensable avant de commencer le paramétrage de votre boîte à lettres.

Votre opérateur Internet utilise deux types de « mécanismes » pour que vous puissiez envoyer et recevoir vos e-mails.

Le premier est le compte POP3 pour que vous puissiez récupérer à distance vos e-mails.

Le deuxième est le compte SMTP pour que vous puissiez envoyer vos e-mails.

C'est ici que cela se complique ! Il vous faudra utiliser le compte SMTP de l'opérateur vous fournissant l'accès Internet, mais le compte pop3 de votre fournisseur de boîte aux lettres ! Imaginons le cas de figure simple, vous utilisez le GPRS Orange et votre boîte aux lettres Orange, les paramètres seront les suivants :

- pop3.orange.fr
- smtp.orange.fr

Là où cela se complique, c'est si vous utilisez la liaison Internet de votre opérateur MAIS avec une boîte aux lettres hébergée quelque part sur Internet. Par exemple, `gdelussigny@universpocketpc.com`. La boîte aux lettres sera donc hébergée et fournie par le serveur du site « L'Univers du Pocket PC » qui porte le nom de domaine universpocketpc.com. Les paramètres à utiliser seront les suivants :

- pop3.universpocketpc.com
- smtp.orange.fr

Un dernier exemple avec Wanadoo :

- pop3.wanadoo.com
- smtp.orange.fr

Vous êtes maintenant prêt à paramétrer votre boîte aux lettres.

Pour créer un « compte », terminologie utilisée pour désigner notamment une boîte aux lettres, suivez les étapes suivantes.

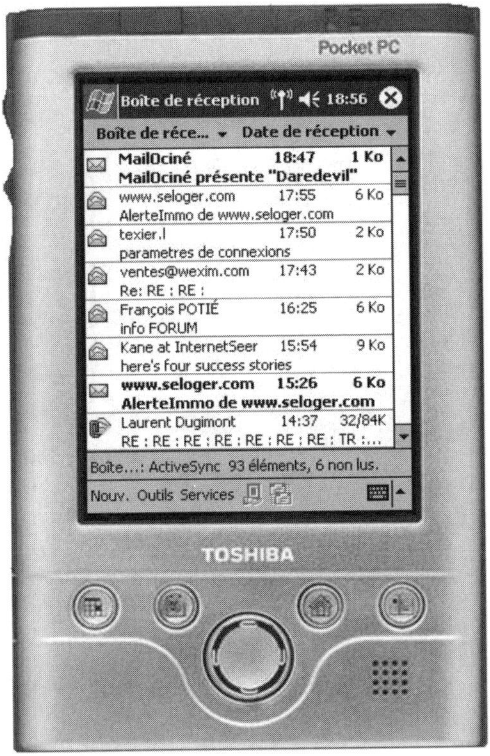

Dans le menu contextuel du bas de votre écran, pointez sur l'option « Services ».

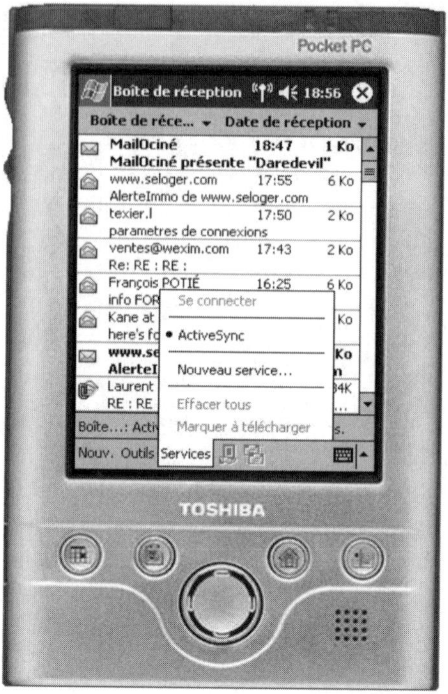

Pointez sur l'option « Nouveau service... » du menu.

Entrez maintenant votre adresse e-mail. Pointez sur le bouton « Suivant ».

A cette étape, votre Pocket PC va essayer de paramétrer lui-même la connexion à votre messagerie. Mais cet essai n'aboutira pas. Cliquez sur le bouton « suivant ».

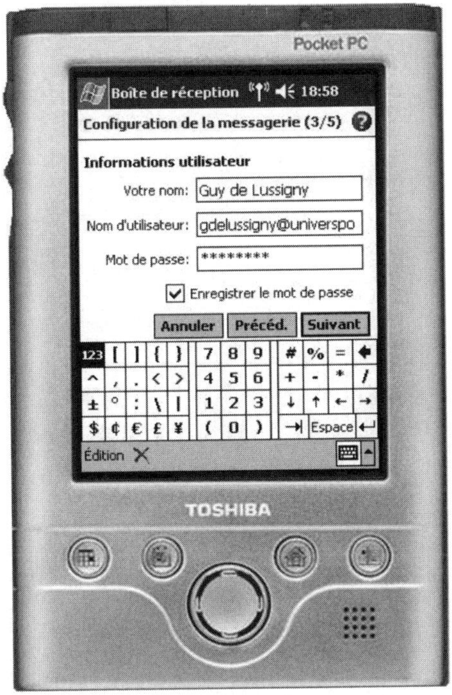

Vous devez saisir dans la zone de saisie le nom que vous désirez voir apparaître sur l'en-tête de vos messages envoyés dans la zone « Votre nom » de votre écran. Ensuite « Votre nom d'utilisateur » du document free dans la zone de saisie « Nom d'utilisateur » de l'écran, ainsi que « votre mot de passe » du document free dans la zone écran « Mot de passe » de votre écran. N'oubliez pas de cocher la case « Enregistrer le mot de passe » pour ne pas avoir à le saisir à chaque fois que vous vous connectez à votre boîte aux lettres Internet.

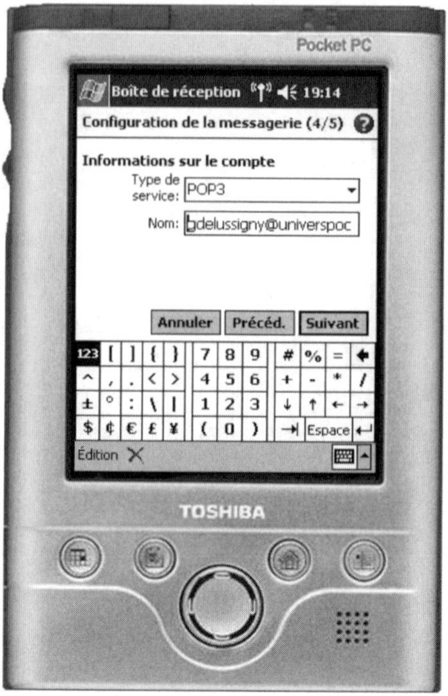

Vous devez sélectionner dans le menu « Type de service » de votre écran le type « POP3 » et saisir le nom sous lequel vous le verrez apparaître dans le menu des services de votre boîte de réception à la fin de ce paramétrage. Attention, ce nom ne pourra plus jamais être modifié. Pointez maintenant sur le bouton « Suivant ».

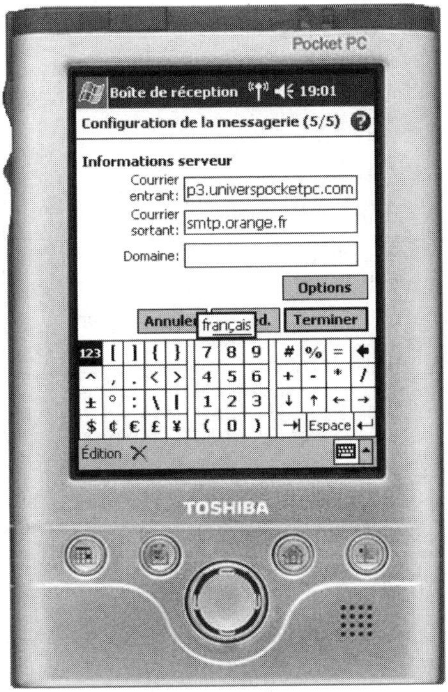

Saisissez le nom de votre « serveur de courrier entrant » dans la zone de saisie « Courrier entrant » de votre écran, ainsi que le nom de votre « serveur de courrier sortant » dans la zone de saisie « Courrier sortant » de votre écran. Ceci fait référence à notre introduction sur ce qu'il faut savoir. Dans notre cas, nous allons saisir pop3.universpocketpc.com pour les courriers entrants et smtp.orange.fr pour les courriers sortants.

Pointez maintenant sur le bouton « Options »

Choisissez l'option « Param. Internet par défaut » de l'option « Connexion » de votre écran pour pouvoir utiliser la connexion Internet que vous avez définie.

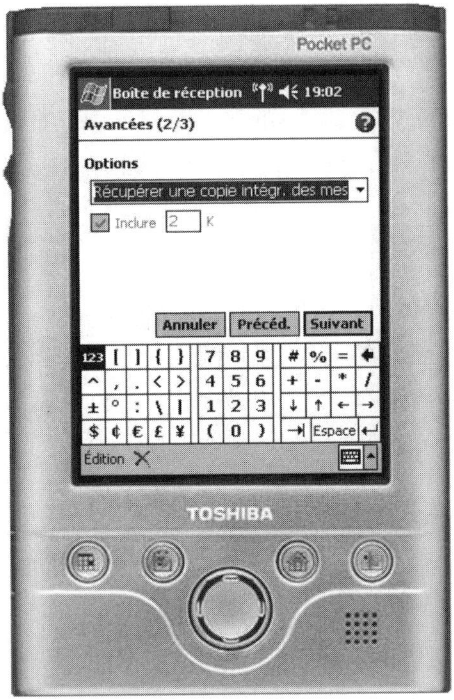

Sélectionnez l'option « récupérer une copie intégr. des mes » pour pouvoir récupérer l'intégralité de vos mails reçus et non pas les premières lignes. Pointez sur « Suivant ».

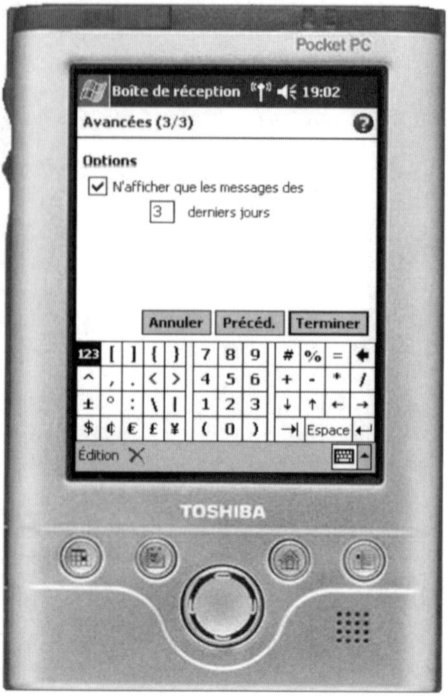

Utiliser cette option vous permettra de ne pas passer des heures à attendre si vous ne l'avez pas relevé depuis plusieurs semaines, mais par contre risque de vous faire passer à côté du mail très important que vous ne deviez pas manquer… A vous de choisir. Pointez sur « Terminé ». Vous venez de finir de paramétrer votre boîte aux lettres.

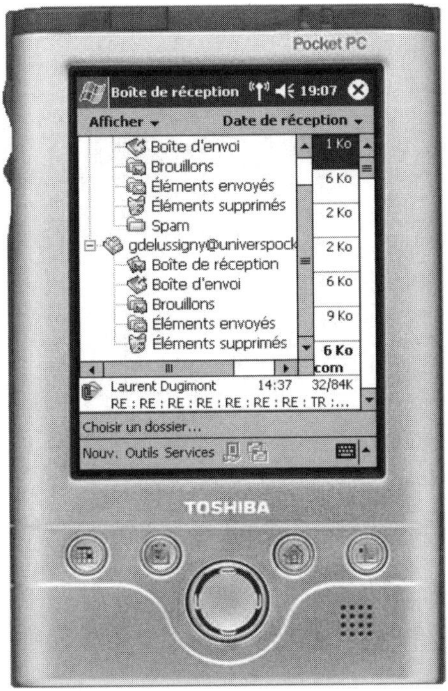

Si vous dépliez le menu déroulant « Boîte de réce... » en haut à gauche de votre écran, vous pourrez voir deux arborescences dans votre messagerie :

- La boîte aux lettres synchronisée de votre Outlook sur PC et qui porte comme nom « ActiveSync »
- La boîte aux lettres que vous venez de créer.

Vous pouvez maintenant vous connecter à votre boîte aux lettres et recevoir votre premier e-mail.

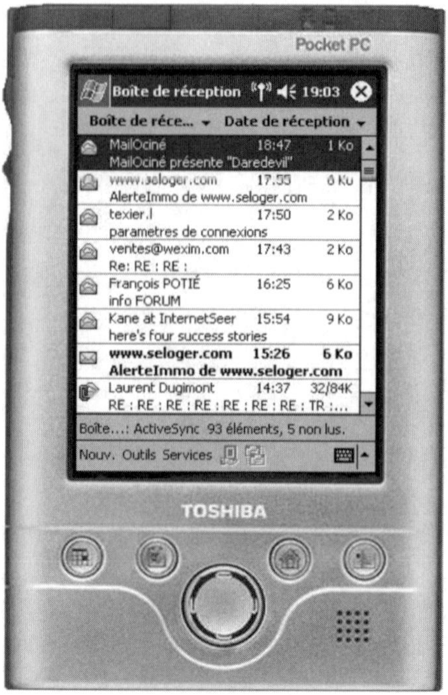

Votre boîte aux lettres est maintenant complètement paramétrée et en état de fonctionner.

Gestion des messages électroniques/Boîte de réception /(emails)

Ce gestionnaire de messages électroniques (e-mails) est très pratique et vous permettra de gérer vos mails en synchronisation avec votre PC et la messagerie Exchange de votre entreprise si celle-ci en est équipée. Cela permettra même d'emporter avec vous les fichiers joints de vos mails si vous en avez paramétré l'option dans ActiveSync.

Il vous permettra d'aller rechercher vos mails sur vos messageries Internet avec votre téléphone mobile ou via votre jaquette GSM/GPRS qui transforme votre Pocket PC en Smartphone. A moins que vous n'utilisiez une carte modem.

Vous pourrez définir autant de services que vous avez de boite à mails.

En utilisation simple de votre boîte de réception avec celle de votre PC de bureau et pour aller rechercher vos mails sur une boîte aux lettres Internet, l'utilisation est conviviale et relativement complète.

En termes de terminologie, dans ce type de logiciel, et ceci parce que sa vocation à devenir un collecteur d'informations sous forme électronique est clairement affichée, un service regroupe une boîte de réception et d'envoi avec un service d'échange électronique. Dans le cas présent, un compte est synonyme de boîte aux lettres. Vous avez préparé votre téléphone et votre Pocket PC, en suivant le paramétrage que nous vous avons indiqué, maintenant, utilisons votre boîte de réception.

Présentation de l'écran boîte de réception

C'est à partir de cet écran que vous allez pouvoir gérer vos e-mails, les consulter, les supprimer, en créer de nouveaux, les envoyer et les recevoir... Ceci est le centre de gestion de toutes les fonctions de vos boîtes aux lettres. Ce écran se présente comme suit :

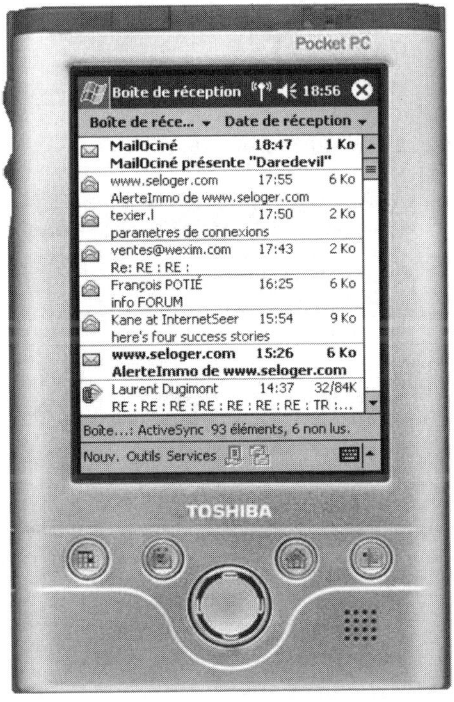

Les éléments de cet écran se décomposent comme suit :

- **<u>Boîtes aux lettres et services</u>**. En dépliant ce menu, vous pourrez vous déplacer d'une boîte aux lettres à une autre et dans les répertoires de votre boîte aux lettres.

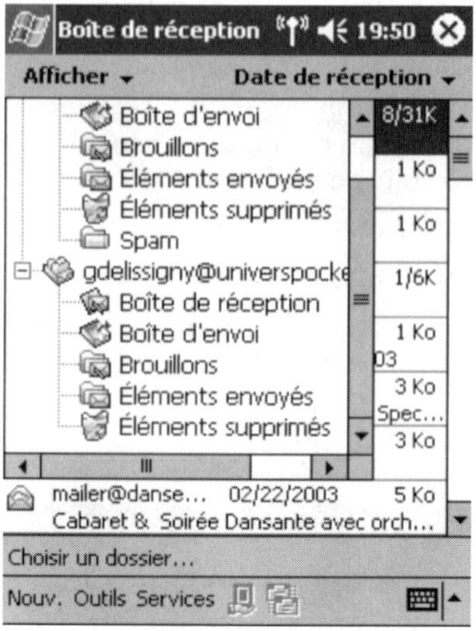

<u>Tri affichage</u>. Ceci vous permet de réaliser un tri de vos mails.

Le tri est possible par le nom de l'expéditeur, la date de réception du mail et l'objet.

- **Synthèse des éléments.** Il est affiché dans cette zone le nombre d'e-mails, total, lus et non lus. Cette information est reprise dans le menu « Aujourd'hui » de votre Pocket PC, mais seulement pour la boîte de réception ActiveSync.

Barre de menu contextuelle

Vous pourrez à partir de la barre de menu contextuelle, gérer toutes les actions nécessaires à la gestion de vos « comptes », la gestion de vos mails ainsi que leur envoi et leur réception.

Menu Nouveau

Ce menu permet de créer de nouveaux e-mails et des sous- répertoires dans vos boîtes aux lettres quand vous êtes dans la partie gestion des dossiers (option du menu « Outils »).

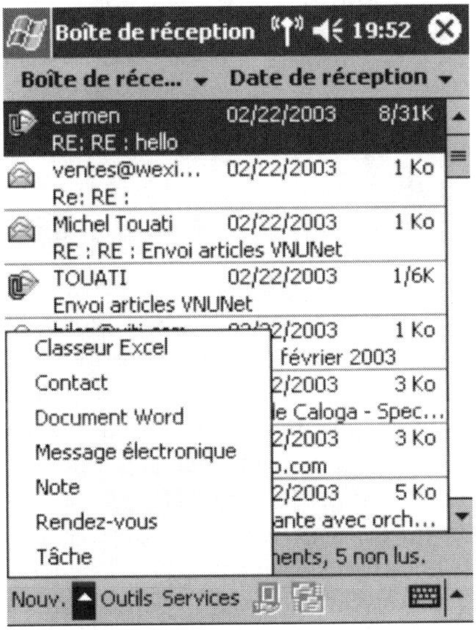

Menu « Outils »

Ce menu « Outils » vous permet de réaliser les actions suivantes :

- **Gestion des dossiers.** Permet la gestion des répertoires et boîtes de réception.

Vider la corbeille de votre boîte aux lettres (dossier éléments supprimés).

- **Modifier mes messages textes**. Gestion de la liste des phases en insertion rapide.

Visualiser l'état de vos boîtes aux lettres.

De paramétrer les options de votre boîte aux lettres.

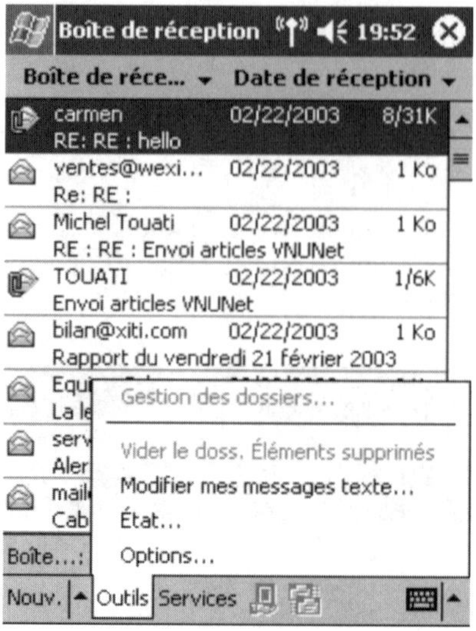

Geston des dossiers

Cette gestion des dossiers ne peut être utilisée pour la partie boîte aux lettres ActiveSync. Lorsque vous utilisez la boîte aux lettres ActiveSync, vous pouvez créer des e-mails qui seront envoyés par votre PC de bureau lors de la prochaine synchronisation, supprimer des e-mails et les lire, mais vous ne pouvez gérer la structure de répertoire qui est associée. Vous devrez créer les nouveaux dossiers (répertoires) directement à partir d'Outlook 2002 sur votre PC de bureau. Pour que ces dossiers soient synchronisés sur votre Pocket PC, vous devrez modifier le paramétrage des fonctions de synchronisation dans ActiveSync (voir chapitre « Utilisez votre PC de bureau avec votre Pocket PC »).

Pour toutes les autres boîtes aux lettres que vous aurez créées (comptes de messagerie) vous pourrez utiliser cet écran.

La gestion des dossiers couvre plusieurs notions :

La synchronisation avec Outlook 2002 des boîtes aux lettres autres que ActiveSync. Elle sera possible quand les limitations actuelles seront levées par Microsoft. La création ou la suppression des dossiers. En pointant sur le menu « Nouv. » l'écran suivant apparaît :

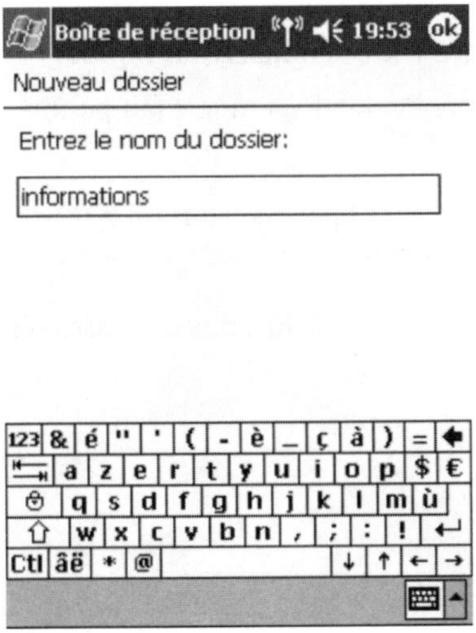

Entrez le nouveau nom de dossier à créer et pointez sur « ok ». Le nouveau dossier est créé.

Pour supprimer un dossier, pointez quelques instants sur le dossier à supprimer, un menu contextuel apparaît avec l'option « Supprimer », ou utilisez l'icône symbolisant un élément avec une petite croix rouge en bas de l'écran.

Gestion des messages textes en insertion rapide

Globalement sur votre Pocket PC tout est fait pour accélérer la saisie de vos informations.

Dans les mails que vous rédigez, vous utilisez très souvent les mêmes formules de salutation, signatures, etc.

Ceci vous permet de définir ces différentes phases répétitives et de les insérer dans le texte de vos mails.

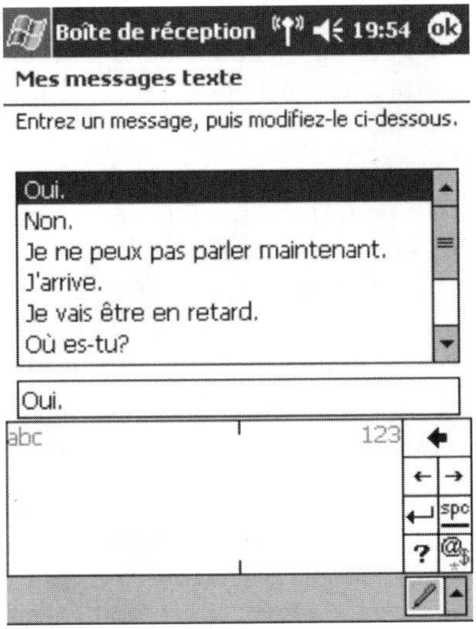

Vous ne pouvez pas en créer de nouveaux, mais simplement remplacer un des 10 existants. Sélectionnez le message à remplacer et modifiez-le.

Etat

Vous pouvez visualiser sous forme synthétique ce que votre Pocket PC devra effectuer à la prochaine synchronisation, soit entre votre Pocket PC et votre PC de bureau, soit avec vos boîtes aux lettres Internet.

- **Messages à envoyer.** Ce sont les messages à envoyer, soit vers votre PC si vous les avez rédigés dans la boîte aux lettres ActiveSync, soit vers la boîte aux lettres Internet sur laquelle vous étiez positionné lors de la rédaction de l'e-mail.
- **Messages à copier.** Dans les options de synchronisation vous avez défini des limitations en termes de taille de vos messages à rapatrier sur votre Pocket PC. Lors de la lecture des mails, vous avez la possibilité d'indiquer qu'à la prochaine synchronisation, la totalité de ce mail sera transférée sur votre Pocket PC. Ceci est le nombre de messages à transférer (copier) lors de la prochaine synchronisation.
- **Pièces jointes à copier.** Le principe est le même que précédemment pour les pièces jointes.
- **Messages à supprimer.** Pour toutes vos boîtes aux lettres, vous n'avez pas la possibilité d'indiquer que vos messages soient supprimés après le ramassage de votre courrier. Par contre, en le supprimant sur votre Pocket PC, il sera supprimé sur votre boîte aux lettres à la prochaine synchronisation.

Menu services

Ce menu est contextuel et son contenu variera en fonction des situations.

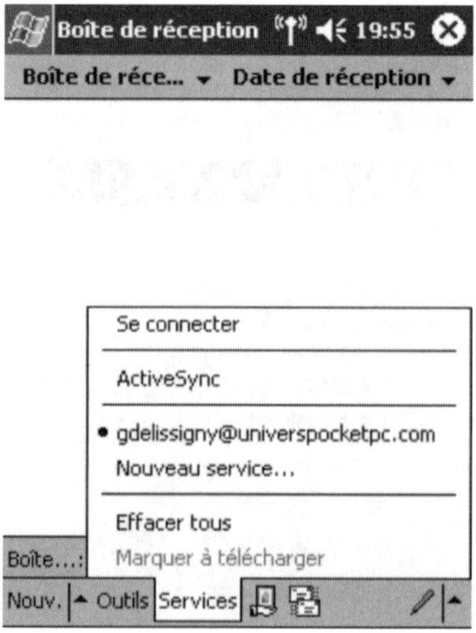

Il vous permettra :

- De vous connecter sur une boîte aux lettres, et ensuite d'envoyer et de récupérer vos messages. Vous réaliserez cela avec l'option « Se connecter ».
- De vous positionner sur une de vos boîtes aux lettres pour rédiger, envoyer et recevoir des e-mails.
- Effacer des messages, cette option n'est pas accessible dans la boîte aux lettres ActiveSync. Elle permet d'effacer tous les messages dans votre boîte aux lettres et de les supprimer sur votre boîte aux lettres distante lors de la synchronisation.
- De choisir de télécharger (copier) la totalité du message ou sa pièce jointe lors de la prochaine synchronisation ou inversement si vous aviez sélectionné la copie (en fonction que vous avez l'option « Télécharger » ou ne pas télécharger).

Rédiger un e-mail

Cet écran apparaîtra à chaque fois que vous déciderez d'envoyer un élément par e-mail à partir d'un autre logiciel, que vous déciderez de créer un nouveau mail, de répondre à un mail ou de le transférer.

Présentation de l'écran de rédaction d'e-mail

Il vous faut savoir que vous pouvez décider d'interrompre la saisie de votre e-mail en cours de rédaction en pointant sur le bouton « OK ». Dès lors, vous pourrez en poursuivre plus tard la rédaction en allant l'ouvrir dans le dossier « Brouillon » de la boîte aux lettres dans laquelle vous l'avez rédigé.

Cet écran se présente et s'utilise comme suit :

- **Bouton d'envoi.** Ce bouton vous permet d'indiquer que vous souhaitez envoyer ce message. Il sera enregistré dans le dossier « Boîte d'envoi » de la boîte aux lettres dans laquelle vous avez rédigé le message. Il sera effectivement envoyé lors de votre prochaine synchronisation via ActiveSync ou via votre connexion mobile.
- **Masquer ou afficher le détail d'en-tête**. Dans l'exemple d'écran suivant au début de ce paragraphe, celui-ci est présenté avec une description de l'en-tête de message comprenant toutes les options. Pointer sur cette option vous permet de raccourcir l'affichage des éléments de l'en-tête et seuls les champs destinataires et objet apparaîtront.

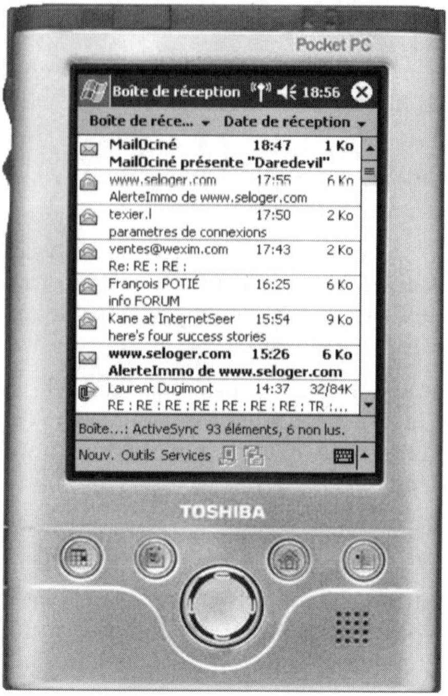
Pocket PC
Boîte de réception 18:56
Boîte de réce... Date de réception
MailOciné 18:47 1 Ko
MailOciné présente "Daredevil"
www.seloger.com 17:55 6 Ko
AlerteImmo de www.seloger.com
texier.l 17:50 2 Ko
parametres de connexions
ventes@wexim.com 17:43 2 Ko
Re: RE : RE :
François POTIÉ 16:25 6 Ko
info FORUM
Kane at InternetSeer 15:54 9 Ko
here's four success stories
www.seloger.com 15:26 6 Ko
AlerteImmo de www.seloger.com
Laurent Dugimont 14:37 32/84K
RE : RE : RE : RE : RE : RE : RE : TR :...
Boîte...: ActiveSync 93 éléments, 6 non lus.
Nouv. Outils Services
TOSHIBA

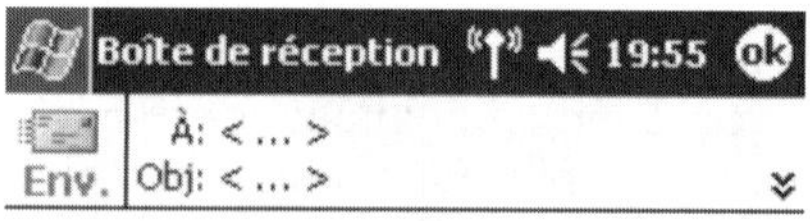
Boîte de réception 19:55 ok
À: <... >
Env. Obj: <... >

abc
123
spc
?
Nouv. Édition Mon texte

Destinataires.

Vous pouvez avoir plusieurs types de destinataires auxquels vous désirez faire parvenir votre mail :

- Les destinataires principaux.
- **Les destinataires que vous désirez informer**, mais dont le mail ne leur est pas directement adressé. Ce sont les destinataires en copie. Toutes les personnes recevant ce mail verront apparaître dans leur mail la liste des destinataires principaux et en copie.
- **Les destinataires en copie cachée**. Ces personnes recevront le mail, mais personne n'en aura la visibilité. Avec cette option, vous pouvez choisir de vous envoyer ce mail à vous-même et de définir tous les destinataires en copie cachée, vous masquerez ainsi la liste de tous les destinataires de ce mail.

Pour choisir les destinataires, vous avez, soit le choix de pointer sur le champ de saisie matérialisé par <…>, soit en allant chercher une adresse e-mail dans la gestion de vos contacts.

Recherchez dans cet écran les contacts auxquels vous désirez envoyer un mail, et leurs adresses e-mail seront directement insérées.

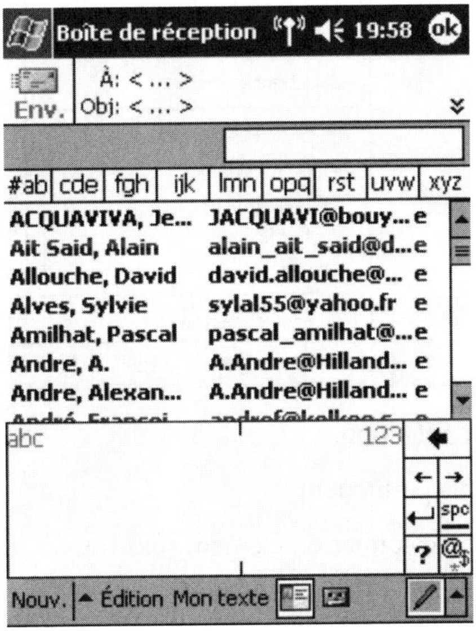

- **Objet.** Ceci est l'objet de votre mail.
- **Message.** C'est la partie où vous rédigerez votre mail.

Menu « Edition »

Ce menu « Edition » vous permettra :

- D'accéder aux fonctions de sélection classiques (copier, coller, …).
- De modifier les messages d'insertion rapide.
- D'insérer des pièces jointes.
- De vérifier l'orthographe de votre mail.
- De vérifier les adresses e-mails saisies.
- De choisir le type d'alphabet utilisé.
- D'abandonner la rédaction du mail.

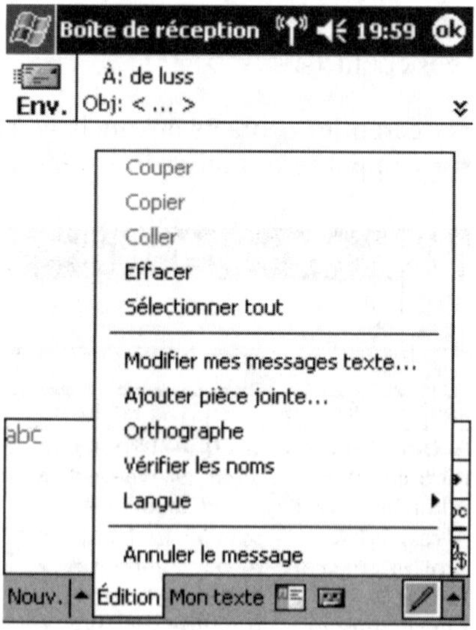

- **Fonctions de sélection.**

Ces fonctions vous permettent :

- De copier ou de couper un élément sélectionné.
- De coller un élément copié ou coupé
- D'effacer un élément sélectionné.

- De sélectionner l'ensemble des éléments.
- **Modifier mes messages textes.** Cette fonction vous permet de modifier le texte de votre message.
- **Ajouter pièces jointes.** Vous pouvez insérer une pièce jointe à votre mail. Ces pièces jointes peuvent être n'importe quel fichier présent sur votre Pocket PC, y compris des programmes.

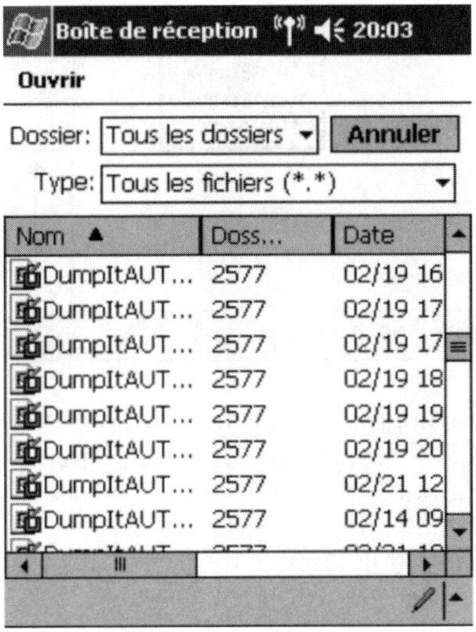

Sélectionnez le fichier en vous déplaçant avec cet écran.

- **Orthographe.** Cette option vous permet de vérifier l'orthographe du mail que vous avez rédigé.

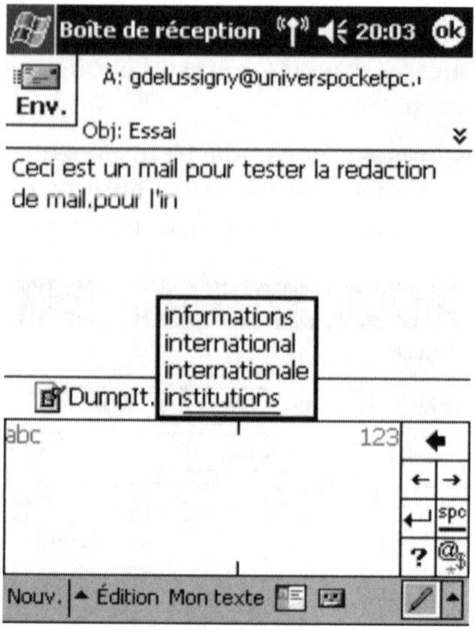

A chaque mot mal orthographié, il vous sera proposé une ou plusieurs solutions de correction. Pointez sur la correction désirée et le mot s'insérera à la place du mot sélectionné.

Vous avez la possibilité d'ignorer ce mot, et de l'ignorer tout le temps dans ce texte.

De même, vous avez la possibilité de le rajouter dans le dictionnaire si celui-ci n'était pas présent.

- **Vérifier les noms.** Vous pouvez demander de vérifier les adresses e-mails que vous avez saisies manuellement dans les champs destinataires.

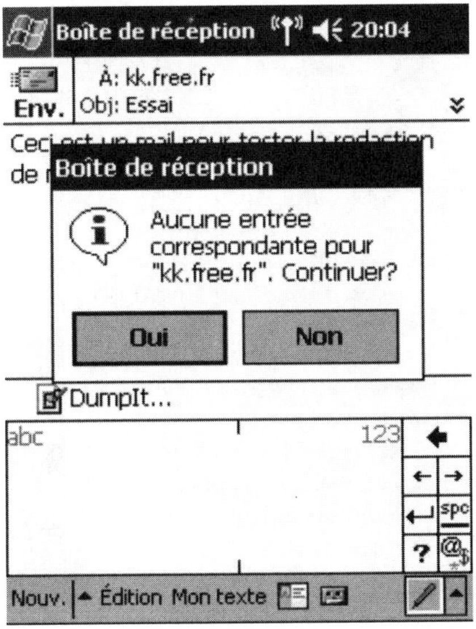

Ici encore nous avons une différence de fonctionnement entre la boîte ActiveSync et les boîtes aux lettres Internet sélectionnées. Cette vérification se fera :

- Par rapport aux contacts qui sont présents dans votre gestionnaire de contacts si vous utilisez la boîte ActiveSync.
- Par rapport à un annuaire d'entreprise LDA en liaison sur votre boîte Internet. Ceci ne fonctionne donc qu'en mode connexion et que si votre fournisseur de boîte aux lettres a inclus ce type de services en standard dans sa messagerie.

Langues. Cette option vous permet de choisir l'alphabet à utiliser dans la rédaction de votre mail.

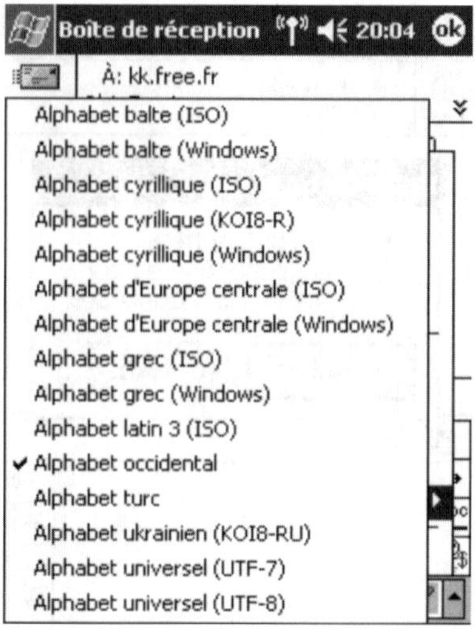

- **Annuler le message**. Cette fonction vous permet d'abandonner la rédaction de ce message.

Menu « Mon texte »

Ce menu permet de sélectionner le texte d'insertion rapide dans votre texte.

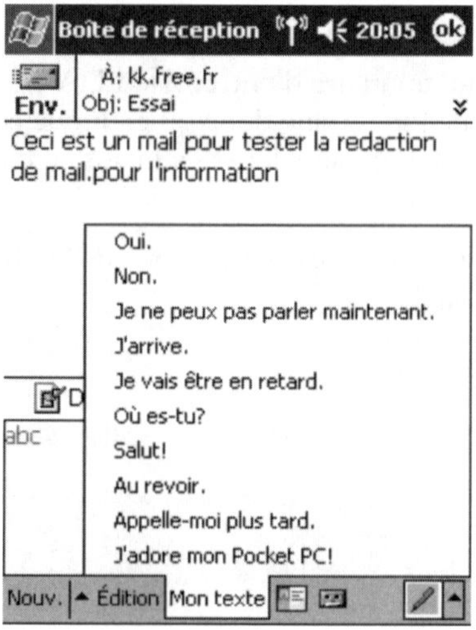

Vous pointez sur le texte désiré et celui-ci est inséré dans votre e-mail.

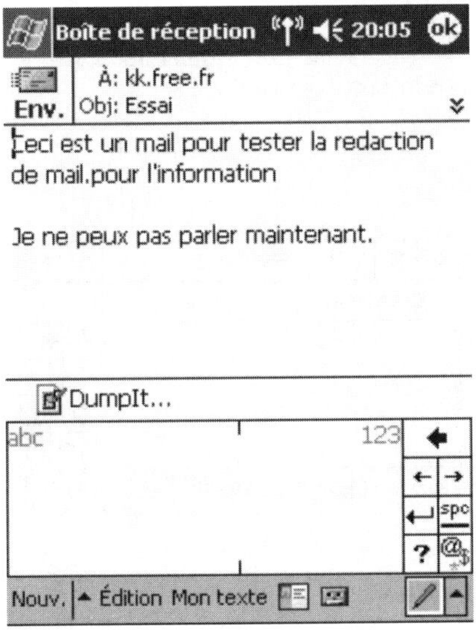

Bouton « Contacts »

Ce bouton vous permet d'aller dans votre gestionnaire de contacts pour rechercher et sélectionner les destinataires.

Bouton enregistrement de vos mémos vocaux

Ceci vous permet d'enregistrer directement un mémo vocal avec la fonction dictaphone (voir chapitre « Utilisation des fonctions multimédia »). Il sera envoyé en pièce jointe avec votre e-mail.

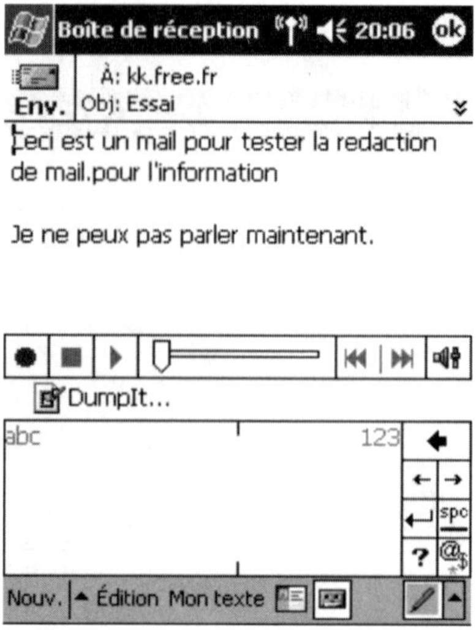

Envoi et réception de vos e-mails

Vous avez deux possibilités de recevoir et d'envoyer vos e-mails :

- A travers votre PC de bureau qui lui-même est connecté à Internet via un modem ou sur un réseau local lui-même connecté à Internet et/ou la messagerie Exchange de votre entreprise. Ceci utilise le service ActiveSync.
- En connexion directe au réseau Internet via votre téléphone mobile, la jaquette GSM/GPRS, une carte modem reliée au Réseau Téléphonique Commuté (RTC), ... Ceci utilise les différents services que vous avez définis.

Envoi et réception des e-mails via un moyen de connexion directe avec votre Pocket PC (téléphone mobile, modem, ...)

Vous êtes nomade, vous vous déplacez et vous avez besoin d'envoyer et de recevoir vos e-mails par un autre biais que le raccordement avec votre PC de bureau. Vous pouvez réaliser cela assez facilement au moyen notamment des éléments suivants :

- Par votre téléphone mobile GSM /GPRS.
- Par un modem raccordé au Réseau Téléphonique Commuté (RTC).
- Via la jaquette GSM/SPRS de votre Pocket PC.

- Via un autre moyen de raccordement type Bluethooth par exemple.

Le processus de mise en œuvre est quasiment toujours le même et il vous faut posséder les éléments suivants :

- Via modem Réseau Téléphonique Commuté (RTC), il vous faut acquérir une carte modem pour votre Pocket PC, la relier à votre Pocket PC et à la prise téléphonique, puis paramétrer cette carte modem.
- Via une option GSM /GPRS. Pour cela il vous faut :
  - Un abonnement GSM avec l'option « data » ou GPRS qui de fait comprend la partie « data » puisque vous êtes relié en permanence avec le réseau Ethernet avec une adresse IP fixe ou dynamique en fonction de votre fournisseur de réseau (France Telecom, SFR et Bouygues Telecom).
  - Un téléphone mobile avec modem intégré (par exemple le Nokia 8210 en GSM ou le 8310 en GPRS) relié à votre Pocket PC soit par liaison infrarouge, soit par un câble.
  - Ou une jaquette GSM et/ou GPRS qui transforme votre Pocket PC en Smartphone avec laquelle vous pourrez notamment téléphoner et vous raccorder au réseau Internet.
  - Un abonnement à Internet (free, wanadoo, club Internet, etc.).
  - Une boîte aux lettres quelque part sur Internet (free, yahoo, hotmail, ...).

Muni de ces éléments, le processus est le suivant pour tous les modes de raccordement que vous pourrez choisir :

Vous avez défini une connexion à Internet sur votre Pocket PC.

Vous avez créé une boîte aux lettres Internet.

Vous avez paramétré votre boîte aux lettres sur votre Pocket PC.

Pour réaliser la connexion avec votre boîte aux lettres, vous vous positionnez sur le service « Boîte aux lettres » de votre choix.

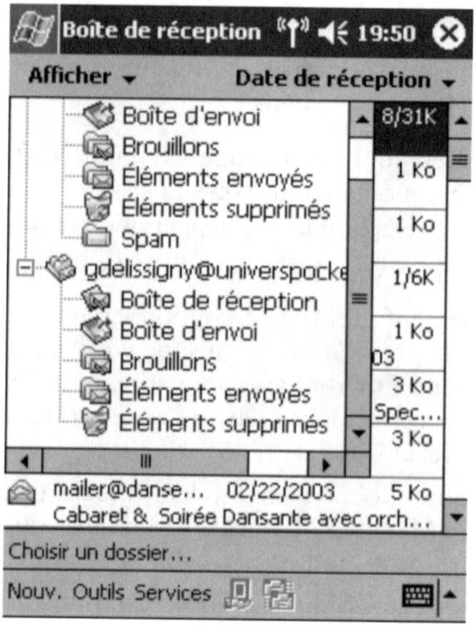

Puis vous créez votre e-mail. Vous faites « envoi » et le mail que vous avez créé est enregistré dans le dossier « boîte d'envoi » du service (Boîte aux lettres) que vous avez sélectionné.

Il vous faut maintenant établir la connexion avec Internet.

Pour établir la connexion, vous avez plusieurs méthodes en fonction de votre équipement :

Raccordez votre modem à une prise téléphonique, ou positionnez le port infrarouge de votre téléphone mobile face au port infrarouge de votre Pocket PC. Attention, vous devez au préalable avoir mis en fonction le port infrarouge de votre Pocket PC tel que décrit dans le chapitre « Paramétrage de votre Pocket PC », ceci est fait une fois pour toutes, et activez le port infrarouge de votre téléphone mobile. Sur la plupart des téléphones mobiles, l'activation du port infrarouge doit être effectuée à chaque fois car cette fonction de communication est très coûteuse en énergie et votre téléphone mobile en fait le plus possible l'économie pour accroître son autonomie. Sur les téléphones Nokia vous activez cette fonction via le menu avec l'option « Infrarouge ».

Si vous avez la chance de posséder une jaquette GSM/GPRS, vous n'avez rien à faire. Si vous êtes en GSM, il y aura établissement de la connexion, et si vous utilisez le GPRS, vous êtes connecté en permanence (sauf demande de votre part) au réseau Internet via la connexion permanente au réseau Ethernet.

Une fois ces actions effectuées, soit vous pointez sur l'icône « Connexion », soit vous utilisez l'option « Connexion » du menu « Services ».

La notification suivante apparaît :

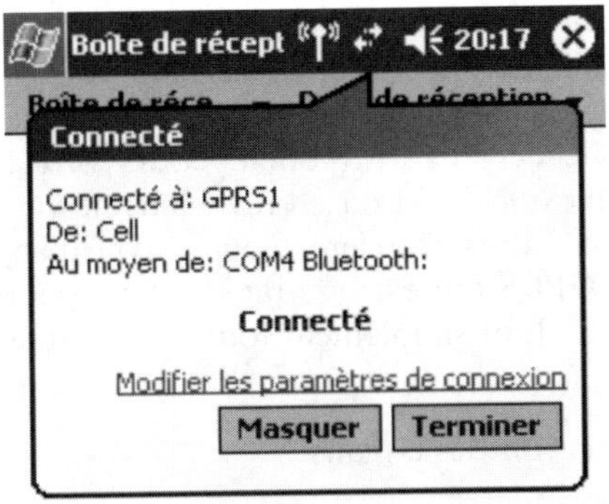

Une fois la connexion établie, il ne vous reste plus qu'à pointer sur le bouton « envoyer/recevoir ».

Avec un PC et un téléphone mobile

Introduction

Voici une possibilité de votre PC et de votre téléphone mobile qui, si vous êtes nomade, vous rendra de grands services. Vous pouvez connecter votre

PC à votre téléphone mobile pour accéder à Internet, envoyer des SMS, des e-mails, des fax. Et ceci avec un débit minimum équivalent à celui d'un modem classique. Oui, vous avez bien lu, vous pourrez être connecté en permanence, juste avec votre mobile.

Vous pourrez utiliser la liaison que vous souhaitez, que ce soit un câble, avec l'infrarouge ou le Bluetooth. Vous pourrez en savoir plus sur la mise en œuvre de ce type de connexion au chapitre « Les fonctions de communication de votre téléphone mobile ».

La mise en œuvre est assez simple, et n'interférera pas sur le paramétrage de votre PC. En effet, vous pourrez avoir une connexion sur votre réseau local, une connexion de type wifi et en plus une connexion de type mobile. Il vous suffit simplement de déclarer votre « modem », puisque dans ce cadre votre mobile devient un modem pour votre ordinateur, puis de paramétrer la connexion GSM ou GPRS. Nous ne vous conseillons pas la connexion GSM car elle est trop lente pour ce type d'application, contrairement à la liaison GPRS qui est très rapide. Que pourrez-vous faire avec votre liaison GPRS. Tout simplement tout ce que vous avez l'habitude de faire :

- Envoyer et recevoir des e-mails.
- Surfer sur Internet, réaliser des téléchargements.
- Chatter en Messenger.

Mais en plus, si vous installez un logiciel approprié, vous pourrez envoyer et recevoir des e-mails, des fax.

Le paramétrage de votre PC avec votre mobile

Avant toute chose, il vous faut créer une connexion avec votre mobile. La chose se fait assez facilement, pour peu que l'on connaisse les bons paramètres. Il vous suffit de faire comme nous, d'aller sur le site Internet de votre opérateur pour les récupérer. Par exemple, si vous allez sur le site de Orange, `www.orange.fr`, vous rentrez votre code et votre mot de passe qui vous a été donné avec votre abonnement. Puis vous accédez au paramétrage. Sinon, vous pouvez utiliser des logiciels comme Mobile PhoneTools de BVRP qui vous configure la liaison GPRS. Concernant l'établissement de la connexion entre votre PC vous pourrez en savoir plus en vous rendant au chapitre « Les fonctions de communication de votre téléphone mobile ».

Nous allons vous présenter cette partie avec une connexion GPRS établie via une connexion en Bluetooth. Globalement, vous pourrez appliquer cela à tous les types de connexion, il vous suffira de changer le modem. Par exemple de choisir un modem « ir » (infrarouge) au lieu d'un modem Bluetooth.

Nous partons du prédicat que vous avez établi une connexion Bluetooth entre votre PC et votre téléphone mobile. Et surtout, que vous avez rendu actif la connexion « Dial-up Networking ». Pour le vérifier, rendez-vous dans les favoris Bluetooth de votre machine.

Vous avez couplé votre téléphone mobile avec votre PC en Bluetooth. Cette liaison va se mettre automatiquement en route chaque fois que vous la solliciterez. Il vous faut maintenant établir la liaison avec Internet à partir de votre PC.

Pour cela, vous vous rendez dans le menu « démarrer », et choisissez les connexions.

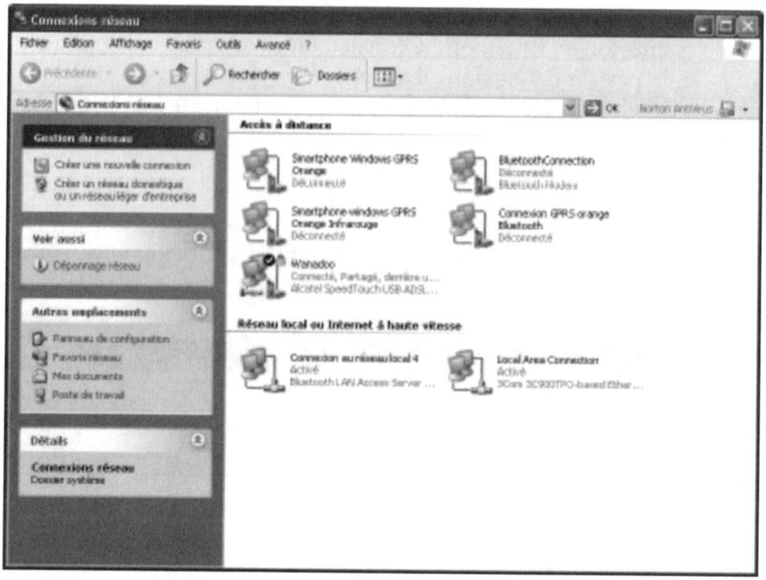

Choisissez l'option « Créer une nouvelle connexion ».

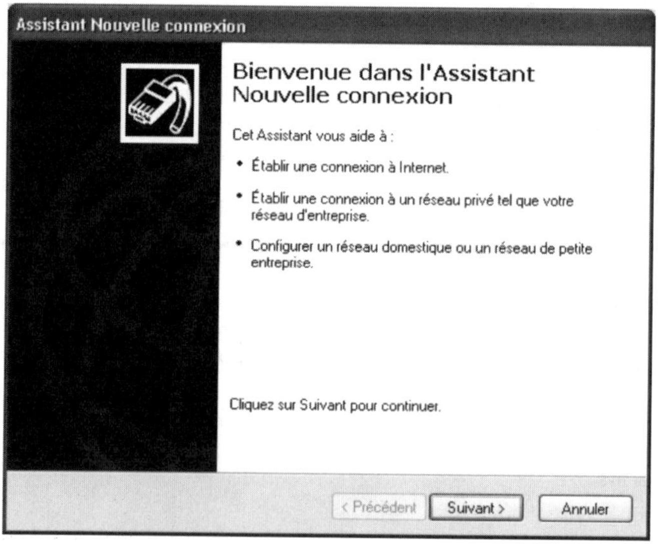

Dans cet écran, cliquez sur « Suivant ».

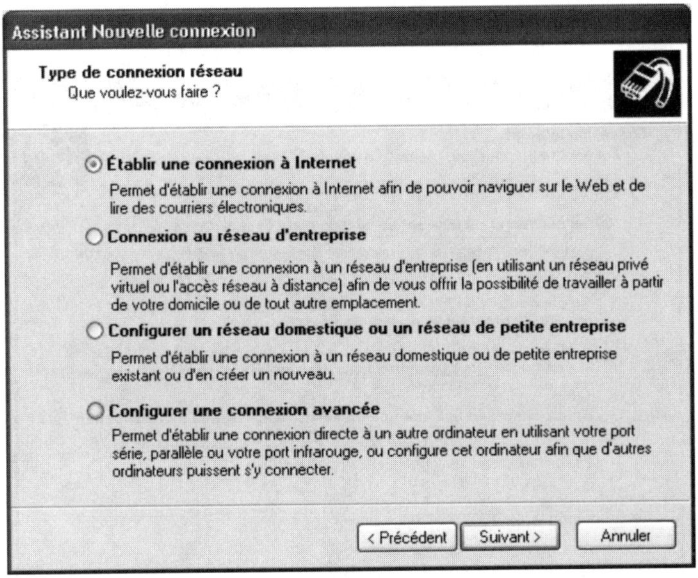

Puis choisissez « Etablir une connexion à Internet ». Cliquez sur « Suivant ».

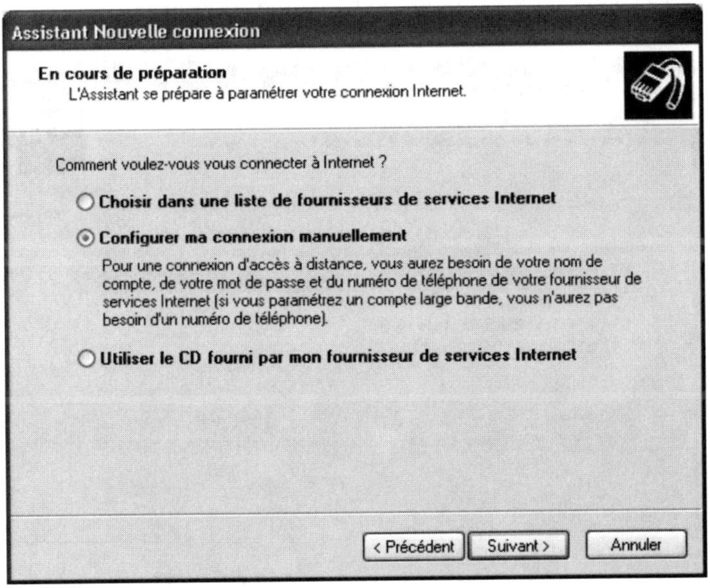

Puis « Configurer ma connexion manuellement ».

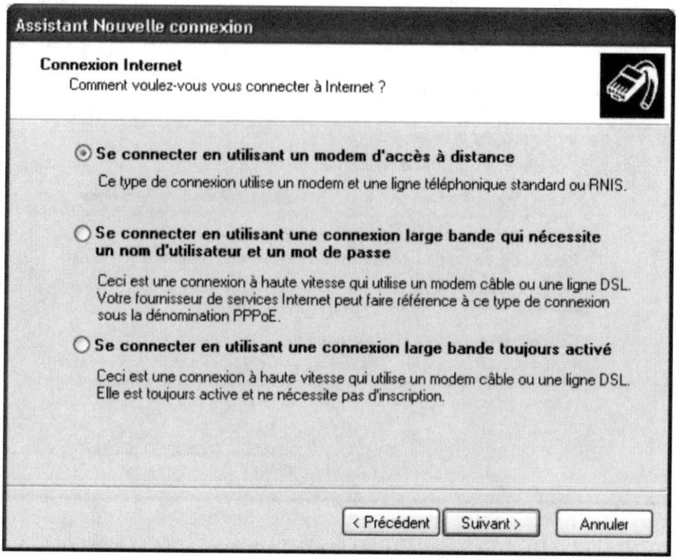

Puis « Se connecter en utilisant un modem d'accès à distance ».

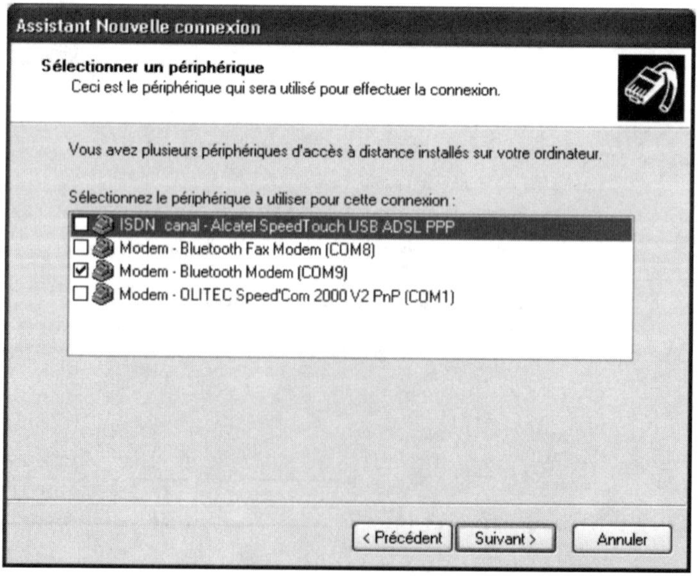

Vous choisissez le modem Bluetooth que vous avez défini avec votre connexion Bluetooth.

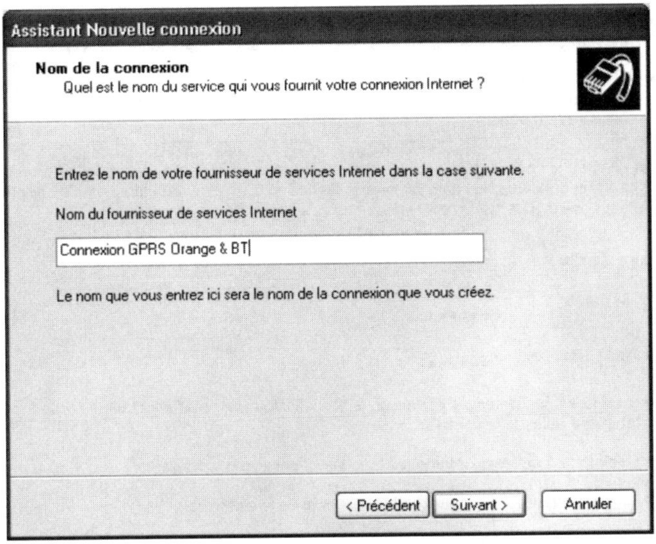

Vous donnez un nom à votre connexion.

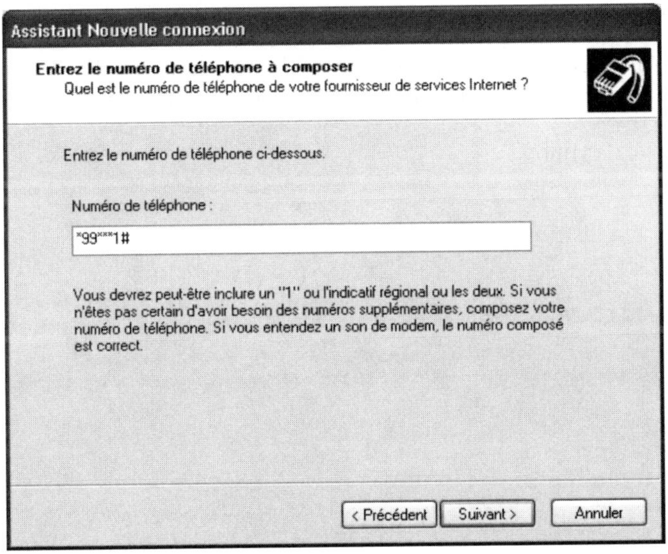

Vous rentrez le code de décrochage de votre mobile. Vérifiez dans la documentation de votre téléphone.

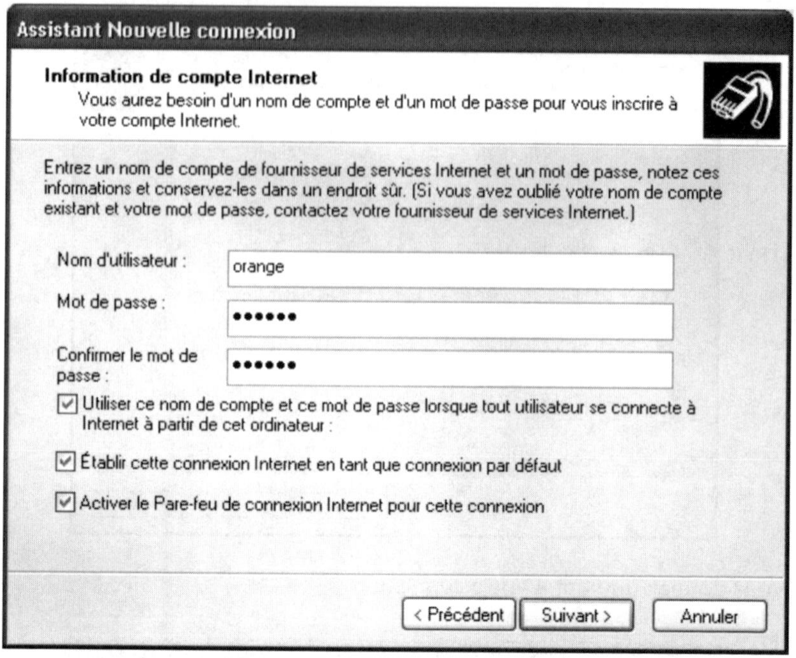

Vous saisissez le nom d'utilisateur et le mot de passe. Par exemple, sur Orange, pour tous les utilisateurs c'est « orange » et « orange ».

Vous avez terminé.

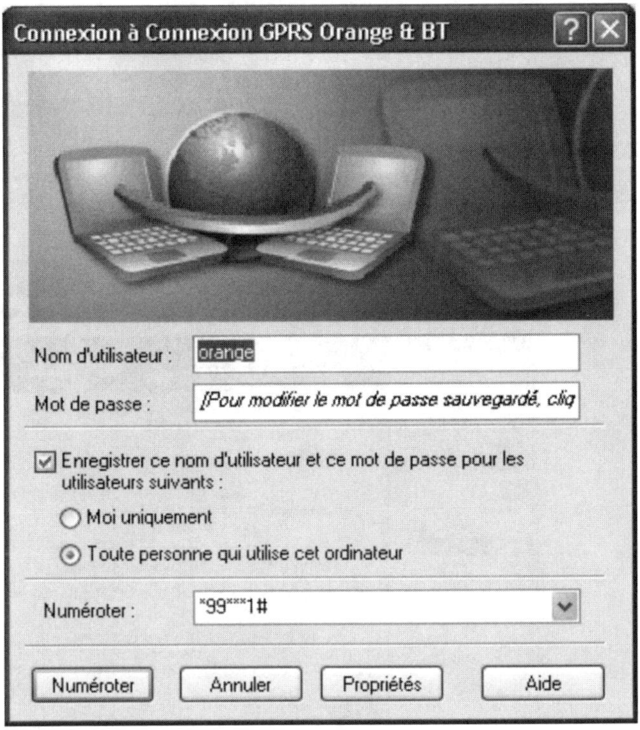

Il ne vous reste plus qu'à cliquer sur le bouton « Numéroter », et vous verrez que vous serez connecté en 3 secondes. Vous aurez le plaisir de voir une vitesse de connexion à 115 kb/s !

Il vous suffit maintenant de vérifier le paramétrage de vous outils sur votre PC. Dans la quasi-totalité des cas vous n'aurez rien à faire si cela a été configuré normalement.

Vos e-mails avec Outlook

Vous utilisez Outlook pour gérer vos e-mails. Vous êtes avec votre PC portable et vous souhaitez relever vos e-mails et en envoyer. Rien de plus simple, il faut utiliser la liaison que nous venons d'établir.

Pour cela, vous devez vérifier tout d'abord que Outlook est bien configuré pour cela.

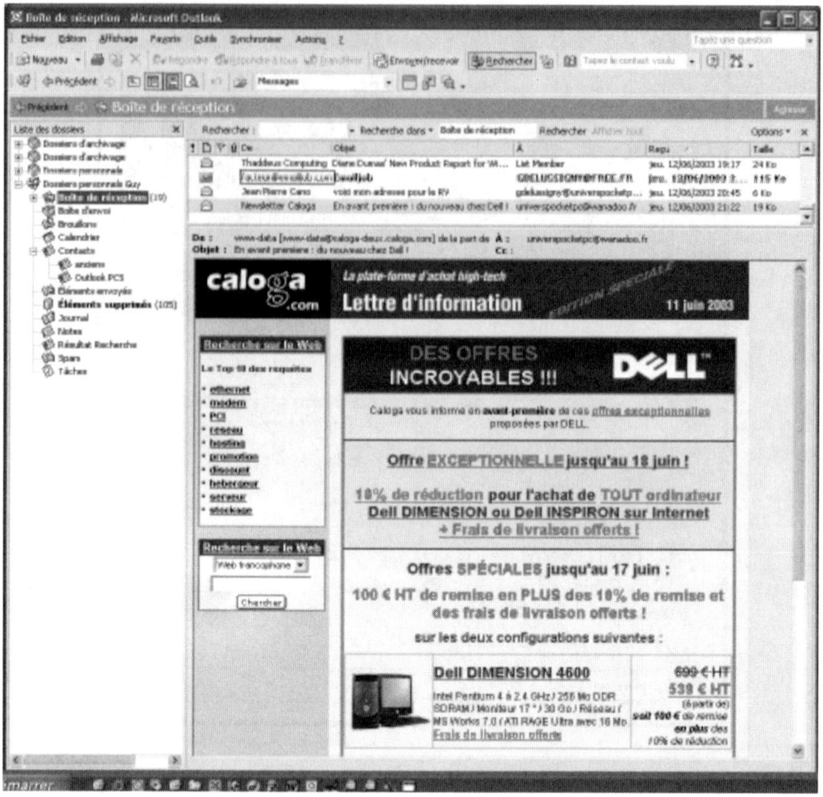

Dépliez le menu « Outils ».

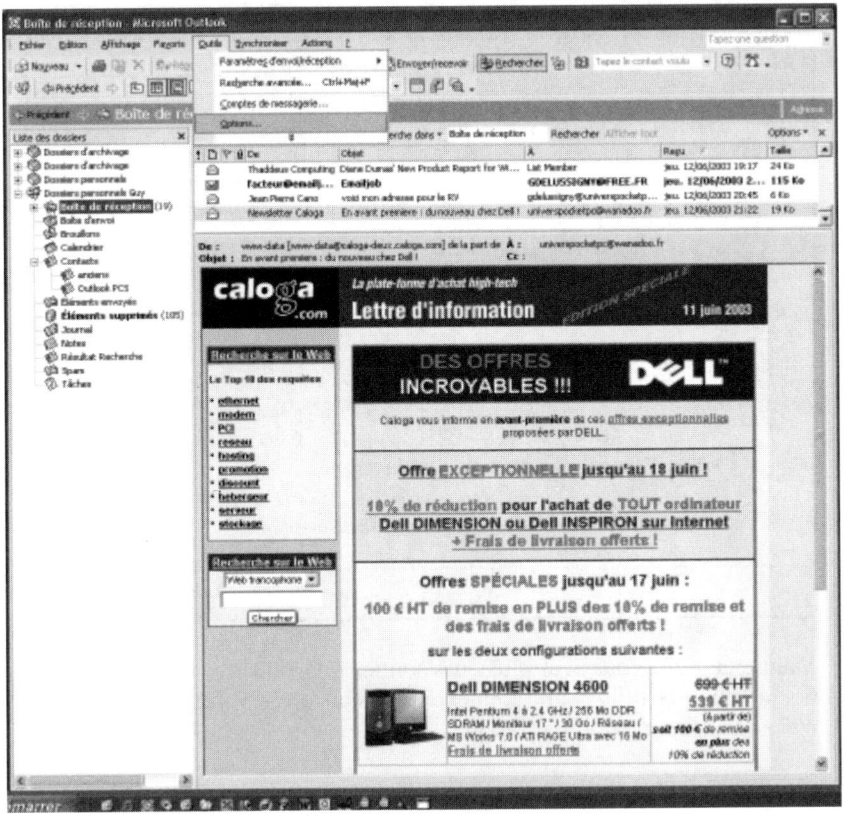

Choisissez « Options » dans ce menu et l'onglet messagerie.

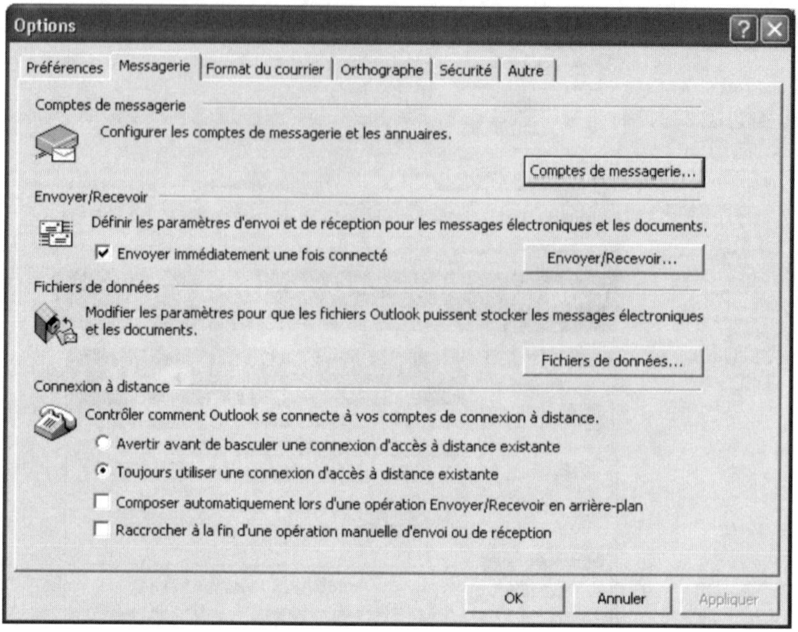

Maintenant que vous avez plusieurs connexions, nous vous conseillons l'option « Toujours utiliser une connexion à distance », si votre connexion GPRS n'est pas la connexion par défaut.

Si vous souhaitez simplifier la chose dans le cadre d'une utilisation nomade intense, vous pourrez définir la connexion GPRS comme connexion par défaut dans la gestion des connexions.

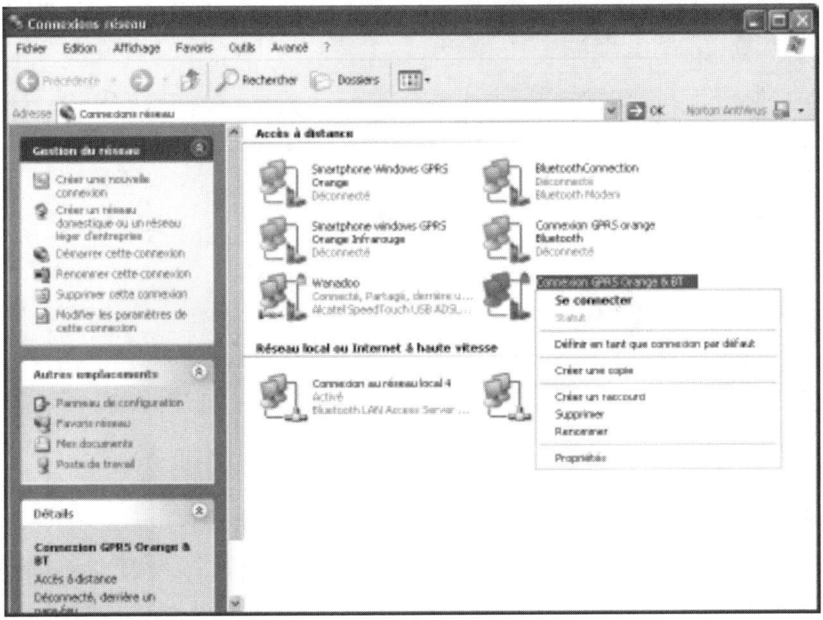

Dès lors, vous choisirez de cocher en plus la case « Composer automatiquement lors d'une opération… ».

Votre Outlook est maintenant prêt, vous pouvez relever vos e-mails.

Surfer sur Internet

Grâce au débit du GPRS, vous serez surpris de voir la rapidité de votre connexion. Vous aurez l'impression de surfer sur Internet comme si vous étiez au travail. La première fois cela surprend, mais on s'y fait vite. Avec un sentiment de liberté totale, puis même votre téléphone est dans votre poche ou votre sac à main. Vous devrez juste vérifier un petit paramètre pour vous assurer de son bon fonctionnement à chaque utilisation.

Rendez-vous donc dans Internet Explorer.

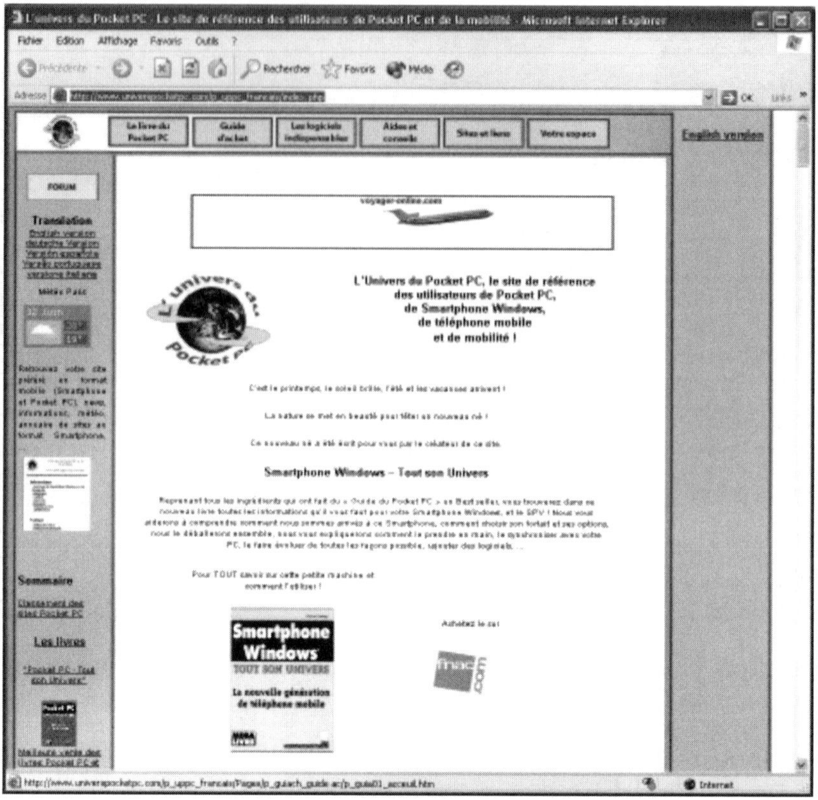

Dépliez le menu « Outils » et choisissez « Options ».

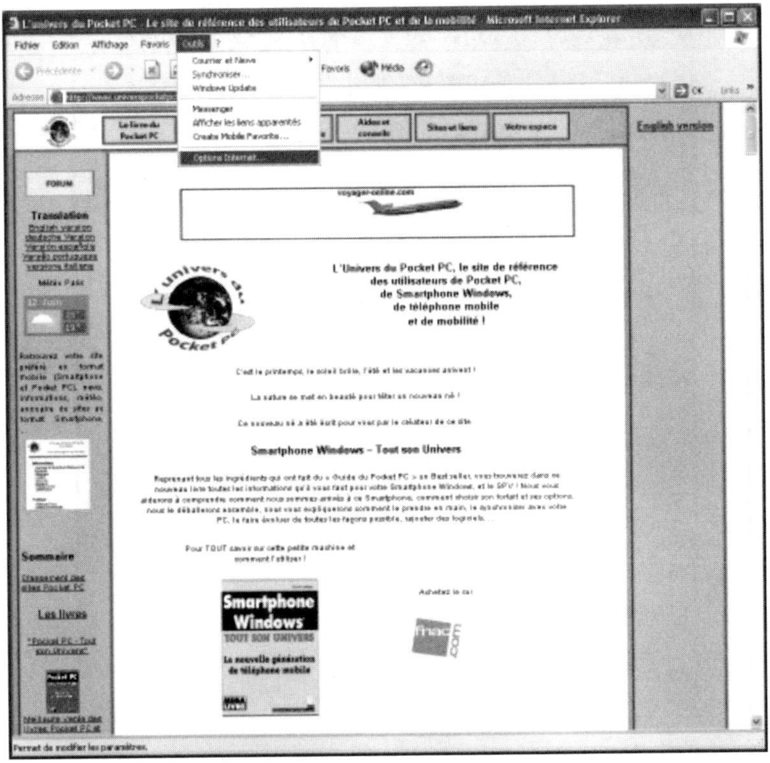

Nous devons maintenant paramétrer la connexion.

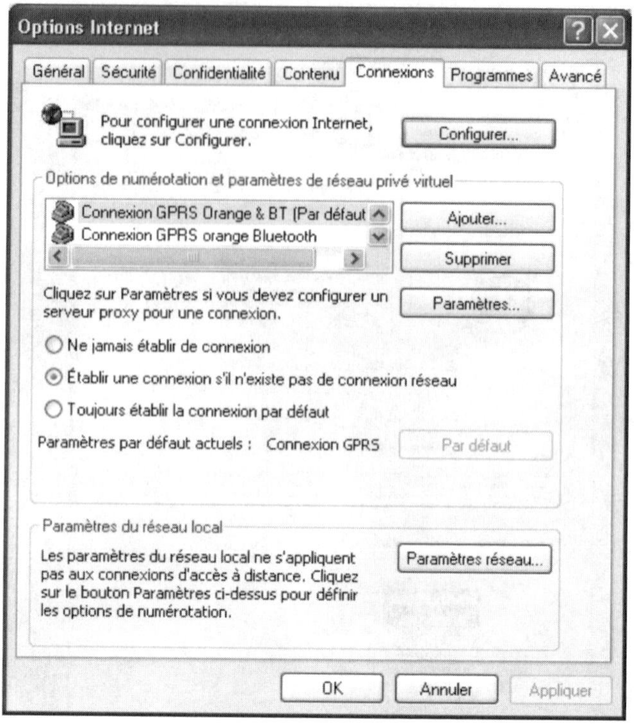

Comme vous utilisez votre PC au travail à travers le réseau de votre entreprise, vous ne devrez pas choisir de toujours établir la connexion par défaut. Mais par contre, vous devrez choisir « Etablir une connexion s'il n'existe pas de connexion réseau ». Ainsi, dès que vous commencerez à naviguer sur Internet la connexion avec votre mobile et le GPRS s'établira automatiquement.

Vous êtes prêt maintenant à surfer sur Internet.

Messenger

Une petite envie de « chatter » avec vos amis, pas de problème, vous avez défini une connexion Internet !

Mais dans le cas de Messenger, il ne rentre en fonction que lorsque vous avez ouvert une connexion avec Internet.

Il vous suffit de lancer la connexion à partir du menu « Connexions » du menu « Démarrer » et Messenger s'ouvre et se connecte.

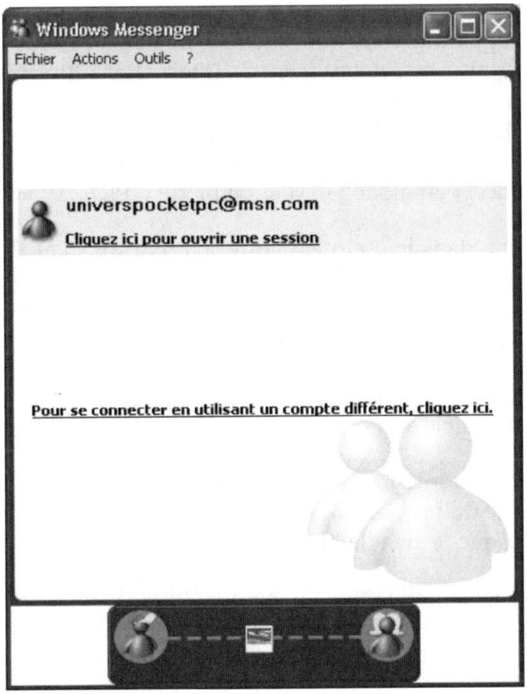

A vous les joies du « chat ». Pour en savoir plus sur Messenger, comment le mettre en œuvre et l'utiliser, rendez-vous au paragraphe « Utilisation de Messenger sur votre Smartphone » de ce chapitre.

Téléphonie et Internet avec un Pocket Pc doté de fonctions de téléphonie

Les télécommunications du troisième millénaire donnent vraiment leur coup d'envoi avec cette extension de votre système d'exploitation pour votre Pocket PC, Microsoft Pocket PC 2003 Phone Edition.

En effet cette version de système d'exploitation a été réalisée par Microsoft pour exploiter au mieux une nouvelle race de Pocket PC, les Pocket PC communicants.

Nous voyons apparaître une nouvelle race de PDA, ils sont équipés de processeurs très puissants, notamment le Intel ARM920 qui non seulement fait fonctionner votre système d'exploitation, mais intègre toutes les fonctions d'un téléphone mobile. En effet, celui-ci est tri-bande (1 900 Mhz pour les Etats-Unis, 900 et 1 800 Mhz pour l'Europe) et il gère la partie « data » (données) en mode GSM et en mode GPRS.

Vous avez donc dans le creux de votre main, un Pocket PC classique qui intègre toutes les fonctions de communication de votre téléphone mobile. Les deux appareils ont fusionné, pour devenir un autre appareil, dont vous allez souvent entendre parler, un Smartphone !

A la¢Ïecture de ces quelques lignes, vous pouvez être incrédule, et/ou vous demander à quoi cela va pouvoir servir. Nous allons essayer d'y répondre.

La première fonction est celle d'un PDA classique de type multimédia, de par la puissance du processeur, la mémoire RAM disponible et la qualité de l'affichage. Jusque-là rien de bien nouveau.

La deuxième est la fonction de téléphonie. Votre Pocket PC est maintenant aussi votre téléphone mobile, vous y retrouverez toutes les fonctions de votre téléphone classique.

La troisième est la fonction « data ». Cette terminologie est héritée des opérateurs de téléphonie mobile qui désignent les fonctions d'accès à Internet comme fonction « data » en opposition avec les fonctions vocales. Vous avez maintenant dans vos mains, un petit appareil qui est connecté au réseau Internet automatiquement si vous utilisez le GSM, ou en permanence si vous utilisez le GPRS. GPRS qui vous apporte un grand débit pour votre connexion Internet.

Un plus de ces téléphones mobiles PDA, c'est l'accès à l'I-mode et à Internet rapidement et d'avoir un écran qui permet vraiment de visualiser des pages.

Voici à quoi cela peut ressembler.

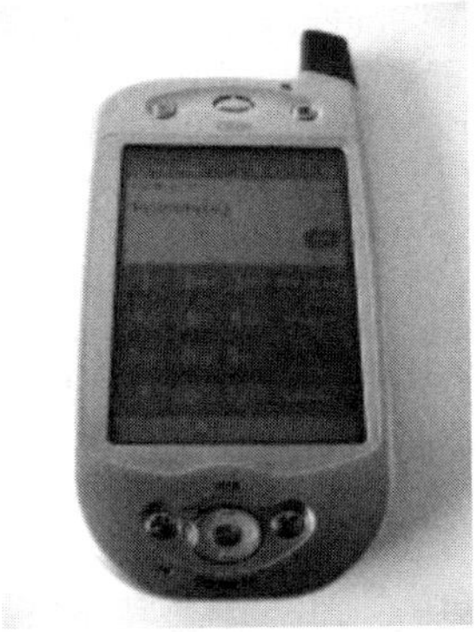

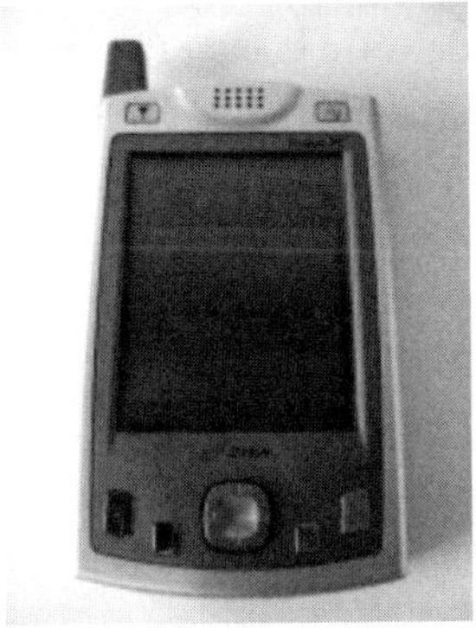

Ils sont livrés avec un casque de bonne facture qui fait office de kit piéton. Vous pourrez écouter de la musique et recevoir vos appels.

Vous allez pouvoir surfer sur Internet. Finies les opérations compliquées avec le port infrarouge, et autres. La connexion se réalise automatiquement. En connexion permanente (GPRS), vous pourrez vous connecter aux Web TV et Web radio, mais aussi accéder à tous les serveurs d'informations dont vous avez besoin. Vous pourrez aussi utiliser votre Pocket PC et accéder au système d'information de votre entreprise comme si vous étiez dans ses locaux et ainsi recevoir et envoyer vos e-mails, accéder à l'Intranet et à toutes les applications en « client léger » (applications de votre entreprise fonctionnant avec Internet Explorer), mais aussi les fonctions du CRM de votre entreprise (voir chapitre « Intégrez et utilisez les Pocket PC au sein de l'entreprise »), de gestion de stocks, etc.

Vous pourrez utiliser votre Pocket PC comme visiophone, avec l'adjonction simple d'une petite caméra sur votre Pocket PC. Vous pourrez voir votre correspondant sur votre écran (voir chapitre « Prenez des photos ou des vidéos avec votre Pocket PC ou votre appareil photo numérique et utilisez-les avec votre Pocket PC » pour la partie extension caméra).

Utilisation de votre Pocket PC comme un téléphone

Nous allons aborder cette partie phone édition par ce qu'elle a de plus spectaculaire, la partie téléphone.

Vous avez inséré votre carte SIM dans votre Pocket PC (celle de votre téléphone mobile), il ne reste plus qu'à mettre en route votre téléphone.

Lors de la mise en route de votre Pocket PC, vous arrivez systématiquement sur l'écran « Aujourd'hui », écran que vous avez arrangé à votre goût en changeant l'image de fond.

Il se présente maintenant comme ceci :

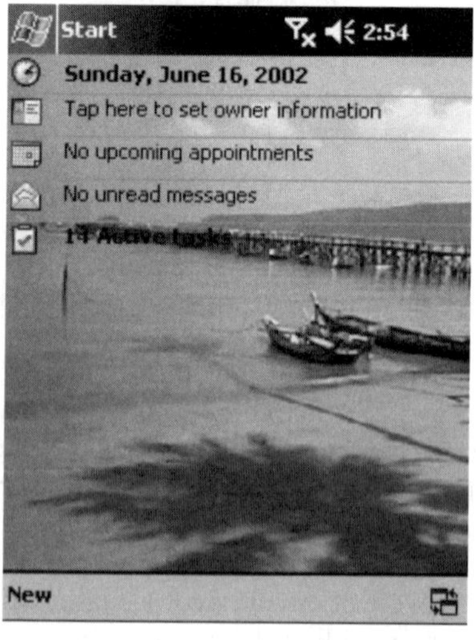

La différence va se situer dans la barre du haut, sous la forme d'un « petit entonnoir » symbolisant, nous pouvons l'imaginer (avec beaucoup d'efforts...) une antenne de téléphone mobile. Une petite croix à côté de ce symbole indique que votre téléphone n'est pas en fonction. Vous pourrez accéder à certaines fonctions téléphoniques à partir de cette icône ou à partir de l'option téléphone (ici « phone ») qui est présente dans le menu « démarrer ».

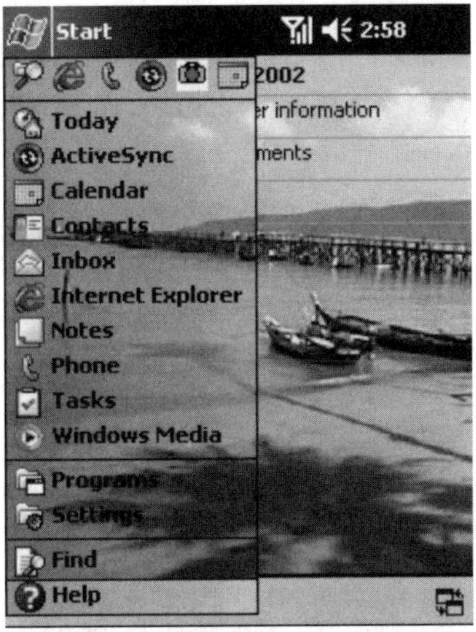

Mise en service de votre téléphone intégré

A partir de l'écran «Aujourd'hui», pointez sur l'icone symbolisant votre téléphone mobile, ou lancez le programme de téléphonie dans le menu «démarrer».

Validez le fait que vous désiriez mettre en fonction le téléphone en pointant sur le bouton.

Vous arriverez ainsi à l'écran de saisie de votre code PIN (si vous avez choisi de protéger votre téléphone avec un code).

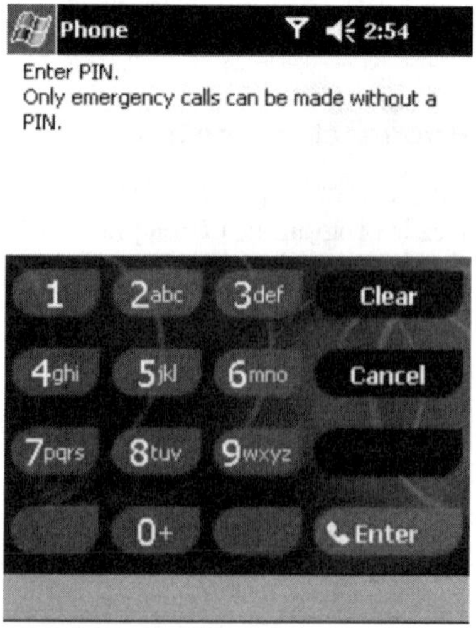

Avec votre stylet, saisissez les quatre chiffres composant votre code PIN.

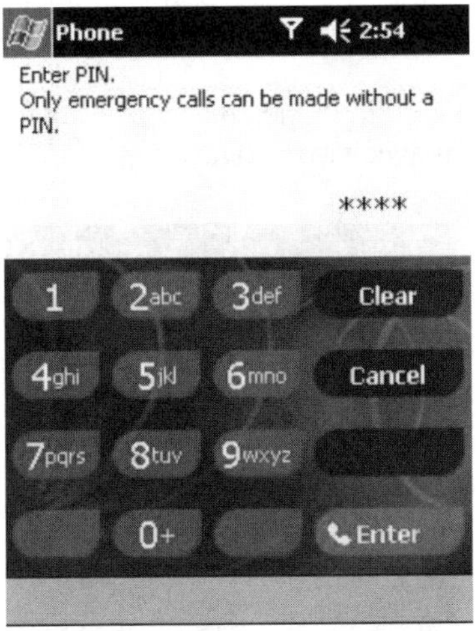

Pointez sur la touche « verte » pour valider votre saisie. Après quelques instants, votre téléphone est opérationnel.

Pour éteindre la partie téléphonie de votre Pocket PC, vous faites l'inverse.

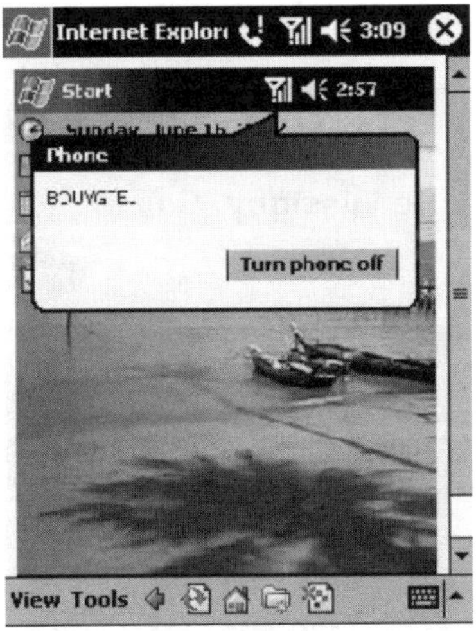

Téléphoner avec son Pocket PC

Ne résistons pas à la joie de passer notre premier appel avec cette petite merveille.

Tapez votre numéro de téléphone, avec votre doigt (les touches sont suffisamment grandes) ou avec votre stylet.

Appuyez sur la touche « verte ».

Votre correspondant a décroché, vous êtes en communication téléphonique ! Bien évidemment, votre Pocket PC a recherché automatiquement dans votre base de contacts à quel nom correspond le numéro de téléphone que vous avez tapé.

Mais vous auriez pu aussi chercher votre correspondant dans votre base de contacts, grâce à une petite icône symbolisant un contact en bas à droite de votre écran.

Vous choisissez le nom dans votre base de contacts, et vous choisissez l'option « Passer un appel » (ici : Call Work Tel). Vous revenez instantanément à l'écran du votre téléphone et la communication est réalisée.

Ceci est la fonction basique de votre téléphone. Vous retrouvez aussi les autres fonctions de votre téléphone mobile classique.

La première est la liste de vos appels (Call Log), composés, manqués, reçus.

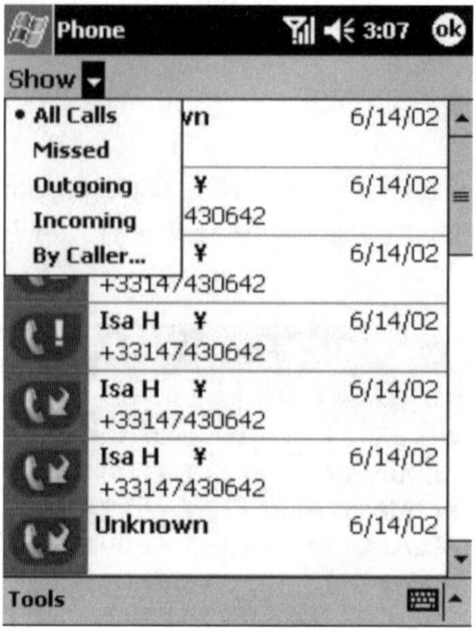

Liste que vous pouvez comme toujours filtrer, par appels perdus, que vous avez émis, pris, etc.

Vous avez aussi une touche qui vous permet d'accéder à vos numéros de téléphone favoris.

Cette liste de numéros de téléphones favoris, vous l'aurez enrichie de façon simple à partir de votre base de contacts.

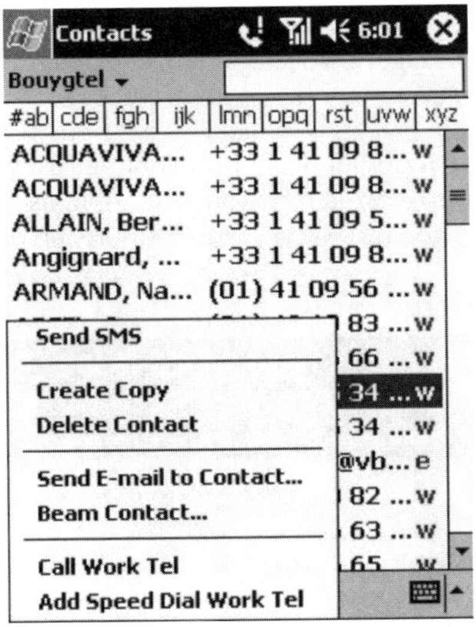

En sélectionnant le contact que vous souhaitez rajouter, en pointant dessus, et en choisissant dans le menu contextuel l'option « Ajouter à la liste de téléphone rapide » (ici : « add Speed Dial Work Tel »).

Vous y accédez très rapidement en pointant sur le bouton de votre programme de téléphone.

Nous voyons ici le seul numéro de téléphone que nous avons rajouté dans notre liste, notre messagerie vocale. Il suffit de pointez dessus pour que la fonction soit active.

Dans une utilisation quotidienne, votre téléphone est vraiment intégré dans votre Pocket PC ; vous avez la fonction vibreur, mais aussi toutes les notifications habituelles. Lorsque vous recevez un appel, celui-ci s'affiche de la façon qui suit :

Il suffit simplement d'appuyer sur le bouton « Répondre » (ici : Answer) ou sur le bouton Ignorer (ici : Ignore), pour prendre ou rejeter l'appel.

Si vous n'étiez pas à côté de votre téléphone il vous sera notifié que vous avez reçu un appel durant votre absence.

Votre correspondant vous a laissé un message vocal !

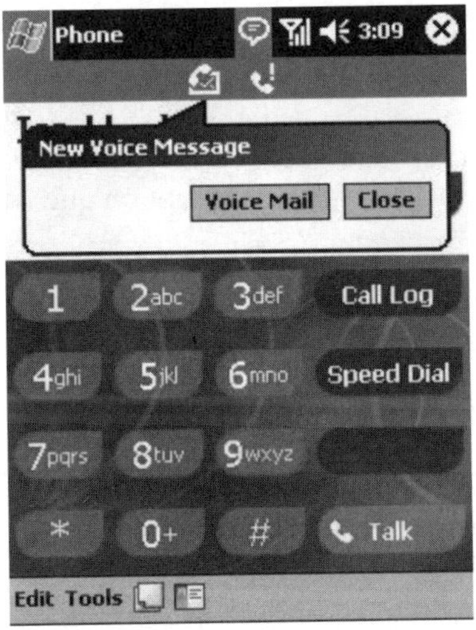

Petite finesse du constructeur de Pocket PC que nous avons essayé, vous pouvez déplier un menu vous permettant d'accéder rapidement aux fonctions du téléphone à partir de n'importe quel programme. Celui-ci est rangé dans le menu de sélection du mode d'écriture en bas à droite de votre écran. Ici, nous utilisions la calculatrice.

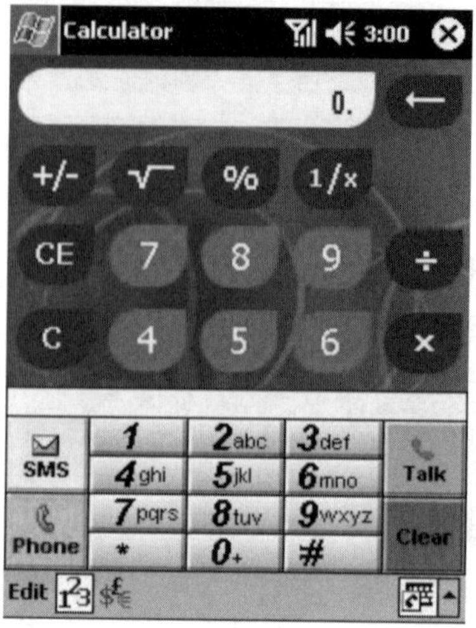

Envoyer et recevoir des SMS (Short Message System)

Autre fonction standard, mais néanmoins très importante de la fonction de téléphonie, les SMS, ces petits messages qui prennent un essor phénoménal à travers le monde.

Ici aussi, la simplicité est de rigueur. Vous vous apercevrez rapidement que la partie SMS fait appel à la boîte de réception que vous utilisez aussi pour vos mails.

Pour composer et envoyer un SMS, utilisez le menu « Outils » (ici : Tools) au bas de votre écran et pointez sur l'option SMS.

Comme pour un mail, vous choisissez le destinataire dans la base de contacts, ou vous saisissez le numéro de téléphone.

Quand vous avez terminé de saisir le texte, appuyez sur envoi. Vous n'avez rien d'autre à faire.

Quand vous recevrez un SMS, vous aurez une notification dans la barre d'état, mais aussi sur l'écran « Aujourd'hui ».

Pour la consultation, ceci est tout aussi simple, vous allez dans la boîte de réception.

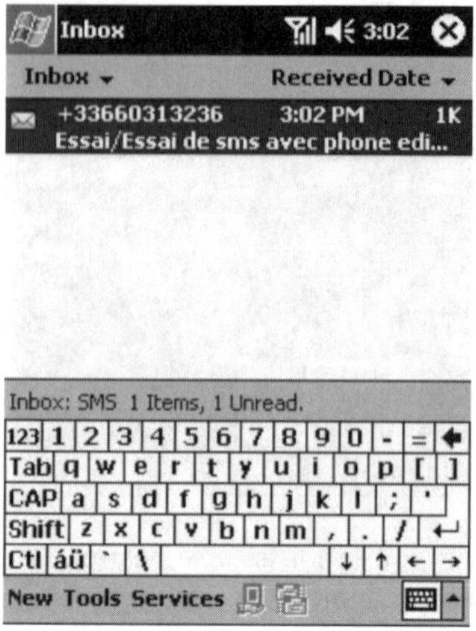

Vous pointez sur le message de votre choix. Et vous le lisez.

Si vous allez dans les options de la boîte de réception, vous pourrez paramétrer le service SMS si celui-ci ne l'était pas déjà.

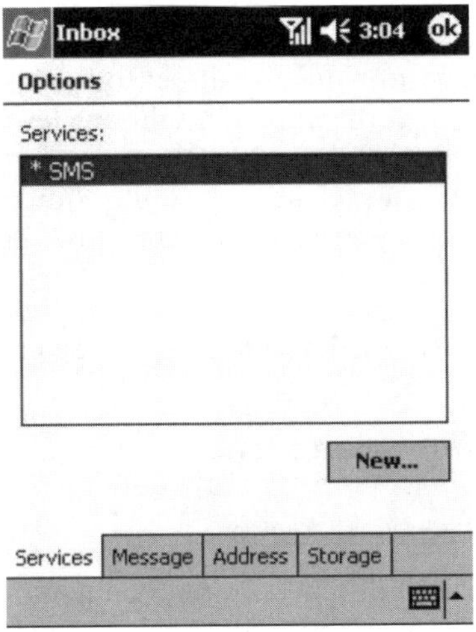

Vous pointez sur l'option SMS.

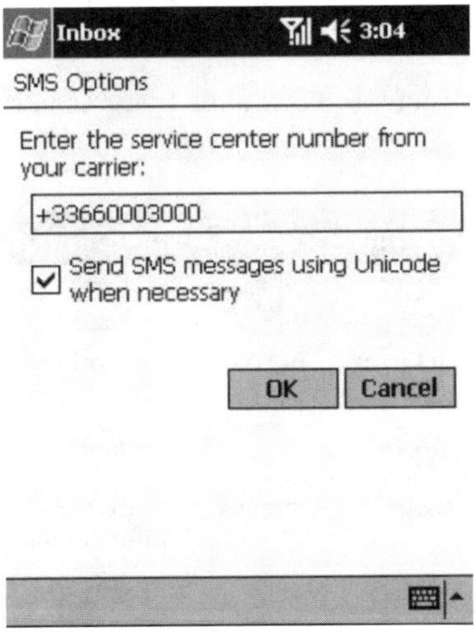

Et vous saisissez le numéro de téléphone utilisé par votre opérateur de téléphonie mobile pour la gestion des SMS.

Pour en connaître plus sur la gestion de la boîte de réception, vous pouvez vous rendre au chapitre : Les programmes bureautiques et de communication de «Microsoft Pocket PC 2002 ».

Partie Data - Accès à Internet, e-mails, ...

L'accès à Internet, la gestion des e-mails, et toutes les applications que l'on peut réaliser avec ce superbe appareil, utilisent les fonctions standard de votre Pocket PC, y compris pour la connexion. En GSM, les paramètres sont les mêmes qu'avec un téléphone mobile équipé d'un port infrarouge ou de Bluetooth. L'utilisation reste la même aussi pour la partie GPRS, y compris le paramétrage.

Vous pourrez découvrir ces éléments au début de ce chapitre.

Paramétrage de votre Smartphone

Paramétrage de la partie téléphone

Votre Pocket PC Phone Edition comprend de nombreux paramètres puisqu'il associe un téléphone mobile complet, la partie Data ET un répondeur. Nous allons aborder ensemble cette partie.

Pour cela vous allez dans la partie « Paramètres » à partir du menu « Démarrer ».

Dans la partie « Personnel », vous allez pouvoir paramétrer la partie téléphone.

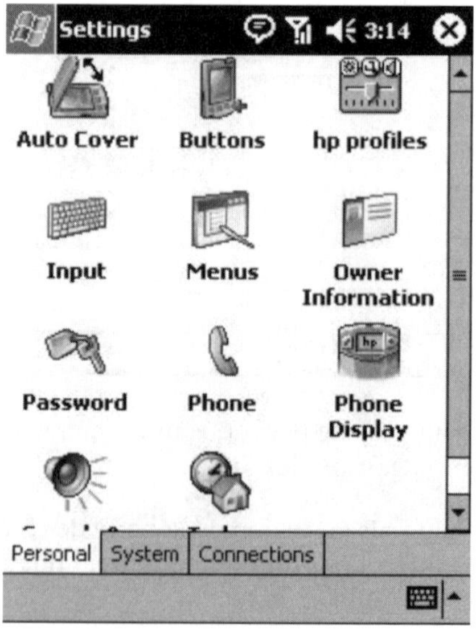

Pointez sur l'icône symbolisant un téléphone. Vous arrivez sur les paramètres.

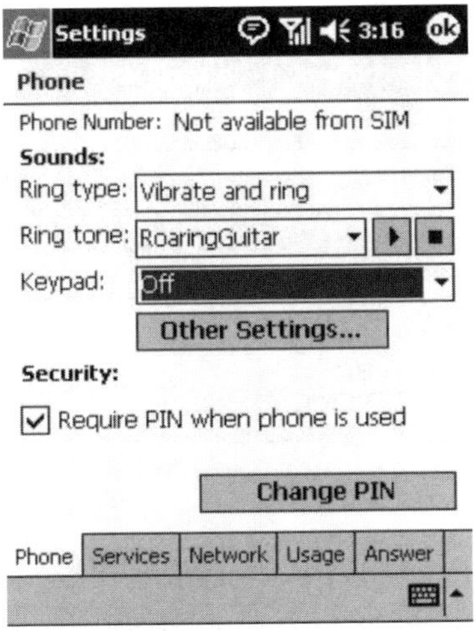

Dans ce premier onglet, vous pourrez paramétrer une partie du téléphone.

- Types de sonnerie (Ring Type). Vous pourrez sélectionner le mode de sonnerie, la supprimer. Vous pourrez aussi demander que votre Smartphone sonne ET vibre, car celui-ci en est capable.
- La sonnerie de votre choix (Ring Tone). Les deux icônes à droite du menu déroulant permettent d'écouter la sonnerie. Vous pourrez rajouter toutes celles de votre choix, car le format du son utilisé est un format de son standard pour votre PC. Il suffira de le transférer vers votre Pocket PC. Ainsi, vous pourrez utiliser les musiques de votre choix.
- Clavier (Keypad). Cette option vous permet d'indiquer si vous souhaitez que les touches de votre clavier virtuel de téléphone émettent un bruit lorsque vous appuyez dessus.
- Sécurité (Security). Cette option vous permet d'indiquer si le code PIN de votre mobile doit être utilisé. Nous vous recommandons d'activer cette fonction, en cas de vol, cela vous évitera en plus d'avoir une énorme facture de téléphone.
- Changement de code PIN (Change PIN). Cette option vous permet de changer le code PIN de votre téléphone.

L'onglet « Services » va vous permettre de valider / rajouter des services de votre opérateur.

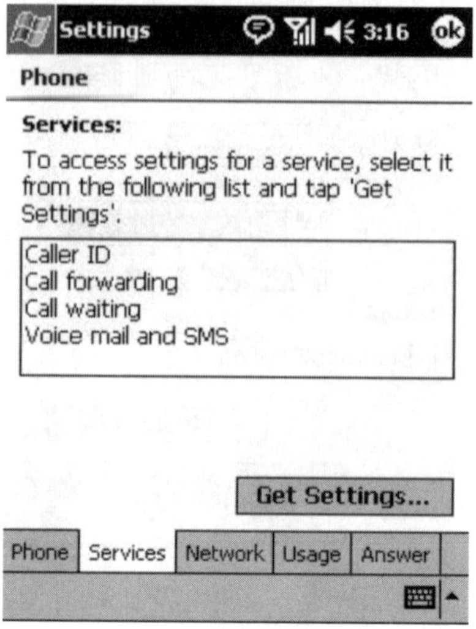

Vous y retrouverez la présentation de numéros (Caller ID), le transfert d'appel (Call forwarding), etc. Pour modifier, pointez sur l'option puis sur la touche de paramétrage (Get settings). Le résultat dépendra de votre opérateur et des droits qu'il vous donne.

L'onglet « Réseaux » vous permet d'effectuer les réglages du réseau et de sélectionner le ou les réseaux auxquels vous pouvez accéder. Vous n'utiliserez jamais cette option sur le territoire national, mais il vous sera nécessaire de l'utiliser à l'étranger.

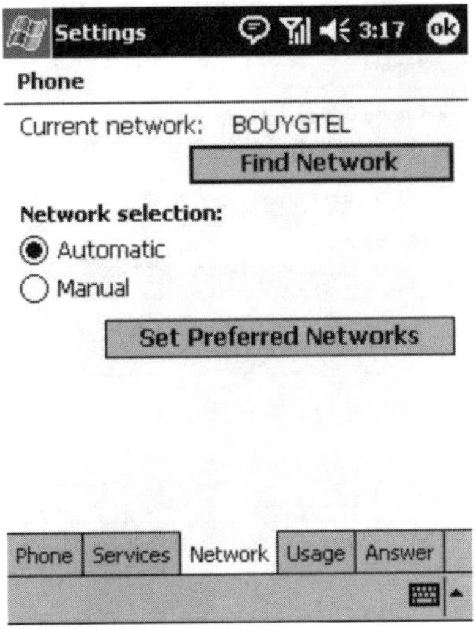

Le réseau sur lequel vous êtes connecté est affiché.

« Chercher un réseau » (Find network) vous permettra de rechercher les réseaux accessibles et d'en choisir un.

Vous pouvez aussi choisir si vous désirez que la sélection du réseau soit automatique ou manuelle (network selection).

L'onglet « Utilisation » (Usage) vous permet de déterminer le mode d'utilisation, en termes d'utilisation « main libre ».

- Main libre. Ceci détermine le mode main libre en permanence.
- Haut-parleur du téléphone. Permet l'utilisation classique en mode téléphone.
- Automatique. Avec cette option, cela passe en main libre quand vous ouvrez le capot du Pocket PC.

L'onglet « Répondeur » (Answer) permet de préparer le répondeur intégré dans votre Smartphone.

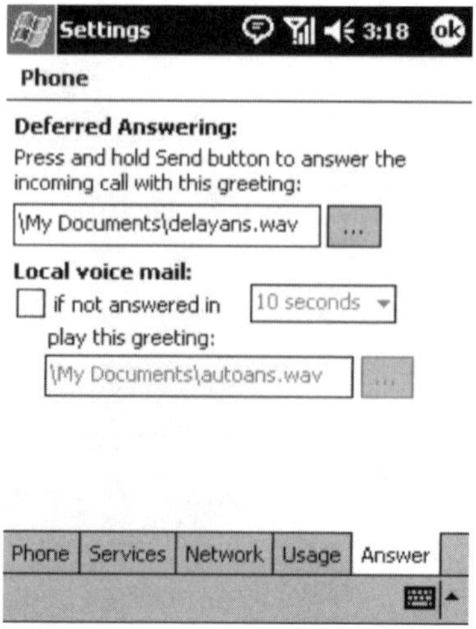

La première option (Defferred Answering » permet d'activer une réponse personnalisée quand vous appuyez sur la touche « Envoyer » (send).

La deuxième permet de déterminer quel message sera entendu par votre interlocuteur quand il arrivera sur votre répondeur, et au bout de combien de secondes, le répondeur se mettra en fonction.

Dans les deux cas, les messages vocaux auront été enregistrés soit sur votre Pocket PC avec l'option « mémo vocaux » ou avec votre PC de bureau.

Paramétrage GPRS

Le paramétrage de la connexion du GPRS sur le réseau de votre opérateur de téléphonie mobile se détermine dans la partie connexions dans l'onglet « Connexions » des paramètres. Mais avec la partie phone édition, vous avez une icône en plus.

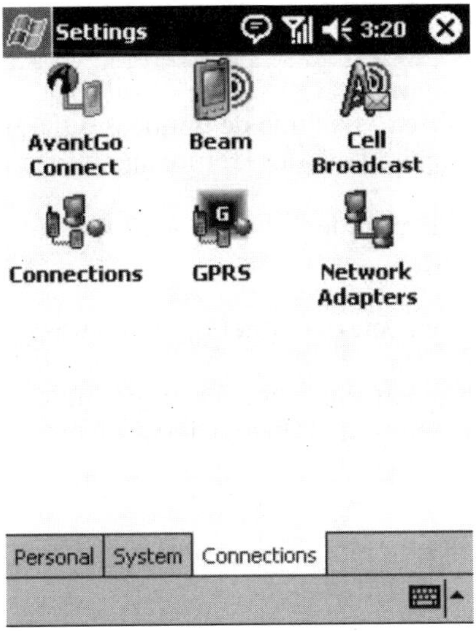

Cette icône vous apporte quelques paramètres supplémentaires :

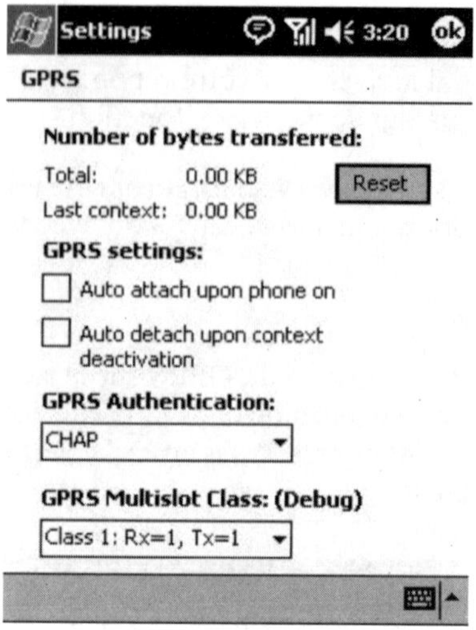

Vous pourrez visualiser le volume de données qui a transité, ceci peut être intéressant si votre opérateur vous facture au nombre de kilos octets émis…

Vous pourrez aussi déterminer si vous vous connectez automatiquement au GPRS (Auto attach).

Et si vous vous déconnectez en fonction du contexte (Auto detach).

Les deux autres paramètres ne vous seront pas utiles, sauf applications très spécifiques du type réalisation de logiciels.

Chapitre 12

Boostez votre téléphone

— Rechercher de nouveaux logiciels et des extensions pour votre mobile sur Internet

Rechercher de nouveaux logiciels et des extensions pour votre mobile sur Internet

Vous voudrez sûrement, comme vous le faites pour votre PC de bureau, télécharger de nouveaux logiciels pour votre téléphone, mais aussi acquérir des câbles, étuis de protection, etc. Pour cela vous pouvez utiliser Internet. Nous vous proposons quelques sites pour commencer à vous exercer à ce type de pratique et vous indiquons la marche à suivre pour y parvenir.

Il vous faut savoir que votre téléphone est un ordinateur, ce qui fait que vous pourrez rajouter des logiciels, des jeux, des sonneries, des fonds d'écran, etc.

Alors n'hésitez pas, customisez votre téléphone mobile.

Des sites intéressants

Nous vous recommandons quelques sites qui vous permettront de télécharger des logiciels pour votre téléphone et de vous tenir informé des dernières nouveautés dans le domaine. La liste n'est pas exhaustive, mais ces sites ont été sélectionnés pour leur qualité, les logiciels et matériels proposés, ainsi que la pertinence des informations. Et surtout, ils vous permettront de commencer à « customiser » votre téléphone en fonction de vos besoins et de prendre pied dans ce nouvel univers.

L'Univers du Smartphone – www.universmartphone.com

Ce site Internet a été créé par l'auteur de ce livre, `http://www.universmartphone.com`. C'est aujourd'hui le site de référence des utilisateurs de Smartphone.

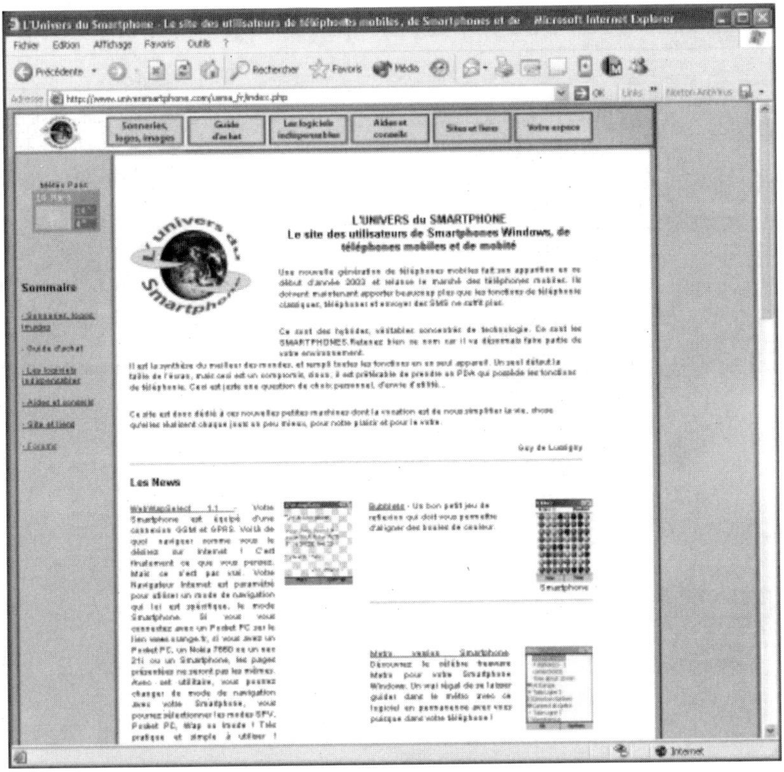

Vous y trouverez toute l'actualité du Smartphone Windows, un FAQ, un guide d'achat, des sonneries, et une sélection de logiciels pour faire évoluer votre Smartphone à votre goût, un annuaire de tous les sites Pocket PC, et des forums où vous pourrez contacter directement l'auteur qui répondra à toutes vos questions.

Ce site a été créé pour vous dans le but de vous aider à découvrir le monde passionnant des Smartphones et de vous apporter une aide actualisée.

Microsoft France - www.microsoft.com/france/smartphone

Le site de Microsoft France contient une partie dédiée à la mobilité. Vous y trouverez toute l'actualité du Smartphone, des évolutions, des logiciels, et plein d'informations pratiques. Vous le trouverez à l'adresse suivante : http://www.microsoft.com/france/smartphone

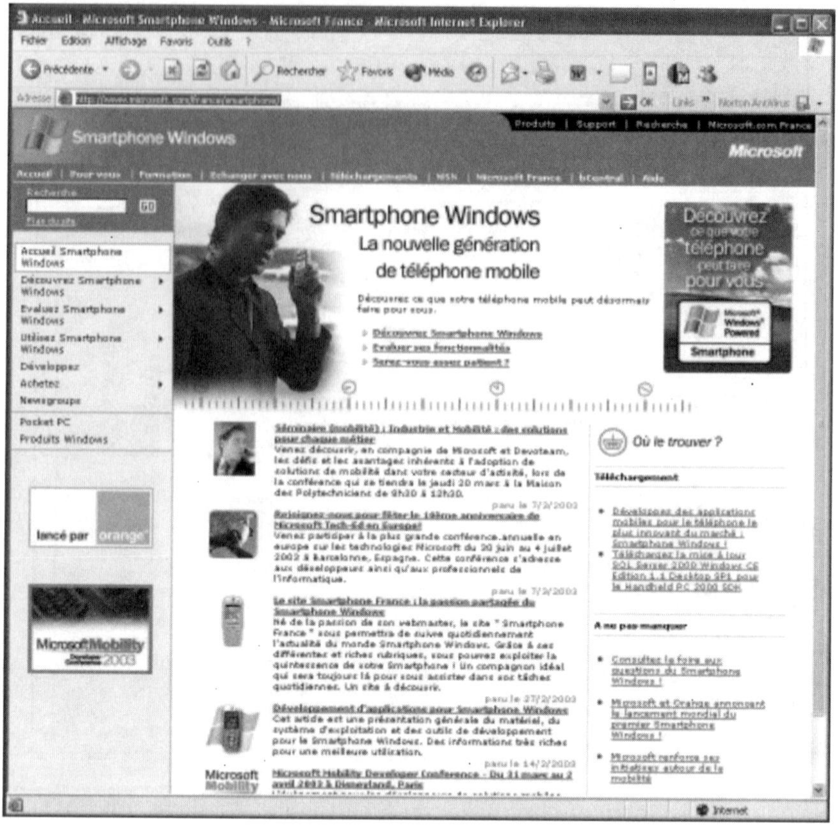

AIM - www.aimproductions.be

Nous vous présentons ce site d'un petit éditeur de logiciels belge qui fabrique d'excellents jeux pour votre Smartphone. Pour vos longues attentes chez le médecin, en réunions, etc.

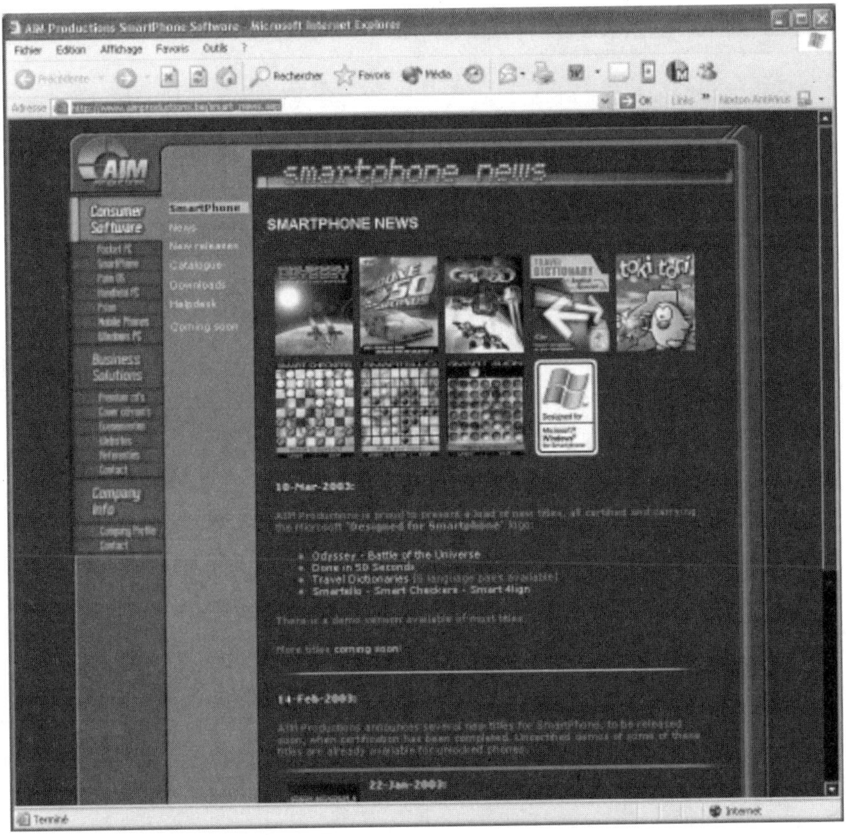

Wexim – www.wexim.com

Sur ce site vous trouverez tout ce qu'il vous faut pour utiliser votre Smartphone en infrarouge, des câbles de liaison, …

Nokia – www.nokia.fr

Le site officiel des téléphones Nokia. Vous y trouverez tous les mobiles en détail, et plein de choses à télécharger pour votre mobile. Tous les accessoires aussi !

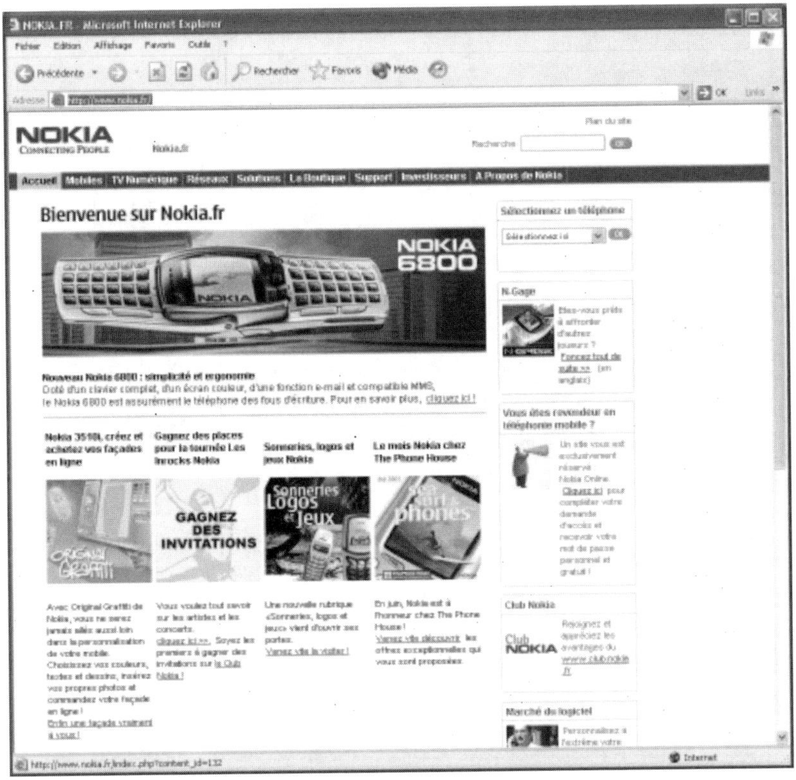

Sony Ericsson - www.sonyericsson.com

Le site officiel de Sony Ericsson. Vous y trouverez tous les logiciels de communication et autres pour votre mobile. Un grand plus de ce site, c'est qu'il vous paramétrera automatiquement votre mobile à distance.

Mobile planet – www.mobileplanet.fr

Voici un excellent site sur lequel vous trouverez tout ce qu'il vous faut en termes de mobiles, de mobilité et d'accessoires.

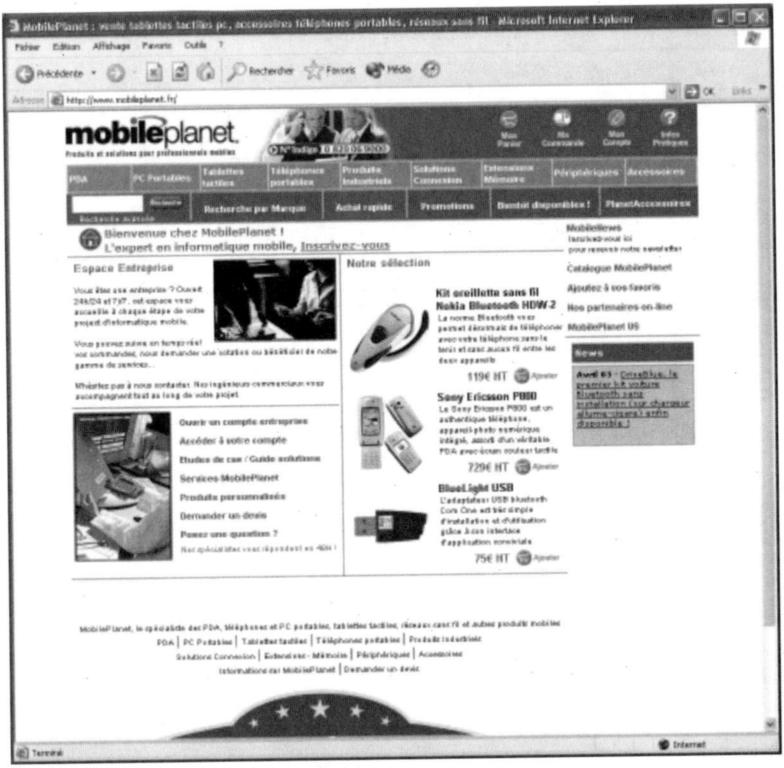

L'Univers Pocket PC – www.universpocketpc.com

Ce site est le premier site de France concernant la mobilité, les Pocket PC et les téléphones mobiles. Créé par l'auteur de ce livre, vous y trouverez toutes les informations dont vous aurez besoin dans le domaine. Ce site possède aussi des forums sur lesquels vous pourrez poser vos questions à l'auteur.

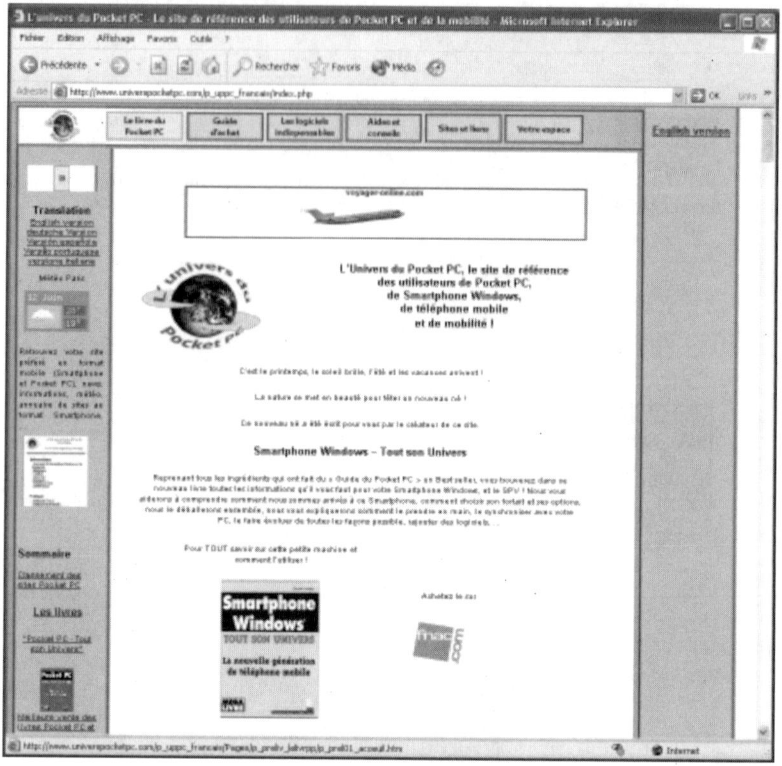

Univers Mobile – www.universmobile.net

Vous trouverez sur ce site tous les logiciels pour plate-forme mobile, que ce soit pour PC, PDA, téléphone mobile.

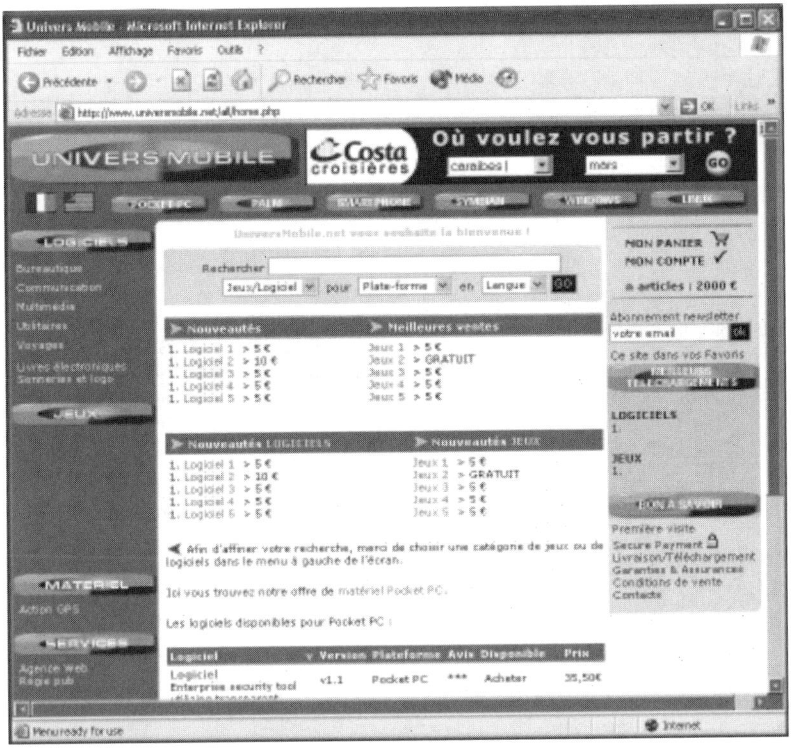

Vaja – www.vajacases.com

Vaja. Un bon fabricant d'étuis pour vos téléphones mobiles et vos PDA.

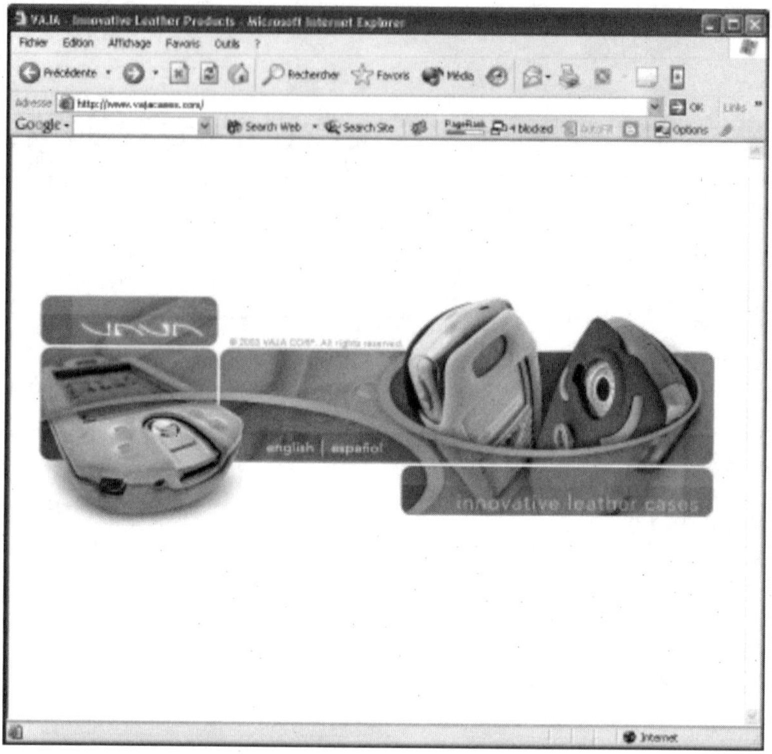

Comment télécharger des logiciels

Le processus est assez simple, après vous être connecté sur Internet, lancez Internet explorer sur votre PC de bureau et entrez le nom du site dans la barre de navigation. Exemple `www.universmartphone.com`

Vous arriverez sur des sites vous proposant après sélection du logiciel désiré, de le « télécharger » ou le « downloader ». Cliquez sur cette option de téléchargement et le fichier « d'installation du programme » sera téléchargé sur votre PC de bureau dans le répertoire que vous aurez choisi.

Installer les logiciels sur mon Téléphone

La plupart des logiciels que vous chargerez utiliseront une installation automatique et le logiciel sera installé automatiquement sur votre téléphone via la liaison que vous aurez mise en place.

En général, une seule question vous est posée, c'est la localisation de ce programme (répertoire d'installation par défaut ou non).

Vous cliquez sur ce programme dans votre explorateur Windows et le processus d'installation automatique commencera.

Dans beaucoup de cas, vous aurez besoin de l'indispensable logiciel Winzip, commencez d'abord par le télécharger avant toute chose.

L'indispensable winzip

Les fichiers dont l'extension se termine par « zip » sont des fichiers compressés. Ils le sont afin que le transfert et l'archivage sur le disque dur des machines prennent le moins de temps possible.

Vous pourrez aller chercher ce logiciel directement sur le site de l'éditeur : `www.absoft.fr`.

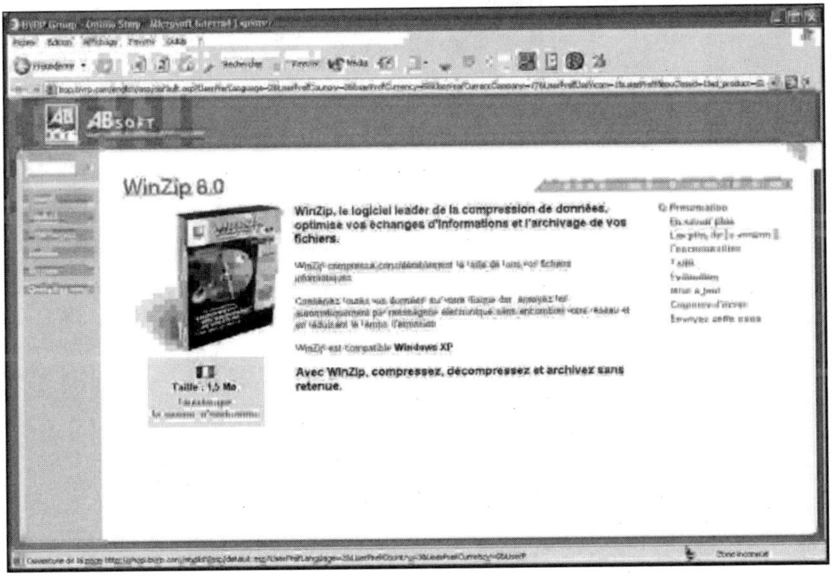

Téléchargez des sonneries, des fonds d'écrans, des logos animés

Vous voudrez sûrement charger des sonneries, des fonds d'écran et des logos animés sur votre téléphone mobile. Vous pourrez le faire sur le site de l'Univers du Smartphone : `www.universmartphone.com`

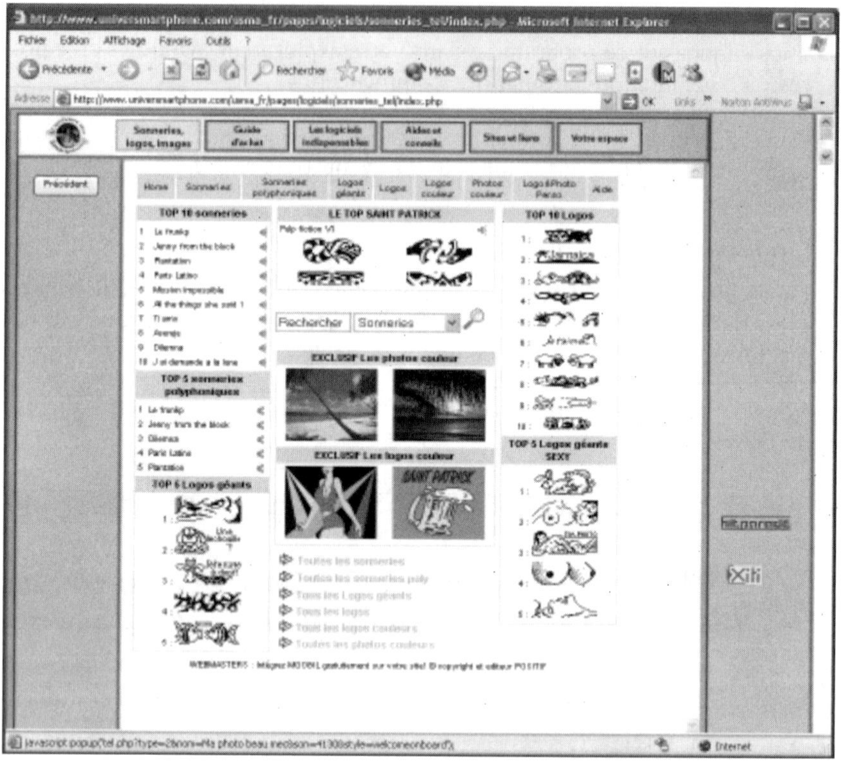

Index

A

B

C

D

E

F

G

H

I

J

K

L

M

N

O

P

R

S

T

Achevé d'imprimer sur les presses de l'Imprimerie BARNÉOUD
B.P. 44 - 53960 BONCHAMP-LÈS-LAVAL
Dépôt légal : Octobre 2003 - N° d'imprimeur : 14363
Imprimé en France